VIOLA BERENDES

Überlebenstraining für Eltern und Kinder

Bibliografische Information der Deutschen Bibliothek

Die Deutsche Bibliothek verzeichnet diese Publikation in der Deutschen Nationalbibliografie; detaillierte bibliografische Daten sind im Internet über http://dnb.ddb.de abrufbar.

Das Buch erschien 1994 mit dem Originaltitel
Überlebenstraining für Mütter.
Frauenselbsthilfe für eine partnerschaftliche Familie
im Goldmann-Verlag.

Fotocollage:
Andreas Schirmer und Bonnie Berendes
Einbandgestaltung:
Designbüro Anke Wolf, Salzkottener Str. 56, 33106 Paderborn
Telefon (0 52 51) 8 79 03 89
Redaktionelle Bearbeitung:
Verlagsbüro Andrea Stangl, Salzkottener Str. 56, 33106 Paderborn
Telefon (0 52 51) 8 78 46 33
Herstellung und Verlag:
Books on Demand GmbH, Norderstedt

ISBN 978-3-8334-6794-3

VIOLA BERENDES

Überlebenstraining für Eltern und Kinder

Demokratischer Umgang beginnt in der Familie

Kapitel I

Kapitel II

Kapitel III

Für Kira, Sima und Bonnie

KAPITEL I

Der Familie eine Chance

»Das Persönlichste ist das Allgemeinste.« CARL R. ROGERS

Warum Elternarbeit?

Wir stehen nicht allein da! Ein Teil unserer scheinbar rein persönlichen Schwierigkeiten und Probleme drückt inzwischen geradezu die Befindlichkeit unserer gesamten Bevölkerung aus: Wir haben das Zutrauen zu uns und unseren zwischenmenschlichen Beziehungen verloren und haben nicht nur wegen schlechter wirtschaftlicher Bedingungen und damit verbundener Zukunftsangst offensichtlich eine Scheu entwickelt, feste, dauerhafte Partnerschaften einzugehen, geschweige denn eine Familie zu gründen. Psychologische Gründe hindern uns ebenfalls daran, da wir selten noch positive Modelle diesbezüglich vorgelebt bekommen. Betrachten wir die bestehenden Familien um uns herum, welcher Gestalt sie heute auch sein mögen, ob Kernfamilien, traditionelle kinderreiche Familien, Patchwork- oder Einelternfamilien – ein Zusammenleben und -bleiben scheint wirklich sehr kompliziert geworden zu sein. Traditionelle vereinheitlichende, in äußerlicher Weise stabilisierende Werte sind zum Kummer der einen und zur Erleichterung der anderen allmählich weggefallen und haben einer Vielfalt an Meinungen und Gestaltungsmöglichkeiten Platz gemacht. Diese neue Freiheit bringt natürlich Bewegung und Dynamik in unser aller Leben, und in der mitunter beängstigenden Pluralität und Qual der Wahl fragen wir uns: Gibt es denn bei all der Vielfalt keinen wirklich verlässlichen Boden, keinen Stabilisator mehr, der unser Gemeinwesen durchzieht? Die vermeintlich schwierige Beantwortung dieser Frage könnte sich als relativ einfach entpuppen: Der für uns alle einheitlich geltende Grundkonsens sollte doch wohl die *Demokratie* sein, und zwar nicht nur als Worthülse für unsere Staatsform, nicht als falsch verstandene Einladung zum rücksichtslosen egozentrischen »Anything goes«, sondern als erlernte und geübte Demokratie, deren Begriff dadurch mit Leben gefüllt wird. Die Definition einer solchen »echten« Demokratie, von der wir uns wünschen, dass sie im ganzen Land und so auch in unseren Familien gelebt würde, ist eine der Aufgaben, die in diesem Buch erörtert werden. Würden sich noch mehr als die im Buch vorgestellten Eltern auf ein Einüben wahrhaftiger Demokratie einlassen, wäre für einen besseren Zusammenhalt in unserer Gemeinschaft schon viel gewonnen. Wie unsere Elternarbeit exemplarisch zeigt, ist ein »Demokratisierungstraining«, das Beziehung und Erziehung tatsächlich verbessern kann, innerhalb der Familien nämlich durchaus möglich. Gelebte Demokratie, zu der bekanntermaßen Gewaltfreiheit, gegenseitiger Respekt und gegenseitige Rücksichtsnahme gehören, sollte doch bei jedem zu Hause beginnen.

Haben aber junge Menschen nicht die Chance gehabt, in ihrer Ursprungsfamilie ein wirklich liebevolles partnerschaftliches Verhalten der Mitglieder untereinander zu erleben, und sehen sie außerdem um sich herum überwiegend unfaire, auf den eigenen Vorteil abzielende Kommunikation und Verhaltensweisen, ist es nicht verwunderlich, dass sie Schwierigkeiten entwickeln, partnerschaftliche Beziehungen zu gestalten und an sie zu glauben. Haben sie zusätzlich wegen der sinkenden Kinderzahl kaum Gelegenheit, in ihrem Umfeld viele Kinder zu sehen oder zu erleben, wird auch hier wegen fehlenden positiven Beispiels bei ihnen wenig Anreiz oder Mut aufkommen, unserer Gemeinschaft die inzwischen so ersehnten Kinder zu schenken.

Der durchaus doppeldeutige Titel dieses Buches: »Überlebenstraining für Eltern und Kinder« ist auch als Hinweis auf unseren Familien- und Kinderschwund gedacht. Solchen, die bereits Eltern sind, soll geholfen werden, ihre familiären und besonders erzieherischen Schwierigkeiten zu »überleben«, und andere sollten dazu animiert werden, in unserem Land generell Väter und Mütter nicht aussterben zu lassen.

Für uns alle wäre es also ermutigend, an positiven Modellen partnerschaftlichen Umgangs zwischen den Erwachsenen und zwischen Eltern und Kindern zu lernen. Um aber nicht missverstanden zu werden oder falsche Illusionen zu nähren: Auch in einer gut funktionierenden »kleinen demokratischen Zelle«, der Familie, können nicht nur eitel Sonnenschein und dauerhafte Harmonie herrschen. Familie war schon immer ein Ort, an dem es hoch her ging. Wie »im Großen«, im gesamten Staat, muss auch hier allerhand ausgehandelt, ausgetragen und ertragen werden: Geben und Nehmen, Bedürfnis- und Wertekonflikte, Wünsche an den Partner und vieles mehr. So kann die Familie zum »Trainingsplatz« für unseren Staat werden. Wie Beispiele in diesem Buch zeigen, kann also hier im Kleinen geübt werden, was wir (später) »im Großen« beherrschen sollten. Familien können auch in diesem Sinne zu Netzwerken, zu Werteträgern unserer Demokratie werden. So erstaunlich es klingen mag: Wirklich gelebte Demokratie, wie sie in diesem Buch vorgestellt wird, stabilisiert Partner- und Eltern-Kind-Beziehungen gerade durch seine zwar lebhaften, aber konstruktiven, sich in ständiger Bewegung und Veränderung befindlichen Auseinandersetzungen, an der alle Mitglieder idealerweise freiwillig, gleichwertig und mitgestalterisch beteiligt sein dürfen.

Wie aber haben die im Buch vorgestellten Eltern so etwas hinbekommen? Wie ist es möglich, dass wir hier über ihre geradezu modellhaften Erfahrungen berichten können?

Bereits vor zehn bis zwanzig Jahren, lange bevor Beziehungsschwierigkeiten und die Problematik der Kindererziehung ins wirklich kollektive Bewusstsein vorgedrungen waren, suchten viele Eltern Hilfe und sprachen schon dann von einem eigentlich wünschenswerten »Erziehungsführerschein« für junge Einsteiger mit Kindern. Das Buch »Familienkonferenz« von Thomas Gordon[1] mit seinem »niederlagelosen« und gewaltfreien Konzept wurde als große Hilfe betrachtet, und gern wurden auch die von Gordon zu jener Zeit in Deutschland vor allem an den Volkshochschulen eingeführten Erziehungskurse angenommen. Selbst Mutter dreier Kinder, nahm auch ich an solchen Kursen, ebenso wie an Ausbildungsgruppen, teil und wurde später Gruppenleiterin für das Gordon-Familien-Trainingsprogramm. Zusätzlich setzte ich mich mit diversen weiteren Erziehungsmodellen auseinander.

Mühselig trug ich all das zusammen, was ich an Wissen über Pädagogik, Philosophie und Psychologie bezüglich des Umgangs mit Kindern und Partnern finden konnte. Zusammen mit meinen persönlichen Erfahrungen integrierte ich dieses verarbeitete Wissen zu einer meinem Gewissen entsprechenden Einstellung zum Kind und zum Menschen überhaupt. Nun beschloss ich, mit anderen Eltern weiterzuarbeiten. Im Rahmen kirchlicher Einrichtungen und an der hiesigen Volkshochschule führte ich Elterngruppen ein. Unser gemeinsamer Arbeitsauftrag war dabei der »partnerschaftliche Umgang mit Kindern«. Anfänglich leitete ich diese Gesprächs- und Übungskreise allein, dann mit einer Freundin und Kolle-

---

[1] Nähere Angaben zu der in diesem Buch erwähnten Literatur finden Sie im Anhang.

gin gleicher Ausbildung. Bald blickten wir auf circa acht Jahre fruchtbringende Elternarbeit zurück.

Diese Selbsthilfearbeit etablierte sich in vielen verschiedenen Gruppen – und zwar themen- und dennoch stark personenzentriert – auf der geistigen Grundlage (was das Menschenbild betrifft) von Martin Buber, Carl Rogers, Thomas Gordon und Erich Fromm. Wie wir grundsätzlich – stets auf der Basis der humanistischen Psychologie – jedes Mal gemäß der Bedürfnisse und des Tempos der jeweiligen Gruppe miteinander gearbeitet haben und welcher Art unsere Ergebnisse waren, wird später durch die angeführten Beispiele deutlich werden.

Deutlich wird sicher auch, wie wichtig generell ein Angebot solcher Erziehungskurse für das frühe »Trainieren in demokratischem Umgang« wäre. Eine partnerschaftliche Einstellung und ihre praktische Umsetzung könnte geübt und gefördert werden.

Wenn erlebt und daraufhin vorgelebt wird, dass gute Kommunikation klappt und dass sich das familiäre Klima daraufhin tatsächlich verbessert, könnte dies vielleicht selbst in unseren schwierigen Zeiten nach außen »ausstrahlen« und den Anstoß dafür geben, wieder »Familie zu wagen«.

Die Teilnehmer unserer Gruppen zeigten sich jedenfalls im Laufe der Zeit viel optimistischer – obwohl oder gerade weil sie doch so einiges auf sich genommen hatten, um durch ihre Arbeit jenes Feld zu bestellen, auf dem sich Fried- und Dialogfähigkeit entfalten können!

Beziehungs- und Erziehungsarbeit ist ja wirklich anstrengend, denn allein schon hinter der Fähigkeit zum partnerschaftlichen Austausch steckt einiges was unter Umständen – je nach Sozialisation – erst mühsam erlernt werden muss: die innere Bereitschaft auf Dominanz, Befehl und Strafe zu verzichten, zugunsten einer wechselseitigen Kommunikation, die Umdenken und eine gewisse Risikobereitschaft erfordert, denn der Ausgang eines solchen vielleicht neuen »Experiments« ist ja noch offen und unbekannt. Konflikte und Probleme demokratisch auszuhandeln heißt weder autoritär noch im gleichgültigen »Laisser-faire-Stil«, einem bequemen »Laufenlassen« der Dinge und der beteiligten Personen, vorzugehen. Es heißt vielmehr, sich und den Anderen in gleichem Maße wichtig zu nehmen.

Wir müssten wirklich nicht allein da stehen mit unserer schief laufenden Kommunikation und unserem oft unglücksseligen Verhalten, wenn wir vermehrt Angebote wie die in diesem Buch vorgestellte Kursarbeit erhielten – nämlich Hilfe zur Selbsthilfe bei Beziehungs- und Erziehungsproblemen!

Ziele der Elternkurse

In unsere Gruppen kommen also Mütter und Väter, die mit den herkömmlichen Erziehungsmethoden nicht gerade glücklich sind und die auch mit ihren erwachsenen Partnern besser kommunizieren wollen. Sie sind bereit, den integrativen Weg einer, wie ich es gerne nenne, promündigen Beziehungserziehung einzuschlagen und ihn bereits in der Gruppe zu begehen und auszuprobieren. Dabei wollen sie eigenen verinnerlichten »nicht-demokratischen« Anteilen in sich selbst auf die Spur kommen, sich durch Bewusstmachung solcher hinderlicher »dunkler Flecken« verändern um dann mit ihren Mitmenschen, besonders mit ihren Kindern, fairer umgehen zu können.

Im Einklang mit der humanistischen Psychologie Carl Rogers' einigen wir uns dabei darauf, dass folgende Elemente für eine aufrichtige, faire Beziehung tragend sein sollten: Wir wollen lernen, uns bei auftretenden Fragen oder gar Problemen in unseren (auch kindlichen) Partner einzuhören, wollen Empathie zeigen lernen, wollen lernen, die Gefühle (!) des anderen zu hinterfragen. Wir wollen ferner lernen, seine Gefühlswelt, wie sehr sie von der unseren auch differieren mag, zunächst grundsätzlich zu tolerieren, und zwar als etwas ihm Eigenes, auf das er ein natürliches Recht hat. Genauso wollen wir aber auch lernen, uns mit unseren Empfindungen dem Partner entgegenzustellen, wollen uns selbst bestmöglich wahrnehmen und lernen, uns in aller Echtheit, in aller »Kongruenz«, so zu äußern, dass der andere seelisch nicht verletzt, nicht »degradiert« wird und seine Identität in Bezug auf seine Gefühle und Entscheidungen gewahrt bleibt. Werden diese Elemente berücksichtigt, kommt bei Konflikten ein wirklicher Austausch zwischen gleichwertigen Menschen zustande. Beide Teile übernehmen dabei Verantwortung für ihre wechselseitige Beziehung und handeln gemeinsam »mitbeteiligt« Lösungen aus. Zusätzlich wollen wir bei allem, was wir tun und sagen – wie gut wir es auch meinen –, die seelische Wirkung im Auge behalten, die unser Handeln beim anderen auslöst.

Selbst das Kind soll, so erstaunlich dies zunächst klingen mag, an seiner Erziehung mitbeteiligt sein. So sollen unsere Kinder nicht gegängelt und zu Befehlsempfängern erzogen werden, wobei wir jedoch erzieherischen Wildwuchs ablehnen. Unsere Kinder sollen demnach lernen, früh für sich und ihre Umwelt Verantwortung zu tragen, damit sie einmal mündige und vor allem beziehungsfähige, ja beziehungstrainierte Menschen werden.

Unser Vorgehen

Unsere Gruppen haben die Form eines Gesprächskreises, in dem jeder, der will, seine häuslichen Probleme einbringen darf. Wir sprechen sie gemeinsam durch, überlegen miteinander, wie man sie hinsichtlich der neu auszuprobierenden Einstellung besser hätte angehen und lösen können. Auf Wunsch spielen wir solche häuslichen Szenen nach, indem wir gleich »richtig«, also gemäß unserer Ideale, vorgehen. Wir lernen daran, wie die vorher schief gelaufene Kommunikation verbessert werden kann. Auch Beziehungsstörungen innerhalb der Gruppen werden auf diese Weise gehandhabt. So leben wir bereits in der Gruppe miteinander und unter gegenseitiger »Kontrolle« genau das aus, was wir im Umgang mit unseren Kindern und Partnern verwirklichen wollen.

Die Schwierigkeiten in den zwischenmenschlichen Beziehungen

Einen wahrhaftigen Austausch zwischen uns und dem Kind (oder Partner) herzustellen, das erschien uns zunächst recht einfach. Doch schnell merkten wir in unseren Gruppen, dass das mitmenschlich Einfachste für uns wohl das Schwierigste überhaupt zu sein scheint. So beziehungswillig wir auch sein mögen, wir tragen vielfach in unserer eigenen Person liegende Schwierigkeiten an unsere Mitmenschen heran und verkomplizieren damit den Umgang miteinander. Nicht nur die anderen sind also die »Störenfriede«, auch wir selbst haben negativ wirkende Anteile in uns, die wir entdecken und ans Tageslicht bringen sollten. Dies gelingt uns meist bei der Gruppenarbeit in gemeinsamer Anstrengung.

Bevor ich also anhand von praktischen Beispielen die positiven Ergebnisse unserer Beziehungsarbeit demonstriere, muss ich fairerweise zunächst die wohl in jedem von uns steckenden Hemmnisse für eine gute

Beziehung aufzeigen: So erkannten wir beispielsweise unsere Schwierigkeit mit unserer eigenen Echtheit, mit unserer »Kongruenz« (Rogers). Viele von uns zeigen hier Schwächen. So mancher ist aufgrund seiner Erziehung daran gewöhnt, in den Erziehungskategorien zu denken, die er verinnerlicht hat – und somit ist es schwer für ihn, sich selbst, seine wahren Gefühle und Gedanken exakt nachzuvollziehen, erst recht, sie wertfrei zu äußern. So werden leicht unehrliche, »falsche« so genannte »Ich-Botschaften« (Gordon) gesendet. In unseren Gruppen können sie meist von den übrigen Teilnehmern entlarvt werden. Mittels des Einhörens und des gleichzeitigen Herausschälens der tiefer liegenden Gefühle des Sendenden (oft durch die Gruppenleiter) gelingt es dann, die wahre Ich-Botschaft ans Licht zu bringen. Diese verbale »Hebammenhilfe« beim Finden der persönlichen, echten Befindlichkeit nennt man in der Kommunikationsliteratur (nach Gordon) das »aktive Zuhören«.

Es spricht für die Sensibilität der Kinder, dass sie fast immer ein untrügliches Gefühl dafür haben – und entsprechend reagieren –, ob ihre Eltern ihr wahrhaftiges Ich erkennen lassen oder bloß Anerzogenes und das, was sie sich unreflektiert zu eigen gemacht haben, mitteilen. Je jünger und unverbogener die Kinder sind, umso bereitwilliger sind sie – zugunsten gegenseitiger Liebe –, auf ihre Eltern einzugehen und etwas Erklärtes als einsehbar zu akzeptieren, wenn die Eltern eine für sie persönlich tiefer gehende Wahrheit ausdrücken. So ist es nicht nur eine These oder Mutmaßung von mir, wenn ich behaupte, dass Kinder eigentlich beziehungsfähig geboren werden, sondern auch die Erfahrung anderer Mütter zeigt dies. Jene Beziehungsfähigkeit tritt dann zutage, wenn ein wahrhaftiger Austausch mit den Kindern gelebt wird.

Häufig erleben wir auch eine falsch verstandene »Echtheit«. Viele Eltern fassen die Echtheit ihrer Person (ihre Kongruenz) eingeschränkt und zu kurzreichend allein als Fähigkeit zur Eindeutigkeit auf. Sie sagen stolz: »Wenn ich genau weiß, was ich will, und das eindeutig mitteile, dann können meine Kinder damit gut umgehen. Da sie keine zaudernden Aussagen erhalten, wissen sie, woran sie sind, und finden sich rasch mit meinem Willen ab.« Manches Mal kommt im gleichen Atemzug die eher abwertende Unterstellung: »Bin ich aber unschlüssig und strahle Unsicherheit aus, dann nutzen die das sofort für sich aus!« (Es klingt hier an: Entweder schaffe ich es, mich durchzusetzen – oder das Kind bootet mich aus.)

Natürlich ist das Wissen um die eigenen Wünsche und Bedürfnisse recht positiv zu bewerten im Vergleich mit zweideutigen, widersprüchlichen Botschaften, die bekanntlich sogar neurotisierend auf Kinder wirken können. Dennoch ist es nur der erste Schritt in Richtung Kommunikation. Unser Wollen hat stets seelische, emotionale Ursachen und Motive, die wir unserem Kind neben den rationalen Gründen ebenfalls eröffnen sollten, damit es uns auch auf emotionaler Ebene besser kennenlernen kann. Sende ich dagegen nur eine reine Willensäußerung, und zwar mit der Absicht, mich durchzusetzen, bin ich nicht mehr offen und auf gleichzeitigen Empfang ausgerichtet. Bevor eine Mitbeteiligung des Kindes am Geschehen und ein ehrlicher Austausch entstehen kann, habe ich ihn bereits vorzeitig beendet. Dem anderen Menschen, der vielleicht noch mehr Nähe und Einblick erhofft, habe ich damit die Tür zu mir verschlossen. Nonverbal habe ich zu verstehen gegeben: »Dies gebe ich dir von mir und das muss dir reichen; deine Wünsche in Bezug auf mich oder auf uns sind mir dabei nicht so wichtig, wie ich es mir selbst bin.«

Eng verbunden mit dem eben Angesprochenen ist eine oftmals bei uns nicht entwickelte Selbst-Ehrlichkeit. Aus dieser erworbenen Unzulänglichkeit ergeben sich leider viele Beziehungsstörungen. Wie wir wissen, ist eine gute Kommunikation und eine hilfreiche Beziehung nur möglich durch echte Selbstwahrnehmung und ihre entsprechende Mitteilung. Voraussetzung hierfür ist logischerweise erst einmal, dass ich mich traue, vor mir selbst ehrlich zu sein. Ich muss mir zugestehen können: »Auch wenn ich gerade punktuell etwas Negatives getan habe, wenn ich versagt oder mich minderwertig gezeigt habe, so gilt das nur für die damit verbundene Situation. Grundsätzlich bin ich ja in Ordnung, wie ich nun einmal bin, mit all meinen ‘Zicken und Macken’. Ein Versagen trifft mich also nicht gleich im Kern und stellt mich nicht insgesamt in Frage. Also darf ich ruhig vor mir und den anderen zugeben, was mit mir los ist, ohne um mein Selbstbewusstsein und mein Angenommensein fürchten zu müssen. Ich brauche nicht aus Angst heraus die Wahrheit zu kaschieren oder zu manipulieren.«

Ist aber dieses positive Gefühl zu sich selbst gestört, weil vielleicht tatsächlich (leider) aberzogen, wird sich der Mensch nicht ehrlich wahrnehmen wollen, wird sich und andere in seiner Mitteilung täuschen, manches Psychospielchen mit seiner Umwelt treiben – und das mehr oder weniger bewusst. Kurzum: Er wird Beziehungen verkomplizieren, wenn nicht gar zerstören.

Ebenfalls störend für eine Beziehung ist das falsch verstandene *einfühlende Verstehen.* Aufgrund fehlender Erfahrung mit der eigenen Gefühlswelt und aufgrund verfestigter Vorurteile oder vorgeprägter Gedanken bringen viele von uns in das Einhören in den Partner, also ins »aktive Zuhören«, zu viele Störelemente mit hinein. So fließen dann beispielsweise eigenes Gedankengut und »gut gemeinte« Unterstellungen mit ein. Tun wir dies, sind wir nicht in der Lage, einmal von uns selbst zugunsten des anderen zu abstrahieren. Wir können nicht neben uns treten und innerlich beim Zuhören frei sein. Dies wäre aber nötig, um sich einmal auf die Erlebniswelt des anderen einzulassen, ihm zuzugestehen, dass er mit ähnlich erscheinenden Erfahrungen vielleicht völlig anders umgeht, und zwar sowohl in Gefühlen als auch durch Taten. Nur allzu oft unternehmen wir unser Einhören allein auf der Sachebene. Statt ein Gefühl zu hinterfragen wie etwa: »Fühlst du dich ausgebeutet, benutzt, im Zwiespalt, überfordert, hereingelegt …«, wird, auf der Oberfläche bleibend, gefragt: »Ach, willst du für ihn nicht mehr kochen … Sollen die Kinder neuerdings alles allein bügeln?«

Im Gruppengeschehen entdecken unsere beobachtenden Teilnehmerinnen meist ein solches zu kurz reichendes Agieren auf der Sachebene, so dass der »Interviewer« seine Art der Hinterfragung dann revidieren kann.

Als Hemmnis für das richtige »aktive Zuhören« kommen oft eigene Hemmungen ins Spiel. Hat etwa eine Mutter generell Angst vor Aggressionen, wird sie selten in der Lage sein – oder sich zumindest schwer überwinden können –, beim Einhören in ihr Kind (oder in ihren Partner) dessen starke Aggressionsäußerungen zuzulassen. Sie wird eher versuchen, diese zuzudecken oder sie gar nicht erst anzusprechen. Ist jemandem Traurigkeit (oder gar Depression) unerträglich, wird er unbewusst danach trachten, die tieftraurigen Gefühlen seines Gegenübers zu verdecken oder nicht aufkommen zu lassen.

Wenig förderlich für unsere Beziehungen ist auch das Anwenden von Manipulationsmitteln. Zwar wollen im Laufe der Gruppenarbeit viele Eltern immer mehr Abstand vom Druckmittel »Strafe« nehmen, weil sie dies als würdelos und als Zeichen dafür erkennen, dass sie wohl keine konstruktiveren Mittel des Austausches zur Verfügung hatten; aber manches Mal werden sie dann in der Gruppe überführt, dass sie als Ersatz nun das Lob als Manipulationsmittel wählen. Sie haben dabei nicht ein Lob um des aufrichtigen Lobes willen ausgesprochen, sondern ein Lob mit »Hintergedanken«, nämlich mit der Intention, eine bestimmte Verhaltensweise zu verstärken oder herbeizuführen. In der Kritik durch andere Teilnehmer wird ihnen jetzt klar, dass nur Lob als ehrlich gemeinte Äußerung fair ist, weil es dem Partner (Kind) alle Freiheit des Agierens lässt. Wird ein Lob aber benutzt, um den Partner (das Kind) zur »guten Tat« zu bewegen, ist dies Manipulation, ein Mittel, das, streng genommen, den Menschen zur Funktion degradiert.

Eine der größten Schwierigkeiten in unseren Gruppen ist das Aushalten der Lösungsbeteiligung an Konflikten durch den Partner. Zur Verdeutlichung dieses Aspektes dient ein Protokollauszug, den ich hier einmal direkt übernehmen möchte,

Für die Teilnehmerinnen sollen die so genannten Ich-Botschaften sozusagen ein Trick sein, den sie gern beherrschen würden, um den Partner oder ihr Kind zu einer bestimmten, von ihnen schon im Geiste festgelegten Verhaltensänderung zu bringen. Sie erkennen nicht, dass etwas anderes, Grundsätzliches, damit gemeint ist, nämlich dass die Ich-Botschaft nur der *erste Schritt* zum Dialog, zum Aushandeln eines Konfliktes ist. Dem Partner, selbst wenn es sich dabei um ein Kind handelt, sollen Autonomie und Ebenbürtigkeit gelassen werden. Er soll sich in der ihm eigenen Weise und mit *seiner* Art von Vorschlägen – und seien sie auch unkonventionell – beteiligen.

So lautet eine typische Frage der Teilnehmerinnen: »Ja, was ist aber, wenn ich perfekte Ich-Botschaften gesendet habe, das Kind dann aber immer noch nicht seine Schuhe an dem von mir vorgesehenen (!) Platz abstellt? Was mache ich dann?«

Für viele ist es nicht denkbar, das Kind an der Lösungssuche eines Problems zu beteiligen und sich unter Umständen auf völlig neuartige Möglichkeiten einzulassen. Die »Durchnormierung« unserer Kinder, bereits im zartesten Alter, wird auch in dieser Gruppe wieder offensichtlich – ebenso die Einstellung, dass Ehepartner ebenbürtig, die Kinder aber etwas »Rangniedrigeres« sind …

Kenntnisse von entwicklungspsychologischen Prozessen sind leider kaum vorhanden, so dass manche entwicklungspsychologische Phase der Kinder für die Eltern als bedrohlich empfunden wird, als Verhaltensweise, die gar nicht erst »einreißen« soll. Dieser will man beizeiten begegnen, sie besiegen, ohne schlagen oder strafen zu müssen – also mit friedlichen »Erziehungstricks«, die man bei uns zu erfahren hofft …

Die Schwierigkeit mit nichtakzeptablem Verhalten

Zunächst ist es sehr schwierig, von der althergebrachten Fragestellung »Wie bekomme ich ein Verhalten weg, das ich beim Kind nicht akzeptieren kann?« überzugehen auf die Frage: »Was machen wir beide mit dem Verhalten, das mir nicht genehm ist oder mich sehr stört?« In dieser Form zu denken, bedeutet, nicht länger seine eigene Kongruenz in den Vordergrund zu stellen, sondern beide Beteiligte als gleichgewichtig einzustufen und im Blickfeld zu haben. Weitere Fragen, die gestellt werden müssen, knüpfen sich noch an, so etwa: »Fällt es dem anderen, nachdem er aufgeklärt wurde, unter Umständen leicht, um der Beziehung willen auf sein unangebrachtes Verhalten zu verzichten? Wenn nicht, was ist es, was ihn so sehr drängt, daran festzuhalten? Muss ich mich wohl deshalb bei ihm mehr einhören?« Hat mir das Einhören die Gründe für seine fehlende Bereitschaft, etwas aufzugeben, enthüllt, frage ich mich: »Bin ich denn nun meinerseits in der Lage, um seinetwillen auf das unbedingte Durchsetzen meines Wunsches zu verzichten? Mag ich für ihn etwas aushalten, was ich mir sonst gern erspart hätte? Finden wir Kompromisse? Warum ist sein Verhalten eigentlich für mich so unannehmbar? Was erspare ich mir, wenn der andere es aufgibt? Sind es eigene Erfahrungen und damit verbundene Ängste, die mich bewegen, sein Verhalten abzulehnen? Will ich ihm meine schlimmen Erfahrungen ersparen?

Oder hat meine Ablehnung mit Erziehungsbestandteilen zu tun, von denen ich aus gewissen Gründen nicht absehen kann? Bin ich bereit, mich hierzu einmal selbst zu hinterfragen, um meinen eigenen Motiven auf die Schliche zu kommen? Bin ich überhaupt veränderungsbereit? Ist mir die Beziehung so wichtig, dass ich es werden könnte?«

Eine Mutter in einer unserer Gruppen erzählte eines Abends von einer solchen Situation: Sie ist mit ihrem Sohn auf dem Spielplatz und verbietet ihm, auf einen Baum zu klettern, während einige andere Kinder dies tun. Ihr Kind rebelliert. Die Mutter sendet eine Ich-Botschaft, die ihre Ängste ausdrückt. Sie traut ihm nicht zu, heil wieder vom Baum herunterzukommen. Vielleicht tut es sich weh oder bricht sich etwas – und sie hat dann ein krankes Kind, das sie in Atem hält. Der Sohn rebelliert weiter, will bei den Freunden weder Außenseiter noch »Memme« sein, traut sich außerdem zu, das Klettern zu bewältigen. Die Mutter begreift, wie unglaublich wichtig es für ihr Kind ist, mitmachen zu dürfen. Sie erkennt rasch, dass sie die eigene Angst, die sie selbst als Kind beim Klettern hatte, auf ihr Kind projiziert hat. Sie merkt, dass sie in ihrer eigenen Ängstlichkeit dem Sohn von vornherein ein Nicht-Bewältigen-Können der Sache unterstellt hat. Da sich der Kleine nun aber das Klettern zutraut, ihr verspricht, vorsichtig zu sein, entschließt sie sich, ihm zuliebe ihre eigenen Ängste auszuhalten und den Verlauf des Kletterns abzuwarten. Sie lässt ihn gehen mit dem Hinweis: »Ich habe das als Kind in deinem Alter noch gar nicht gekonnt und bin einmal dabei schlimm gestürzt. Der eine Ast, auf den ich trat, war nicht kräftig genug, und ich bin höher hinaufgestiegen, als ich eigentlich wollte.« Er klettert los, und sie steht mit großer Angst unter dem Baum, bereit, ihn notfalls aufzufangen. Sie ist emotional unter Spannung, versucht aber dennoch, rational an die Sache heranzugehen. Fällt er vom Baum (mit hoffentlich nur leichten Blessuren), weiß er sich selbst einzuschätzen und wird wohl in naher Zukunft von solchen Vorhaben absehen. Besteht er diese Mutprobe, weiß er, dass er in seiner Selbsteinschätzung richtig lag. »Positiver Nebeneffekt für mich war natürlich, dass sich nun meine Angst verringerte, was seine Akrobatik auf Bäumen betrifft«, erzählte die Mutter.

Die Schwierigkeit, dem Mitmenschen unvoreingenommen zu begegnen

Grundsätzlich geht es hier um die Schwierigkeit, den anderen als jemanden zu erleben, der getrennt ist von dem, was in uns selbst existiert. Zu Beginn der Gruppenarbeit können die meisten Teilnehmerinnen bei der Begegnung mit zunächst fremden Leuten diesen selten innerlich frei begegnen. Sie können schlecht von sich selbst abstrahieren, wenn der andere spricht, bringen sofort sich selbst ins Spiel, indem sie beurteilend kommentieren oder Vergleiche anstellen, die sich später meist als voreilig oder undifferenziert erweisen. Sie sind anfänglich nicht recht in der Lage, den anderen erst einmal so sein zu lassen, wie er nun einmal ist, und genau das für ihn gelten zu lassen, was er aufgrund seiner persönlichen Geschichte oder Verfassung denkt, fühlt oder tut.

Sich einmal die Brille dieses anderen aufzusetzen, seine ureigenen Gedanken als etwas für ihn Charakteristisches mitzuvollziehen und dabei zu sich selbst einen Abstand herzustellen, stellt eine große Beziehungshürde dar.

Auch im alltäglichen Leben gehen viele Menschen an den Mitmenschen stets mit einem eigenen »Vorurteilspäckchen« heran, sehen ihn durch einen Filter eigener Erwartungen und Ansichten, verbinden gedanklich sogleich Erfahrungen mit ihm, interpretieren ihn und selektieren bei ihm das heraus, was ihnen selbst gerade dienlich ist. Hiermit befriedigt man sich oft am anderen, indem man, ohne als Berater angesprochen zu sein, Kritik oder Tipps an ihn heranträgt. Diese dienen oft nur der eigenen Entlastung (etwa der von Neid), sollen vielleicht auch dem Abbau der eigenen Minderwertigkeitsgefühle nutzen – oder sind ein Zeichen von Dominanz- und Geltungssucht. Man macht gedanklich etwas mit dem anderen und verschafft sich innerlich so die Genugtuung einer gewissen Macht über ihn. In manchen Fällen projiziert man vielleicht auch eigene Ängste auf diese Person.

In unserem Kurs lernen wir im Umgang miteinander, dass ein grundsätzliches Sein-Lassen des anderen nicht Interesselosigkeit oder Zurücknahme der eigenen Person bedeuten muss. Wir lernen, den anderen seine Aussagen und Ansichten sagen zu lassen, ohne gleich »an ihn heranzuspringen und ihn anzukratzen«, wie eine Teilnehmerin es einmal ausdrückte. Oft müssen wir uns gegenseitig erinnern: »Lassen Sie ihn doch einfach mal reden. Er (oder sie) empfindet nun einmal so!« Daraufhin kann sich dann der Gesprächspartner in Form einer Ich-Botschaft äußern, indem er deutlich macht, welche Befürchtungen bei ihm durch das Gesagte ausgelöst wurden. Dabei wird der andere so belassen, wie er nun einmal ist und denkt, hat aber aufgrund der danebengesetzten Aussage die freie Möglichkeit, bei seiner Meinung zu bleiben oder sie zu überdenken, ohne in irgendeiner Form abgeurteilt oder beeinflusst zu werden. So steht Aussage neben Aussage, Mensch neben Mensch im freien Austausch, sich des Rechtes seiner Individualität bewusst, dennoch genauso tolerant der Veränderung des Partners gegenüber. Trotzdem kommt auch auf diesem Wege der Kommunikation – ohne am Gegenüber direkt zu »arbeiten« – sehr oft eine gegenseitige Beeinflussung vor; nur dass sie dann freiwillig, durch Einsicht und um der Beziehung willen erfolgt.

Die Schwierigkeit, auf der Gefühlsebene zu agieren: die Schwierigkeit mit der Empathie

Zusätzlich zu den bereits angesprochenen Schwierigkeiten mit dem »aktiven Zuhören« in Problemsituationen können sich viele nur schwer auf der emotional ehrlichen Ebene bewegen. Dabei erweist sich Anteilnehmen gerade auf dieser Ebene für Erwachsene wie auch für Kinder als wohltuend und tröstlich. Dies nicht nur, wenn es darum geht, Trauriges oder Beschwerliches mitzutragen, sondern genauso bei Erlebnissen, die Freude machen. Die schlichte Frage »Das macht großen Spaß, nicht wahr?« kann bei Kindern die Freude an etwas noch steigern. Die einfache Bemerkung »Fühlst du dich völlig ausgepumpt?« mag einem Kind helfen, sich einmal »fallen zu lassen«, um wieder zu regenerieren.

Kinder lernen an der Bereitschaft der Eltern, sich ihre Regungen zuzugestehen, an allen Empfindungen des Lebens teilzunehmen, sie lernen am Modell ihrer Erzieher. Leider dringen Erwachsene, nicht selten mit Negativgefühlen in das Augenblicksempfinden ihrer Kinder ein und stören damit das ungetrübte Erleben. »Oh, da freu dich nicht zu früh …« – »Da habe ich meine Bedenken …« – so kommen wir mit unseren eigenen schlechten Erfahrungen an sie heran, und zwar in einem Augenblick, in dem sie gerade etwas genießen.

In manchen Familien sind Emotionen bestimmter Art aufgrund der Vorprägung der Eltern und somit ihrer Einflussnahme auf ihre Kinder sozusagen »verboten« oder werden früh »abgewöhnt«. Ich kannte einen Vater, der konnte die Fröhlichkeit und die Unbeschwertheit seiner Kinder nicht ertragen. Seine eigene Bedürftigkeit, sein Berufsstress, seine Furcht, die Kinder könnten allgemein zur Faulheit neigen, auch ein gewisser Neid – all dies kam emotional bei ihm sofort zum Tragen, was er dann den lachenden Kindern als Verärgerung und als Ermahnung zur Ernsthaftigkeit signalisierte. Bei ihnen kam dann an: »Es ist nicht richtig, einfach so fröhlich zu sein. Dies ist nicht erwünscht. Man soll sich nicht so ausleben, sondern stattdessen lieber etwas Vernünftiges tun.« Die unmittelbare Freude am Dasein wurde ihnen somit geradezu aberzogen. Nicht selten wird also schon früh die mögliche Bandbreite an Emotionen bei vielen Kindern »gekappt«, dosiert und letztlich durch die Eltern mitbestimmt.

Hingegen entwickeln Kinder, die ihre gesamte mögliche Gefühlspalette behalten dürfen, eine unglaubliche Differenziertheit an Wahrnehmung. »Du siehst so nachdenklich aus …?«, »Amüsiert dich etwas insgeheim?«, »Macht dich so eine Bemerkung jetzt gar nicht wütend?«, »Hat dir diese Abwechslung einmal gut getan?« – solche empathischen Fragen bekomme ich manches Mal von meinen Kindern gestellt, womit sie meist den Nagel auf den Kopf treffen. Ich freue mich dann, weil diese Bemerkungen Interesse und Aufmerksamkeit signalisieren. Manches Mal bewirken sie, was die Befindlichkeit betrifft, geradezu kleine Wunder.

Wie ich auch bei anderen Familien gesehen habe, können sich ihre Mitglieder gegenseitig in Empathie »schulen«, wenn sie versuchen, jene Empathie miteinander zu leben.

Trotzdem bin ich der Meinung, dass Erzieher so wachsam sein sollten, ihre Kinder immer darauf aufmerksam zu machen, wo Empathie angebracht ist. Dies ist ihnen natürlich nur dann möglich, wenn sie selbst empathisch die Belange der Mitmenschen im Auge haben, wenn der Mitmensch als genauso wichtig empfunden wird, wie man sich selbst empfindet. Nur wenn sie selbst zu Interesse, Rücksichtnahme und Fürsorge anderen gegenüber bereit sind, werden sie sich die Zeit nehmen, Interaktionen und Geschehnisse um sie herum wahrzunehmen.

Die Kinder auf die Möglichkeit zur Empathie aufmerksam zu machen, geschieht bereits in ganz kleinen Dingen und bei scheinbar geringfügigen Gelegenheiten. Das mag ein kleines Dialogbeispiel verdeutlichen: »Du und deine Freundin habt ja gar nichts gegessen!« – »Ich hatte keinen Hunger!« – »Und deine Freundin? Hast du vergessen, sie zu fragen?« – »Nein, ich habe gedacht, sie hätte sicher auch keinen. Um diese Zeit hat man doch nicht schon wieder Hunger!« – »Ich fürchte, das gilt nicht für alle. Ich weiß, dass die Familie deiner Freundin einen ganz anderen Rhythmus hat als unsere. Sie essen früher zu Mittag, und vielleicht rührt sich ihr Magen zu ihrer gewohnten, früher gelegenen Abendbrotzeit.« – »Ja, dann hätte sie eben etwas sagen können, oder?« – »Das wird sie sicher einmal tun, wenn sie hier erst etwas vertrauter ist und wenn du ihr sagst, sie könnte sich ruhig äußern.« – »Stimmt. Heute hätte sie sich wohl nicht getraut – so schüchtern, wie sie ist. Na ja, ich bin halt nur von mir ausgegangen. Mist. Na ja – nächstes Mal! Dieses Mal hat sie es ja hoffentlich überlebt. Ich spreche sie nächstes Mal darauf an.«

Solche kleinen Szenen mit seinen Kindern kennt sicherlich jeder Erzieher. Ich meine, sie sollten genutzt werden, Kindern zu verdeutlichen, wo sie allzu kongruent und allzu wenig empathisch gewesen sind, damit

Gedankenlosigkeit und Ich-Bezogenheit nicht zum allgemeinen Umgangsstil werden müssen.

Meines Erachtens gehören solche kleinen Einflussnahmen zur guten Erziehung. »Gute« Erziehung bedeutet für mich Wert-Erziehung, wozu eben auch die Erziehung zur Empathie gehört, also den Mitmenschen wichtig zu nehmen und zu versuchen, sich in seine Lage zu versetzen. Gute Erziehung darf sich nicht auf die Erziehung zur sturen Regelbefolgung beschränken. Regeln des Umgangs lernen, das ist etwas Aufgesetztes, ein gesellschaftliches Korsett für das Leben miteinander, das leer ist, wenn es nicht durch die Empathie seinen inneren Gehalt bekommt. Die Erziehung zur Empathie bewirkt dasselbe, was mit Konventionen erreicht werden kann – nur ist die Empathie aufrichtiger, weil bei ihr innere Überzeugung und Bereitschaft eine große Rolle spielen. Empathie bewirkt Rücksichtnahme im Hinblick auf andere, die nicht dadurch erreicht wird, gewisse Benimmregeln zu trainieren, sondern die aufgrund eines inneren Bedürfnisses bewirkt, den anderen wichtig und ernst zu nehmen. Dies kann am Modell der Eltern, wenn diese sich in solchem Sinne verhalten, gelernt werden.

Es verlangt allerdings von ihnen ständiges Interesse am Menschen, Engagement, Wachsamkeit, verlangt ferner einen regen Austausch mit dem Kind – und verlangt nicht zuletzt, die kindlichen Interaktionen untereinander wichtig zu nehmen. Verständlicherweise ist ein primärer Faktor hierfür die Zeit, die man sich nehmen muss, beziehungsweise die Zeit-Priorität, die man für den Umgang mit seinen Mitmenschen festsetzt.

Die Schwierigkeit, vom Lob- und Strafe-Denken wegzukommen

»Hannes darf heute nicht raus! Er hat gestern auf der Baustelle gespielt. Obwohl ich ihm gesagt hatte, er solle seine Gummistiefel anziehen, hat er meinen Rat nicht befolgt. Das geht nicht! Nun hat er heute einen Tag Stubenarrest!« Dies erzählte eine Oma aus der Nachbarschaft über ihren Enkel. Meine jüngste Tochter fragte mich daraufhin fassungslos: »Wie geht denn Frau R. mit Hannes um? Meinst du, sie ist nicht ganz normal?« »Doch«, antwortete ich, »sie ist völlig normal. Nur weiß sie sich nicht anders zu helfen und hofft, auf diese Weise Erfolg zu haben. Sie meint, wenn Hannes das nächste Mal plant, auf einer Baustelle zu spielen, dann wird er sich an seine Strafe erinnern, wird also nicht mehr so vergesslich sein und an seine Gummistiefel denken. Außerdem braucht sie seine Schuhe nicht mehr zu putzen.«

Meine Tochter blieb trotz dieser Erklärung empört und meldete Zweifel an der Wirksamkeit des Stubenarrestes an. Sie plädierte dafür, doch einfach »ganz normal« mit einem »normalen« Kind umzugehen. Ihrer Meinung nach müsste es möglich sein, ohne eine solche Strafe miteinander zu reden. Ich konfrontierte sie nun mit einer Frage, die mir immer wieder in den Gruppen gestellt wurde: »Ja, aber was würdest du denn in einem solchen Fall machen?« »Ich würde«, sagte sie energisch, »ihm genauestens erklären, warum das für mich so schrecklich ist, wenn er mit matschigen Schuhen heimkommt!« Auf meine provokante nächste Frage: »Ach, und du meinst, dann bessert er sich beim nächsten Mal?« entgegnete sie ungerührt: »Das vielleicht nicht. Vielleicht ist er dann wieder vergesslich. Aber wenn er auf die Baustelle will, würde ich ihm noch einmal sagen, er soll die Gummistiefel anziehen. Und wenn er das dann immer noch vergisst – dann renne ich eben mit den Stiefeln an die Tür und ziehe sie ihm persönlich an.« Ich konnte nicht umhin zu fragen: »Und wenn er sich weigert, sie sich anziehen zu lassen?« »Der weigert sich nur, wenn er sowieso wütend auf mich ist! Wenn er das nicht ist, macht er es. Der ist doch nicht bösartig!« Damit war für sie das Thema erledigt.

Ich wollte nicht länger den Advocatus diaboli spielen und verkniff mir eine weitere Frage, die ich von meinen Teilnehmern in solchen Situationen gewöhnt bin: »Und wenn er nun zufällig wütend ist und sich weigert?« Ich hin sicher, sie hätte mir sinngemäß so geantwortet, wie ich es auch bei diesen Fragen tue: »Dann muss ich eben herausfinden, welchen Grund er dazu hat, muss hinterfragen, was unsere Beziehung gerade so stört. Wenn eine solche Störung jedoch nicht vorliegt und er sich trotzdem konstant weigert, diese Stiefel anzuziehen, muss ich herausfinden, welche Problematik sich für ihn hiermit verbindet, und mit ihm Lösungen und Kompromisse suchen.«

Problematisch in diesem Zusammenhang ist für viele Erzieher das neue Verständnis des Begriffes »Wirksamkeit« (von Erziehungsmaßnahmen). Wirksamkeit bedeutet für die meisten die Umsetzung ihres eigenen Wollens, während es für uns das Zustandekommen einer kompromissreichen, toleranten Beziehung ist, in der das Wollen beider in gleichem Maße und auf gleicher Ebene wichtig ist und ihre Chancen erhält. Allein dies zu *denken* ist für viele Menschen, die bisher anderes erfahren haben, sehr schwierig, gar nicht zu reden davon, dieses Denken in die Tat umzusetzen und es wirksam werden zu lassen. Dass man gern am Althergebrachten festhält, ist verständlich, hat dieses Verhalten doch meist Nutzen gebracht. Eigene Erfahrung und die Ergebnisse aus der Lernforschung zeigen zweifellos: Strafe und besonders Lob »klappen« insofern tatsächlich, als dadurch Lernende beeinflusst und sie so zum erwünschten Lernverhalten gebracht werden. In den Eltern-Kind-Beziehungen funktioniert diese Vorgehensweise genauso. Nur wird von den Eltern der dafür zu zahlende Preis verdrängt: Ein völliges, wirkliches Vertrauen geht dabei allmählich verloren. Das Kind lässt sich zwar auf diese Art »handhaben«, aber es kommt zu Heimlichkeiten, zu Unehrlichkeit, zu Selbstverleugnung, ja zur Selbstverfremdung, zu einem stillen, unausgesprochenen Groll der Kinder gegen die Eltern, sozusagen zur inneren Emigration. Die Eltern haben da noch den »besseren« Part, weil sie die schleichende Störung in der Beziehung zu ihren Kindern oft nicht bemerken, eine eventuelle diesbezügliche Ahnung vielleicht zudecken, womöglich gar keine Beziehung wollen bzw. ertragen können, weil sie vielleicht eine fruchtbare Beziehung selbst nie kennengelernt haben. Ihren Kindern geht es bald wie ihnen. Man sieht sie nicht offensichtlich leiden, denn sie haben sich meist früh an diese Art von Erziehung gewöhnt. Außerdem entwickeln sie ihre eigenen Mechanismen, Schlupflöcher und Tricks, um bestmöglich zu ihren Rechten zu kommen. Sie sagen sich: » So sind nun einmal die Erwachsenen. Man muss sie so hinnehmen.« Schließlich begeben sie sich, wenn sie nicht ganz abgestumpft sind, auf die Suche nach wahrhaftiger Liebe, echtem Angenommen-Werden (und finden meist nur einen Ersatz dafür). »Ich möchte mal jemanden treffen, dem ich wirklich alles sagen kann! Es soll mich einmal jemand so lieb haben, wie ich *bin*!« So oder ähnlich lautet ein oft geäußerter Wunsch junger Menschen.

Als ich selbst noch die Oberstufe besuchte, schrieb einmal eine Klassenkameradin bei einer Selbstcharakterisierung unter anderem: »Ich bin ein eher unehrlicher Typ …« Näher zu dieser Eigenbeurteilung befragt, meinte sie etwas verlegen: »Das bin ich, weil ich von morgens bis abends meine Eltern anlügen muss.« Es stellte sich Folgendes heraus: Ihre Eltern konnten meist mit der Wahrheit nicht fertig werden. Alles fanden sie bedrohlich, ungebührlich, ungezogen, verfrüht, verwerflich, schlimm. Um Strafen wie Ausgehverbot und Taschengeldkürzungen zu vermeiden, hatte sich das Mädchen angewöhnt, ständig zu schwindeln – und war schließlich der Auffassung, sie sei unehrlich. Traurig! Vor sich selbst und vor den anderen machte sie dieser Umstand verlegen, weil sie jene Eigenschaft eigentlich gar nicht so gern an sich sah. Sie gefiel sich zwar nicht so, hatte aber anscheinend keine andere Wahl – wie die Eltern leider offensichtlich auch keine andere Wahl hatten, als dieses heimliche »Arrangement« mitzugestalten bzw. herzustellen. Beide Seiten ersparten sich mit diesem Arrangement einiges. Dennoch ist so etwas ein Zeichen von Schwäche, insbesondere eine auf Seiten der Eltern. In diesem Fall misstrauten sie sicherlich ihrer eigenen Verhandlungsfähigkeit und ihrer Lebenskraft, mit Schwierigkeiten und Komplikationen umgehen zu können. So glaubten sie, all dies Unangenehme durch Verbote ausschalten zu können, führten aber durch diesen für sie »einfachen« Weg indirekt herbei, dass ihr Kind mit all dem allein war und fertig werden musste, denn es ließ sich ja nicht verbieten, was das Leben an Lebendigkeit nun einmal an ihre Tochter herantrug.

Wie es Eltern in unseren Gruppen gibt, die sich leider ebenso verhalten, wie sich die meiner Klassenkameradin verhalten haben, so finden sich allerdings auch solche, die wesentlich dosierter mit diesem Erziehungsstil umgehen. Manche verhalten sich so, wie es wohl gute Lehrer tun: Sie spenden Lob als aufrichtig gemeintes Lob, also nicht ein solches, das der Manipulation dient. Darüber hinaus strafen sie unannehmbares Verhalten nicht, sondern verhalten sich »nicht-verstärkend«, indem sie es ignorieren oder erklären, warum es für sie nicht akzeptabel ist.

Zu unserer Ermutigung treffen wir immer wieder auf einige Eltern, die gleiche Erfahrungen wie wir gemacht haben und die wie wir folgender Ansicht sind: Sicherlich ist das menschliche Leben nicht per se auf Altruismus angelegt, sondern auf Egoismus (allerdings verbunden mit dem Wunsch nach Gemeinschaft). Durch Sitte und Kultur wird soziales Verhalten beigebracht. Die Frage ist nur: Wie sollte dies geschehen?

Wir sind davon überzeugt, dass man sich trotz jenes Egoismus letztlich auf die Liebes- und Beziehungsbereitschaft des Menschen verlassen kann. Darum klappt auch die Erziehung zur »Sittlichkeit« ohne solche Mittel wie Lob und Strafe. Unserer Erfahrung nach ist Respekt vor dem angebracht, was im Menschen angelegt ist – Respekt vor seinem Egoismus, weil er sinnvoll in seinen Erhaltungsfunktionen ist, und Respekt vor der ursprünglichen Beziehungsfähigkeit, die allerdings gefordert werden muss, wobei der Egoismus sinnvoll in die Beziehungsentwicklung eingebunden werden sollte.

Die Schwierigkeit zu differenzieren

Immer wieder wird in unseren Gruppen der Wunsch geäußert, die Phänomene des mitmenschlichen Zusammenlebens zu pauschalisieren. Es ist der Versuch, die komplexen, anspruchsvollen, Kraft kostenden »Dinge des Lebens« zu vereinfachen, sie überschaubar und leicht handhabbar zu machen. So wird zum Beispiel gefragt: »Ab wann können Kinder ohne Babysitter allein zu Hause bleiben?« oder: »Wie viel Taschengeld sollte ein Zehnjähriger bekommen?« oder: »Sollte man den Sonntag nicht einmal geschlossen als Familie verbringen und ihn deshalb vorher gut planen?« Ebenso werden Aussagen gemacht wie die folgende: »Sonderbar, warum unsere dritte Tochter solche Eigenschaften zeigt! Sie hat doch genau die gleichen (!) Bedingungen gehabt wie die beiden anderen auch! Komisch! Frau S. hat doch auch drei Kinder, ein Haus, einen großen Garten, hat Haustiere, genau wie ich – und die fühlt sich nicht so überfordert.«

Oft werden Vergleiche angestellt, die, rein äußerlich betrachtet, tatsächlich große Ähnlichkeiten aufweisen, jedoch bei näherem Hinsehen und intensivem Hinterfragen beträchtliche Unterschiede offenbaren. So wurden einmal aufgrund eines bestimmten Bedürfnisses einer Teilnehmerin zwei Familien näher beleuchtet, die rein situativ fast identisch lebten. Je weiter wir aber bei dieser Erörterung in die Tiefe gingen, desto größere Unterschiede taten sich auf, und zwar genau dort, wo sie keiner vermutet hätte. Die Divergenz lag nicht allein in den unter schiedlichen gesundheitlichen, konstitutionellen und dispositionellen Befindlichkeiten der Ehepaare begründet, auch nicht in der unterschiedlichen beruflichen Belastung der Männer, sondern sie hatte ihren Ursprung nicht zuletzt in der Beziehungsqualität zwischen den Eheleuten – einer Beziehungsqualität, die vorausbestimmt war durch die jeweiligen Erfahrungen mit den Ursprungsfamilien beider Partner.

Die Mutter, die gemeint hatte, ihr drittes Kind könne doch nicht so verschieden von den beiden anderen sein, erkannte im Laufe des Gesprächs nicht nur, dass sie in den letzten Jahren nicht nur eine ganz andere Art von Ehe geführt hatte als zu den Zeiten, in denen die beiden anderen

Kinder klein waren, sondern merkte auch, dass ihr »letztes« Kind eine völlig andere Rolle in der Familie hatte als seine Geschwister.

Jemand, der ehrlich zu sich selbst ist, darf nicht unpersönlich, nicht pauschal, urteilen – das jedenfalls ergab sich im Gesprächskreis. Wie sich an verschiedenen Beispielen herauskristallisierte, hat jeder Mensch, hat jede Beziehung eine eigene Spezifik, ja, sogar jede Beziehung zu jedem einzelnen Familienmitglied weist diese Spezifik auf. So kann ich jedes Mitglied meiner Familie in gleicher Intensität lieben – und doch ist die Qualität dieser Liebe sicherlich in jedem Fall eine andere. Den einen liebe ich vielleicht, weil er mir so wesensverwandt ist, bei dem anderen lehne ich unter Umständen Eigenschaften ab, die ich an mir selbst nicht mag oder mochte (die ich an meinem Ehepartner nicht leiden konnte oder kann) – und trotzdem liebe ich ihn, weil er daneben Merkmale aufweist, die ich wiederum an mir oder meinem Partner so schätze und die mir gut tun. Variationsmöglichkeiten gibt es viele.

Während sich die erste Familie robust, fröhlich und relativ harmonisch zeigt, mag die zweite in fast gleicher Lebenslage Überanstrengt, unruhig und voller Dissonanzen sein. Die Atmosphäre in einer Familie hängt natürlich von jedem Einzelnen und seinen diversen Interaktionen zu den verschiedenen Personen ab.

Ein Mensch kann von echter Fröhlichkeit sein, wenn seine positiven Erfahrungen mit seinen Mitmenschen grundsätzlich überwiegen, wenn er aufgrund seiner Gesundheit und seiner optimistischen Haltung die für ihn »richtige« Wahl, beispielsweise in Bezug auf seinen Freundeskreis, zu treffen vermag.

Oberflächliche Fröhlichkeit kann in manchen Fällen aber auch illusionären, verdrängenden Charakter haben, kann Abwehr vor möglichem Kummer sein, vor Anteilnahme – und wird mitunter aufrechterhalten, selbst wenn dabei zur eigenen Herstellung von Stärke und zum Selbstschutz die Empathie anderen Menschen gegenüber geopfert wird. Dann wiederum werden andere nicht selten als Opfer benutzt, um sich selbst aufzurichten (erinnert sei hier an Psychospiele, an Witze auf Kosten anderer, an das Sich-lustig-Machen bis zur Ungerechtigkeit, ja bis hin zum Zynismus). Diese Fröhlichkeit ist natürlich nicht echt, ist sie doch innerlich nicht frei von Zwecken, weil sie sich und andere nicht ernst nimmt.

Das, was sich nach außen hin darstellt, ist jedenfalls sehr vorsichtig zu beurteilen und muss meist relativiert werden. So kann eine Frau für den verwitweten Freund ihres Mannes eine wirkliche »Seele« sein, für ihre attraktive Freundin hingegen eine richtige »Intrigantin«. Je nach eigenen Komplexen, Bedürfnissen, Ängsten, je nach Hoffnungen ist jeder Mensch in jeder speziellen Interaktion zum jeweiligen Gegenüber »etwas anderes«. So habe ich stets eine Scheu zu sagen: »Sie (er) ist so oder so …« Guten Gewissens mag ich nur sagen: »Ich erlebe sie (ihn) als …« Oder: »Im Umgang mit mir ist sie (er) …«

Das Wissen um die Differenziertheit der Menschen und ihrer diversen Beziehungen hat mich in unseren Gruppen auch stets daran gehindert, die Rolle des Beraters übernehmen zu wollen. Auf die Frage »Was würden Sie mit dieser Art Kind in diesem Fall tun …?« möchte ich immer nur antworten: »Das ist typ- und beziehungsspezifisch. Ich würde aber in allen Problemfällen Ich-Botschaften senden, weil es mir ein Bedürfnis ist, wirklich verstanden zu werden. Und ich wäre bestrebt, mich einzuhören, damit sich mir die Chance eröffnet, mein Gegenüber zu verstehen. Wie das nun in jedem Einzelfall genau vor sich geht und was dabei herauskommt, hängt von verschiedenen Faktoren ab, die wiederum charakteristisch für jeden Beteiligten sind.« Lässt jedoch ein Teilnehmer partout nicht davon ab, mich zu drängen, eine Beraterrolle zu übernehmen, dann bleibt mir nur, mich bei ihm einzuhören, ihn zu hinterfragen, ihm somit zu helfen, seine Wegsuche und seine Unsicherheit zu bewältigen. So verhalte ich mich auch bei meinen Kindern, wenn sie um Rat fragen. Dabei erteile ich auch hier keine Ratschläge, reiße nicht deren Problemlösung an mich, sondern *begleite* sie bei ihrem Problemlösungsprozess, spreche sie auf ihre Sorgen, auf ihr Zögern, auf ihre Zweifel, ihren Zwiespalt, ihre Ängste, ihre Zaghaftigkeit an. Dennoch: Oft fühle ich mich (fälschlicher- oder unnötigerweise, wie sich meist später herausstellt) bemüßigt, meine eigenen, mit ihrem Problem verbundenen Befürchtungen mitzuteilen.

Manchmal können die Kinder schnell entscheiden, doch manchmal ist eine Entscheidung in ihnen noch nicht gereift und sie entschließen sich abzuwarten. Mitunter, je nach Verfassung und unter Abwägung ihrer Empfindungen, entscheiden sie sogar um der Entscheidung willen – oder sie entscheiden, wenn sie einen gewissen Druck empfinden, etwa dann, wenn die Mutter (der Vater) beispielsweise konstatiert: »Hier handelt es sich um einen Fall der Kategorie X, und der muss in dieser bestimmten Weise gehandhabt werden …« Solches Vorgehen so mancher Eltern entspringt deren Wunsch nach Pauschalisierung, also nach Vereinfachung bestimmter Lebenssituationen. Sie wollen nicht in jedem (überraschenden) Augenblick des Lebens in die »Pflicht« genommen werden, verspüren vielmehr häufig das Bedürfnis, Verantwortung schnell wieder loszuwerden – selbst dann, wenn sie ihren Kindern (paradoxerweise) die Eigenverantwortung aus der Hand nehmen und sie somit auf eine andere Ebene verlagern. Denn ihre Verantwortung für die Kinder (und sich selbst) halten sie besser aus, wenn sie vor sich selbst sagen können: »Traditionellerweise musste ich in diesem Fall so und nicht anders handeln. So wird das eben in unserer Gesellschaft (unseren Kreisen, unserer Familie) gehandhabt.«

Verantwortung, die wir aus Lebensangst heraus unseren Kindern abnehmen, ohne sie anzuleiten, jene Verantwortung selbst zu tragen, erzeugt einen unglaublichen Druck – einen Druck, der schließlich wohl nur noch dann auszuhalten ist, wenn wir ihn in Geboten, Prinzipien und Verboten einbetten und uns darüber absichern.

Um an dieser Stelle nicht missverstanden zu werden: Die »Lösung« eines Problems beruht nach unserem Verständnis nicht darauf, auf landläufig Vorbestimmtes zurückzugreifen, bedeutet auch nicht »managen« im herkömmlichen (leistungsorientierten, objektivierten) Sinn. Die Lösung von Problemen, von Fragestellungen, die wir den Kindern überlassen wollen (und zwar in unserem Schutzraum), ist vielmehr abhängig von der intra-individuellen und entwicklungspsychologischen Entwicklungsstufe, auf der sich das jeweilige Kind gerade befindet. Hiernach erprobt es stufenweise die Lösungsmöglichkeiten, die ihm momentan zur Verfügung stehen. Dies kann bei jedem Kind anders aussehen. In einer vergleichbaren Situation kann das eine Kind bereits eigenständig Unternehmungen anstellen, die der Lösung dienen, während das andere (aufgrund freier Entscheidung) die Eltern zunächst um eine gewisse Mithilfe bittet (sie etwa daraufhin anspricht, sie sollten doch mit ihm die künftig zu bewältigende Busstrecke einmal abfahren). Solch eine oder eine ähnliche vorläufige Einbeziehung der Eltern wird in der Regel in dem Maße abgebaut, wie schrittweise mehr Sicherheit aufgebaut wird.

Dem Kind die Problemlösung zu überlassen ist also nicht ein neu zu erhebendes Prinzip unter dem Motto »Das musst du schon allein bewältigen …« oder etwa »Das ist ja ganz allein dein Problem – sieh also zu, wie du damit fertig wirst!« Irrtümlicherweise (und weil es ihrer Haltung entgegenkam) definierten manche »Laisser-faire-Eltern« Problemlösungsfragen in einem solchen Sinn »kongruent«, aber eben ausschließlich kongruent.

Den Kindern die Freiheit der Selbstbestimmung beim Lösen ihrer Lebensaufgaben zu gewähren sollte kein Alleinlassen, kein Loslaufenlassen, keine Schutzlosigkeit sein. Schaffen es die Eltern, bei den Lösungsentwicklungen ihrer Sprösslinge gemäß der augenblicklichen Fähigkeiten der Kinder stets »mitzuschwingen«, das heißt dabei zu sein, ohne sich zu wichtig zu nehmen und alles an sich zu reißen, und schaffen sie es, bei aller eigenen Mitteilung, dem Kind die Empathie nicht zu versagen, so gehen aus dieser Erziehung gestärkte Menschen hervor. Sie sind mit einer Stärke versehen, die, trotz ihres Bewusstseins von Kraft, Eigenschaften wie Einfühlungsvermögen und Sensibilität aufweisen.

Ein weiterer Aspekt in der Schwierigkeit der Teilnehmer zur Differenzierung zeigt sich bei ihren Problemen, den langwierigen Prozess zu erkennen, den der Erwerb der hier angestrebten psychologischen Sprache des Nichtautoritären erfordert – und diesen Prozess auch zu akzeptieren. Konsequenterweise verbindet sich damit auch eine Unsicherheit in der Frage, mit wem diese Sprache gesprochen werden kann und sollte. Es werden oft zu schnelle »Erfolge« erhofft und dann zu schnell enttäuscht der Verdacht geäußert: »Das geht ja gar nicht!« Unsere gemeinsame Erfahrung ist folgende: Sprechen wir in »unserer« Weise mit Menschen, die geprägt sind von eingefahrenen, autoritären Sprechmustern (und dies können auch, je nach Elternhaus, bereits die Kinder sein), wird »unsere« Sprechweise zunächst nur als Schwäche gedeutet. Diese Menschen haben bisher nur die autoritäre Struktur nach oben und nach unten verinnerlicht. Entweder orientieren sie sich an einer (ihrer Meinung nach) höhergestellten »Autorität«, die sich kongruent, (pseudo-) kraftvoll bestimmend äußert und der »man« zu folgen hat, oder sie selbst haben solch eine Rolle inne oder übernehmen sie, sprechen also in autoritärer Weise mit Menschen, die vermeintlich rangniedriger, weil jünger, dümmer, schwächer, ungebildeter, ärmer sind, das heißt, weil sie so eingestuft werden.

Wendet sich also jemand vertrauensvoll in unserer Sprache an solche Menschen, ist es leicht, ausgenutzt zu werden, weil sich der Betreffende in ihren Augen schwächlich und »rangniedrig« zeigt, eben weil er auf eine Dominanzhaltung verzichtet. Das eigentlich positive Beziehungsangebot, das der Betreffende durch seine Art und Weise des Umgangs gemacht hat, kann leider nicht als solches aufgenommen und gewürdigt werden – weil solch ein Verhalten so gut wie unbekannt ist.

Wenn ich aufgrund meiner Sprache diese Missdeutung erfahre, gibt es mehrere Möglichkeiten des weiteren Reagierens: Aufgrund meiner Überzeugung und des Umstandes, jenes Beziehungsphänomen zu verstehen, beginne ich vielleicht damit, gegen die Sprechweise des anderen auf meine Art zu kommunizieren, sie, sozusagen experimentierend, stur zu »therapieren«. Nach meinem Empfinden nehme ich dann jedoch auch eine autoritäre Position ein, nämlich die des eigentlich Wissenden, der versucht, den anderen zum »wahren« Glück zu führen. Dies ist natürlich eine Rolle, die ich mir nicht wünsche, weil ich das Vorgehen als unfair ansehe.

Was mir als bessere Möglichkeit im Umgang mit diesen Menschen »alter sprachlicher Prägung« bleibt (wenn ich nicht eine innere Trennung, sondern einen entsprechenden Austausch wünsche), ist wohl Folgendes: Ich mache mich mit einer grundsätzlichen Aussage über mich transparent, was natürlich nur mit Menschen möglich ist, die über einen gewissen Sprachschatz verfügen, also nicht mit kleinen Kindern. Ich sage dann zum Beispiel: »Ich habe das Bedürfnis, Ihnen etwas Grundsätzliches von mir zu erzählen, um mich verständlich zu machen. Bisher fühle ich mich leider von Ihnen missverstanden. Wenn ich nicht so energisch auftrete, keine Befehle erteile, nicht drohe, nicht strafe und so weiter, dann müssen Sie vielleicht annehmen, dies geschehe aus Schwäche, vielleicht auch aus Lebensuntüchtigkeit. Das sehe ich nicht so. Ich selbst bin in einem Umfeld groß geworden, in dem Ideale der Partnerschaftlichkeit sehr hoch angesiedelt waren, was sich auch im sprachlichen Umgang ausdrückt … Daher wäre ich traurig, wenn ich mit Ihnen anders als gewohnt sprechen müsste … Vielleicht wären Sie bereit …«

Hierbei muss ich abwägen, ob mir an einer solchen »unbequemen Beziehung« aus irgendeinem Grund gelegen ist. Vermute ich, einen gewissen Gewinn davonzutragen, nehme ich gerne eine lange Beziehungsarbeit in Kauf – und komme schließlich auch mit Erwachsenen zu erfreulichen Ergebnissen. Persönlich habe ich mich in einigen solchen »Fällen« mit manch einem schwierigen Erwachsenen »zusammenraufen« können.

Erkenne ich aber, dass sich für mich persönlich eine Anstrengung wohl kaum lohnt, so werde ich entweder einen weiteren Kontakt vermeiden oder mich (etwa aus Selbstschutz, wenn sich ein Umgang nicht verhindern lässt) dazu durchringen, den anderen in seiner gewohnten Sprache anzusprechen, also selbst ein gewisses autoritäres Verhalten zu zeigen. Interessanterweise wird dies dann gar nicht als »Beleidigung« aufgefasst, sondern meist sehr bereitwillig angenommen, wobei mich persönlich dieser zweifelhafte »Erfolg« nie recht froh stimmt, weil damit nicht nur meine eigene, sondern insgesamt eine Entfremdung des eigentlich »Menschen-Möglichen« herbeigeführt wird.

Von der Schwierigkeit zu differenzieren zur Schwierigkeit zu abstrahieren

»Das ginge mit meinem Kind aber nicht!« – »So etwas würde mein Kind nicht als Ersatz fürs Mittagessen zu sich nehmen!« – »Das hätte mir mein Sohn nicht so genau erzählt.« So und ähnlich lauteten die typischen Reaktionen von Teilnehmerinnen, wenn andere Mütter aus der Runde von ihren kleinen Erfolgen mittels Ich-Aussagen und des Einhörens in ihr Kind berichteten. Erzählte eine Mutter beispielsweise, wie sie und ihr Sohn in ihrem speziellen Fall das Problem mit dem Zubettgehen lösen konnten und welchen Kompromiss sie dabei ausgehandelt hatten, waren nur die wenigsten Eltern in der Lage, diesen Bericht auf andere Lösungsmöglichkeiten zu übertragen.

Den meisten gelingt es nur schwer zu erkennen, dass in ihrem Fall ein gleiches oder sehr ähnliches Problem einer ganz anderen Lösung bedürfte, da ja ganz andere Menschen mit jenem Problem umzugehen hätten. Sie nehmen meist die Lösung des erzählten Beispiels für »bare Münze«, ja als repräsentativ für solche Probleme, meinen, die vorgestellte Lösung sei eine genau nachzuvollziehende Anleitung für die beschriebene Situation. Dabei erkennen sie vor allem eines nicht: Es ist allein der *Weg* zu dieser spezifischen Lösung, der ein lobenswertes Beispiel darstellt. So kam es nach Berichten von einem solcherart gelungenen Austausch zwischen manchen Eltern und ihren Kindern zu den oben angeführten Antworten – oder zu der folgenden: »Meiner hätte sich nie auf einen Kompromiss eingelassen. Da haben Sie eben Glück gehabt!«

Ein Vater antwortete einmal – wie ich meine – ganz treffend auf eine ähnliche Reaktion wie folgt: »Wer sagt denn, dass bei Ihnen das Resultat genauso sein muss? Unser Ergebnis muss doch nicht Ihres sein. Ich bin weniger auf das Ergebnis stolz als darauf, dass mein Sohn und ich zu der gegenseitigen Anstrengung des Aushandelns fähig waren, dass wir schließlich doch auf einen Nenner gekommen sind, der für beide zumindest befriedigend ist. Da habe ich doch kein Glück gehabt, sondern dafür haben wir arbeiten müssen!

Trauen Sie sich diese beidseitige Bereitschaft denn nicht zu? Glauben Sie nicht, auch zu einem bereits bockigen Kind noch Zugang zu finden?«

Die Schwierigkeit bei der Entwicklung eigener Stärke

In der Konfrontation mit Problemen bedienen sich viele Eltern nicht nur ihrer »Außenfeinde« (die vermeintlich die aufkommenden Schwierigkeiten verschuldet haben und die dann bekämpft werden müssen), sondern sie versuchen nicht selten, die Problemlösung auf andere abzuwälzen und sich selbst somit »Seelenarbeit« zu ersparen.

»Bring deinen Sohn mal zur Räson!«, wurde der Vater von seiner genervten Frau aufgefordert, wobei ihm im Nu ein kleines Problem übertragen wurde, das er unter Umständen vorher so gar nicht empfunden hatte. Als Erfüllungsgehilfe der eigentlich problemempfindenden Mutter sollte er nun ihre Aufgabe in der Konfrontation übernehmen. Sie hatte ihm signalisiert: Der Junge nervt mich, und ich bin zu erledigt, zu schwach (zu bequem), um mich mit ihm auseinander zu setzen. Für alle Beteiligten wäre es natürlich transparenter und fairer, wenn – in diesem Fall – die Mutter selbst ihre Kräfte mobilisierte, indem sie etwa im direkten Austausch dem Jungen ihre Überanstrengung, ihre momentan schwachen Nerven klarmachte und ihn bäte, doch ein wenig Rücksicht zu nehmen. Selbst ein anschließend nötiges und sehr lautes Schreien der Mutter nach Ruhe wäre dem Kind darin immer noch verständlicher als der plötzlich auftretende strafende Delegierte, der »Buhmann« Vater (dem darüber hinaus dieses »Ansehen« erspart bliebe).

Interessanterweise sind die meisten Väter für solche Art Delegationen durch ihre Frauen recht empfänglich. Vielleicht sind sie seit eh und je auf das Ausüben von Befehlen trainiert, vielleicht schlüpfen sie auch gerne für ihre Frau in eine Art von Beschützerrolle, so dass sie solch einen Auftrag in seiner Tragweite gar nicht erkennen.

Eine allzu große Herausforderung scheint es ebenfalls für viele Eltern zu sein, sich im Leben mit ihren Kindern an der vorhandenen innerfamiliären Subjektivität und Spezifik orientieren zu müssen. Bei Fragen und Problemen wird schnell nach einem objektiven »Über-Ich«, nach »Über-Eltern«, gesucht (oder wie man eine ersehnte, über einem stehende Autorität auch nennen will). Findet sich jedoch solch eine glaubwürdige, Weg weisende Autorität nicht in unmittelbarer Nähe, dann wird die Suche nach überelterlicher Entlastung einfach verlagert. Ärzte und Berater jeglicher Art treten auf den Plan – und bieten eventuell »nur« Hilfe zur Selbsthilfe an. Meist geht dann die Suche weiter. Schließlich muss es ja jemanden geben, der versichert: »Das mach ich schon für Sie.« Also wenden sich manche Eltern unverzüglich an die nächste Beratungsstelle – immer auf der Flucht vor dem eigenen anstrengenden Krafteinsatz.

Nach dem, was wir in den Gruppen gesehen haben, scheint es für den Menschen allgemein wirklich schwierig zu sein, für sich allein und vor sich selbst gerade zu stehen. Immer scheint die Hoffnung vorzuherrschen, Unterstützung, Hilfe, Ermutigung von einer äußeren starken »Hand« zu erlangen und von ihr teils in Form unsichtbarer Regeln, teils in Gestalt sichtbarer menschlicher Autoritäten geführt zu werden. Die Erkenntnis, dass für den Erwachsenen diese äußere Hand nicht existiert, dass er sie nur in sich selbst entwickeln kann, ist für viele, die dies aufgrund ihrer Erziehung nie gelernt haben, angstauslösend. Wie oft schon haben solche Menschen ihre Kinder getäuscht, indem sie ihnen klarzumachen versuchten: Folge nur (im doppelten Sinne des Wortes), und dein Leben wird gelingen. Nach meinem Empfinden steckt im rein autoritären Erziehungsansatz – mag er noch so gut gemeint sein – die Illusion von einer Autorität, die fürsorglich den Weg weist. Wenn es dann im späteren Leben für Erwachsene hart auf hart kommt und ihr Appell an (und ihr »Anspruch« auf) solch eine helfende, fürsorglich den Weg weisende Autorität nicht erhört wird, weil es eine solche, ihrem wahren Ich gerecht werdende (!) äußerliche Autorität nicht geben kann, werden sie auf sich selbst zurückverwiesen.

Dann stellt sich die Frage, ob sie die selbstheilenden Kräfte aus sich, aus ihrer inneren Stärke heraus mobilisieren können, wobei dies mit psychotherapeutischer Hilfe oftmals gelingt.

Manche aber – in dem Verdacht, sich selbst mit all ihrem Kummer, ihren Ängsten, ihren Schuldgefühlen und Unzulänglichkeiten nicht auffangen zu können – vermeiden diese tiefer gehende Selbstkonfrontation und diese einsame (langfristig aber fruchtbringende) Arbeit an sich selbst. Lieber schließen solche Menschen nach außen halbherzige Kompromisse, die die eigentliche Wahrheit des Selbst zudecken helfen – und die manches Mal bloß eine Leidensverlagerung bedeuten. Anstatt die Kraft für die eigene innere Wahrheit, so furchterregend sie auch ist, zu verwenden, wird sie für das Aushalten der verdrängenden Kompromisse verschwendet.

Die Schwierigkeit, die Signale der Kinder zu entschlüsseln

»Hätte sie (er) doch bloß etwas gesagt!«, heißt es oft betroffen, wenn Kinder aus einer momentanen Verzweiflung heraus irgendeine schlimme Konsequenz für sich gezogen haben. »Hätte ich das gewusst, hätte ich ihr (ihm) doch geholfen!« Oder: »Er sagt ja leider nie etwas. Er erzählt ja nichts!« So hört man Eltern manches Mal klagen.

In unseren Gruppen stellte sich jedoch immer wieder heraus: Kinder äußern sehr wohl ihre momentane Verfassung und ihr gerade vorherrschendes Lebensgefühl. Sie drücken das nur nicht verbal aus, sondern signalisieren es oftmals sehr verschlüsselt – und somit auf eine Art, die von den Erwachsenen selten richtig gedeutet wird. Kinder finden nicht immer Möglichkeiten, ihre Stimmungen in Worte zu fassen, sondern bekunden ihr Unwohlsein in körperlichen Symptomen wie Bauchweh, Kopfweh, Schlaflosigkeit und Unruhe. Statt etwaige Probleme zu vermuten und in dieser Richtung einfühlend nachzufragen, gehen die Eltern oftmals nur auf die äußerlich angebotenen Symptome ein, schleppen mitunter ihre Kinder von Arzt zu Arzt und bleiben trotzdem ratlos. Endstation ist dann manchmal der Kinderpsychologe, der sich der Kinder dann erfolgreich annimmt, indem er professionell das tut, was die Eltern versäumt haben.

In unseren Gruppen bemühen sich nun die Eltern, aufmerksamer auf die Signale ihrer Kinder zu achten. Mit Hilfe der anderen Anwesenden und hauptsächlich durch den eigenen Versuch des »aktiven Zuhörens« erfuhr zum Beispiel eine Mutter schließlich den Grund für das ständige Bauchweh ihres Kindes (das den Kindergarten besuchte) …

Die vierjährige Tochter stand stark unter Druck, weil zwei Jungen in ihrer Gruppe ihr jeden Morgen, von der Erzieherin unbemerkt, das Pausenbrot fortnahmen, verbunden mit der eindringlichen, für sie überzeugenden Warnung, nichts davon einem Erwachsenen zu erzählen. Täte sie dies nämlich, würde sie automatisch zu einem ganz kleinen Zwerg schrumpfen. Unter dem Druck dieses Terrors lebte die Kleine tagelang, wurde von der Mutter allerdings jeden Morgen weiterhin in den Kindergarten gebracht, weil die Kleine stets einer sachlichen Frage nach ihrem Befinden auswich: Nein, dort sei nichts vorgefallen. In seiner inneren Not wusste das Kind sich nicht zu wehren. Auf dem Weg zum Kindergarten plagten es die Bauchschmerzen vor Angst, auf dem Heimweg vor Hunger.

Erst als die Mutter endlich die Sachebene verließ und fragte: »Hast du vor irgendetwas ständig Angst?«, begann sich der Bann zu lösen. Nun konnte die Mutter langsam nachforschen, was eigentlich im Seelenleben ihres Kindes vor sich ging. »Glaubst du, dass du es mir nicht sagen darfst?« Und: »Glaubst du, mit dir passiert etwas ganz Schlimmes, wenn du es mir erzählst?« Es war die *Art* ihrer Fragen, die zu des Rätsels Lösung führte. »Was hätten wir zwei uns doch ersparen können, wäre ich es mehr gewöhnt gewesen, auf der emotionalen Ebene zu fragen, statt immer so sachlich zu agieren!«, seufzte die Mutter, als wir den Vorfall in der Gruppe besprachen. »Vielleicht muss ich mit den Kindern doch anders sprechen lernen, als ich es mit Erwachsenen tue«, fügte sie hinzu.

Wie ihr ergeht es manch anderem Kursteilnehmer. Oft ist die Überraschung groß, wenn man mittels des partnerschaftlichen Vorgehens, also mit Hilfe der Empathie, die Gefühls- und Gedankenwelt der Kinder punktuell entschlüsselt hat (nachdem man zuvor auf der Sachebene nicht vorangekommen war). »Wenn eines meiner Kinder ganz besonders heftig seine Geschwister ärgert, schimpfe ich jetzt nicht mehr wie vorher, sondern dann ist das für mich ein Signal, das es zu entschlüsseln gilt«, meinte eine Mutter. »Besonders mein Zweitältester, der sich ohnehin immer zurückgesetzt fühlt, ist oft richtig böse zu dem Jüngsten. Hinterfrage ich dann, kommt meist immer das gleiche Muster heraus: Er will mich einmal für sich ganz allein haben. Sein Problem ist wirklich das Bedürfnis, die Mutter einmal 'exklusiv' zu haben. Drücke ich ihm dann mein Verständnis aus, bedauere ich ihn, dass er stets teilen muss, dass er so unruhige Nervensägen als Geschwister hat, und verspreche ich ihm, dass wir in Kürze wieder einmal etwas Schönes nur zu zweit machen werden, klärt sich seine Miene gleich auf. Dann bemüht er sich, seine Situation zu tolerieren.«

Ein Signal anderer Art konnte ich selbst einmal bei meiner ältesten Tochter entschlüsseln. Hier ging es nicht ums Ärgern oder ums Piesacken der zwei Jahre jüngeren Schwester, sondern um übertriebene Fürsorge ihr gegenüber. Beide waren klein – die Jüngere war etwa zwei und die Ältere etwa vier Jahre alt.

Jedes Mal, wenn wir miteinander spazieren gingen, fiel mir auf, wie ängstlich die Große die Schritte der Kleinen verfolgte und sich dabei richtig aufregte. »Wenn sie hinfällt!«, quengelte sie oft. »Oh, sie muss aufpassen! Wenn sie nun ausrutscht!« So hieß es meist. Zu jenem Zeitpunkt meinte ich, sie wolle damit wohl das Lob und die Aufmerksamkeit der Erwachsenen erlangen, wenn sie sich so besorgt wegen der Kleinen zeigte.

Nach einiger Zeit kam mir ihr Verhalten dann aber doch sonderbar vor, und ich begann instinktiv zu hinterfragen. »Hast du denn wirklich solche Angst, dass ihr etwas passieren könnte?« – »Ja, ich habe immer Angst …« – »Was wäre denn ganz schlimm? Hinfallen ist ja nicht so schlimm. Könnte denn noch etwas Schlimmeres geschehen?« – »Ja, es könnten plötzlich Räuber kommen – und sie für immer mitnehmen!«, antwortete sie verzweifelt. Endlich verspürte ich ein Alarmzeichen. Ihre Phantasie war mir jetzt verdächtig geworden. Ich spürte aber auch ihre eigene Qual. »Stellst du dir das immer so vor?«, fragte ich. »Ja«, murmelte sie geknickt. – »Und das findest du dann schlimm, wenn du dir das so vorstellst?« – »Ja.« – »Du stellst dir vor, jemand raubt deine Schwester. Wärst du sie denn eigentlich gerne einmal los? Findest du es anstrengend und lästig mit ihr?« Achselzucken. Keine Antwort. »Schämst du dich vielleicht, weil du sie gerne einmal los wärst?« – »Ja, denn dann wärst du ja traurig, Mama.« – »Für dich wäre es schön, wenn sie verschwinden würde, aber trotzdem willst du es dir nicht wünschen, um mich damit nicht traurig zu machen?«

Während unserer weiteren Unterhaltung, für die ich mir nun Zeit nahm, weil ich erkannt hatte, wie wichtig das Ganze war, kamen eine Menge Emotionen heraus, von denen die Große geplagt wurde: Eifersucht; Sich-gestört-Fühlen durch den kleinen Plagegeist, der immer mehr zur Rivalin wurde; der dringende Wunsch, die lästige Schwester loszuwerden; gleichzeitig das Wissen und die Angst, damit die unverzichtbare Mutter traurig zu machen und womöglich nach einer aggressiven Attacke auf die Schwester die mütterliche Gunst zu verlieren. So steckte sie ihre Aggressionen in ihre Wunschphantasien, die ihr gleichzeitig Angst machten und die sie sozusagen wohl durch übertriebene Fürsorge »wiedergutmachen« wollte. Dabei lebte sie unter einem schrecklichen Druck.

Nachdem ich geduldig all diese Gefühle aus ihr herausgelockt hatte und sie merkte, sie dürfe auch solche »bösen« Empfindungen haben, ohne die Mutter zu verprellen, ging es ihr zusehends besser. Es würde zu weit führen, nun zu beschreiben, was wir daraufhin im häuslichen und geschwisterlichen Bereich veränderten, damit die Rivalität nicht weiter so ins Spiel kommen musste. Auf jeden Fall lernte die Große, etwaigen Ärger direkter auszudrücken, schluckte nicht mehr so vieles an Gefühlen hinunter, traute sich, mir gegenüber solche Empfindungen des Zurückgesetztseins direkt zu äußern.

Diese Art Verschlüsselungen gibt es bei Kindern sicher häufig. Ein Vater in unserer Runde erzählte, sein Sohn habe einmal wutschnaubend geschrieen, dass er sich wünsche, der Bruder würde »als Matsche« an der Wand herunterlaufen. Nachdem der Vater zunächst spontan sein Erschrecken ob dieser gewalttätigen Vorstellung geäußert hatte, beschloss er, sich nicht mit einem Verbot solcher Ausdrucksweisen zu begnügen, sondern mutig an die Aggression seines Kindes heranzugehen, sie praktisch aus dem Jungen verbal herauskommen zu lassen. Es stellte sich in diesem Fall heraus, dass der Junge immer wieder von der eher strengen Mutter im Vergleich mit dem Bruder zurückgesetzt worden war und dass er diese ungleiche Behandlung nicht länger ertrug, seine Wut aber statt auf die Mutter auf den Bruder gerichtet hatte.

Eine andere Teilnehmerin hatte sich wochenlang darüber aufgeregt, dass ihre achtjährige Tochter sich weigerte, eine neu zugezogene ältere Nachbarin zu grüßen, obwohl die Frau recht freundlich war. Die Mutter hatte sogar durch Ich-Botschaften versucht, ihr Kind zum Grüßen zu bewegen – vergebens. Das Kind signalisierte nur Abwehr. Nach geschicktem Hinterfragen durch die Mutter zeigte sich die Erklärung für das Verhalten des Kindes. Ursache für ihr Vermeidungsverhalten war schlichtweg ihre Angst vor dem Fremden und dem Noch-nicht-Erfahrenen. Die nette Frau schielte nämlich nicht nur, sondern sie trug auch ausschließlich Schwarz und hatte darüber hinaus noch einen »sonderbaren« Dialekt. Diese Faktoren hatten bei der Kleinen ausgereicht, lieber wegzuschauen und sich so etwas Eigenartigem gar nicht erst auszusetzen. Dass die Frau gebildet war und Herzenswärme besaß, konnte sie – wie auch die Erwachsenen – nicht sogleich bemerken. Sie hatte nur vordergründig Erschreckendes wahrgenommen.

Nach mehreren solcher Beispiele für ein gelungenes Entschlüsseln kindlicher Signale und Appelle sind die Teilnehmer meist fasziniert davon, wie gut sich Eltern und Kinder tatsächlich »kennenlernen« können und wie gut sich alle Mitglieder innerhalb der Gemeinschaft auf diese Weise helfen können.

Trotzdem bleibt das aktive Zuhören stets schwierig, weil für viele Erwachsene diese Verhaltensweise einfach ungewohnt ist. Es ist eben nicht jedermanns Sache, der Emotionalität einen hohen Stellenwert zuzuordnen – und viele sind, wie in anderen Lebensbereichen, meist unter Zeitdruck, haben daher oftmals nicht die Ruhe, die für beziehungsmäßig wichtige Gespräche absolut notwendig ist.

■ Die Schwierigkeit mit der Selbstwahrnehmung sowie ihrer Übertragung und Vermittlung in eine kongruente Sprache

Hinsichtlich dieser Problematik gibt es bei nahezu allen Teilnehmern zunächst einmal Missverständnisse bezüglich der so genannten Ich-Botschaften, die die oben genannte Schwierigkeit beheben könnten. Jene Botschaften erscheinen den Eltern als idealistische Sprachverrenkung. Ihrer Befürchtung nach erheben wir Gruppenleiter das, was uns kommunikationsfähiger machen könnte, womöglich zum Prinzip, nach dem von morgens bis abends und in allen Lebenssituationen gehandelt werden sollte.

Das ist natürlich damit nicht gemeint. Der Anspruch, in Situationen, in denen eine Krise in der Beziehung spürbar ist, Ich-Botschaften zu senden, gilt nicht für die unzähligen kleineren Bagatellkonflikte, die jeder Tag bereithalten kann. Ist eine Beziehung ziemlich ungetrübt, wird man diesen kleinen Problemen und Meinungsverschiedenheiten auch mit einer kräftigderben Sprache begegnen können, und selbst ein sonst autoritär anmutendes »Nun ist aber mal Schluss mit dem Krach!« oder ein »Jetzt lässt du aber diesen Unsinn!« wird keinerlei Störung hervorrufen. An der Wirkung, die meine Heftigkeit und meine unter Umständen sehr direkten Worte auf mein Gegenüber haben, lese ich ab, ob grundsätzlich immer noch alles zwischen uns in Ordnung ist oder ob ich dem anderen doch ein Problem mit mir bereitet habe. Hierfür sollte ich stets sensibel und entschuldigungsbereit bleiben, will ich den anderen nicht durch meine Kongruenz überrollen.

Die Bereitschaft zu Ich-Botschaften tritt genau dann ein, wenn die Beziehung nicht mehr grundsätzlich harmonisch, sondern unstimmig geworden ist. Bei manchen unverbildeten und mit Liebe, Geduld und Zeit aufgezogenen Erwachsenen ist diese Art ehrlicher, transparenter Sprache ein selbstverständliches inneres Bedürfnis, eine Ausdrucksweise, die gar nicht erst erlernt werden muss.

Kongruenz und ihre Mitteilung ist für diese Menschen nie ein Problem gewesen. Im Gegenteil, es ist ihr Wunsch, ihrem Partner nichts vorzuenthalten, ihm von sich, von ihren Gedanken und Gefühlen zu geben, ihn an ihrem Leben Anteil nehmen zu lassen, sich ihm zu öffnen, nichts allein zu bestimmen, zu verheimlichen, zu verstecken. Das Teilhaben an ihrer Person können sie gut ertragen, und sie mögen es, wenn sie als Person kennengelernt werden. Umgekehrt ist für diese Menschen das Einhören auch keine Technik, sondern eine natürliche empathische Verhaltensweise, die ihnen anscheinend angeboren ist.

Was wir also in unseren Gruppen zum Thema Ich-Botschaften immer wieder vermitteln wollen, ist Folgendes: Beginnt eine zunächst lässig, vielleicht frech geführte Kommunikation auf einmal dadurch schwierig zu werden, dass einer der Beteiligten signalisiert, er habe plötzlich ein Problem (auch wenn er vielleicht nur etwas »in den falschen Hals bekommen« hat), sollte das Grund genug sein, dieses Problem gemeinsam zu ergründen. Hier reicht dann die eher oberflächliche Kommunikation nicht mehr aus, Unstimmigkeiten zu bereinigen.

Neben der Bereitschaft zum Einhören setzt nun ebenso die grundsätzliche Bereitschaft zur Kongruenz und ihrer Umsetzung mittels Ich-Botschaften ein. Derjenige, der sein Problem zum Ausdruck bringen will, kann jetzt versuchen, sich selbst auf die Spur zu kommen, indem er sich seiner Emotionen klar wird, von ihnen erzählt, sein Gegenüber dabei mit all dem konfrontiert, was ihn bewegt und aufwühlt, ohne es jedoch anzugreifen.

In unseren Gruppen in Form von Ich-Botschaften sprechen zu lernen, heißt »nichts weiter«, als die Fähigkeit zu verbessern, mit der eigenen subjektiven Echtheit (mag sie sich auch von einer *objektiv* üblichen »Echtheit« unterscheiden) umzugehen und sie sich zuzugestehen. Hierbei wird erlernt, die Ratio mit den Emotionen zu verbinden, zu versöhnen und dies auch noch vertrauensvoll auszudrücken. Jeder Mensch hat seine eigenen tradierten Werte, sein eigenes Maß an Frustrationstoleranz angesichts der Freiheiten des anderen. Darüber hinaus hat jeder zunächst einmal mit seiner eigenen Geschichte und Gefühlswelt das Recht auf den Versuch, sich mit all dem durchzusetzen, sich zu erklären.

Nur, stößt man mit diesem Recht, das man in Anspruch genommen hat, in dem Versuch, erst einmal für *sich* zu sorgen, auf Widerstand oder gar auf den Kummer der anderen, dann gesellt sich bei beziehungsorientierten Menschen wiederum die Bereitschaft, den Partner mit einzubeziehen, hinzu. Jetzt steht das einfühlende Hinterfragen im Vordergrund. Es entsteht der Wille zur Reflexion der eigenen Ansichten und Empfindungen, unter Umständen bis hin zu ihrer Revidierung, falls die Partnerschaft sonst in Gefahr gerät. Der eventuell eintretende Fall, etwas füreinander aushalten oder etwas ändern zu müssen, mag zwar manches Mal Angst und Seelenschmerz bedeuten, doch wenn dem Betreffenden Gemeinsamkeit am Herzen liegt, entscheidet er sich nicht selten, Opfer für die Beziehung zu bringen.

»Meine Ich-Botschaften klappen einfach nicht!«, heißt es oft in unserer Runde, wenn von der Beziehung Eltern-Kind die Rede ist. Allein der Ausdruck »klappen« verrät die Hoffnung der Teilnehmer, sich mittels dieses »freundlichen« Tricks auf jeden Fall durchsetzen zu wollen. Wenn Ich-Botschaften nicht ankommen, gibt es dafür meist zwei Gründe, die die Gruppe bei den Analysen immer wieder herausfindet.

GRUND 1: Selbst nach einer wahrhaftigen Ich-Botschaft muss das Kind aus einem wenig offensichtlichen (herauszufindenden) Grund nicht unbedingt positiv auf seine Eltern eingehen. Vielleicht ist es ohnehin gerade wütend auf sie, ist vielleicht ein Wunsch der Eltern zeitlich oder entwicklungsmäßig verfrüht. Zwar mag das Kind prinzipiell bereit sein, ein Ansinnen der Eltern zu erfüllen, doch ist es im Augenblick nicht dazu in der Lage, weil es zu sehr mit sich selbst beschäftigt ist oder weil es andere Schwierigkeiten hat.

GRUND 2: Die Ich-Botschaft ist nicht ehrlich genug, ist vielleicht sogar ein verkappter Du-Angriff, der das Kind blockiert. Womöglich ist sie auch einfach nicht gut genug in der Formulierung oder entspricht inhaltlich nicht der ganzen Wahrheit und erweist sich damit für das Kind nicht als eingängig und verständlich. Manchmal kann sie auch deswegen für das Kind nicht nachvollziehbar sein, weil die Botschaft einem willkürlichen Wollen der Eltern entspringt und dem Kind daher nicht einsichtig wird.

Ein Beispiel: Eine Mutter, die ihr Kind zum Spielen schicken wollte, hatte als Erklärung geäußert: »Ich möchte doch, dass du Kontakte hast und nicht eines Tages zum einsamen Stubenhocker wirst!« Wie sie später zugab, hatte sie hiermit die Wahrheit ihrer Motive verbrämt. Ihre echte, unausgesprochene Ich-Botschaft war eigentlich die: »Heute bin ich sehr ruhebedürftig und würde sehr gern einmal eine gewisse Zeit allein sein

…« Diesen wirklichen Grund für ihren Wunsch wollte sie aus Sorge, ihre Tochter könnte deshalb traurig sein, nicht vermitteln. Diese Wahrheit mochte sie der Kleinen zunächst nicht zumuten. Sie selbst war immer sehr liebebedürftig und anhänglich gewesen, und selbst als Erwachsene gab es für sie nichts Schlimmeres, als von einer Bezugsperson fortgeschickt zu werden, nur weil die Person sie als lästig empfand. Aufgrund dieser eigenen Empfindlichkeit nahm sie an, ihrem Kind müsse es genauso gehen, und wollte durch eine unbewusst manipulierte Aussage dem Mädchen solche Negativgefühle ersparen. Allerdings spürte die Kleine etwas Unstimmiges am Verhalten ihrer Mutter. Außerdem teilte sie nicht im mindesten deren Befürchtung, sie könne zum Stubenhocker werden. Sicherlich hätte sie mit der vermeintlich »schlimmen« Wahrheit besser umgehen können als mit dieser für sie verdächtigen und unsinnigen Erklärung, auf die sie dann auch mit massivem Trotz reagiert hatte.

Insgesamt erweist sich die Betrachtung und das Kritisieren der Ich-Botschaften, die die Teilnehmer aussenden, immer als sehr ergiebig und interessant. Selbst scheinbar »richtige« Botschaften entpuppen sich mitunter noch als bloße Teilwahrheit oder als heimliche Abwehr der Wahrheit.

Ein anderes Beispiel: Eine Mutter, die sich in der Öffentlichkeit (verständlicherweise) von ihrem Kind nicht als »blöde Kuh« betiteln lassen mochte, sandte einmal, statt wie sonst zu schimpfen oder zu strafen, eine Ich-Botschaft: »Ich mag das einfach nicht dulden! Wenn die anderen Leute das hören, meinen sie, du hättest keinerlei Respekt vor mir, und denken, ich könnte dich nicht erziehen!« Wie sich nach Hinterfragung herausstellte, war dies in ihrem Fall eine vordergründige, »falsche« Aussage, die den Kern ihrer Empfindungen nicht traf. Ihre wahren Gefühle waren anderer Art: Ihr persönlich war die Meinung der Leute in diesem Zusammenhang sogar ziemlich gleichgültig. Es ging ihr mehr um ihr Ego: »Eigentlich fühle ich mich, wenn sie mich so nennt, gedemütigt und ungerechtfertigter Weise angegriffen. Das habe ich nicht verdient, weil ich mich so sehr für die Kinder anstrengen muss …« Dies kam heraus, nachdem wir uns näher für ihre Motive interessiert hatten.

Etwa in diesem Sinn brachte sie später dem Kind ihre Ich-Botschaft bei, was aber, wie sie uns erzählte, seinen Trotz nur verstärkte. Wie sich nach ihrem Umschalten aufs einfühlende Verstehen zeigte, störte etwas Grundlegendes, Ungeklärtes ihre Beziehung. Das Kind fühlte sich von ihrer insgesamt dominierenden Art ständig unter Druck gesetzt und war meistens wütend auf sie. Bei einem weiterführenden Gespräch vermochten sie schließlich gemeinsam die latenten Hassgefühle des Kindes in Bezug auf seine Mutter zu klären und bald auszuräumen, da sich die Mutter veränderungsbereit zeigte.

Wie subjektiv Ich-Botschaften sind, merken wir immer wieder, wenn ein Problem wie das folgende aufgeworfen wird. Da fragte einmal eine Teilnehmerin: »Wie lösen Sie denn das Problem mit der herumliegenden schmutzigen Wäsche in den Kinderzimmern? Morgens muss ich stets die Sachen vom Fußboden aufheben – und das regt mich einfach auf!«

Der Reaktion der Gruppe zufolge gibt es dieses Phänomen anscheinend in vielen Familien – nur gehen die jeweiligen Mütter (Väter) ganz unterschiedlich damit um. Manche heben anstandslos und ohne etwaige Negativgefühle jeden Morgen die schmutzigen Sachen auf, während sich andere mitunter aufrichtig ärgern und bereits diverse Tricks angewandt haben, um die Familienmitglieder dazu zu bewegen, doch endlich ihre Wäsche selbst in den Wäschekorb zu tragen. Wie sich nun zeigte, fühlt tatsächlich jeder in dieser ähnlich gelagerten Problematik unterschiedlich, was nun auch konsequenterweise eine speziell auf ihn zugeschnittene Ich-Äußerung ergibt. Solche Äußerungen versuchten mehrere Teilnehmer unter Hilfestellung der Gruppenleiter und der anderen für sich selbst zu formulieren, um dann unter Umständen ihre Familie einmal grundsätzlich damit zu konfrontieren.

Die einzige Gemeinsamkeit bei den vielfältigen Gesprächs- und Lösungsmöglichkeiten der jeweiligen Eltern mit ihren Kindern bei »denselben« Problemen ist die Achtung der gegenseitigen Würde, das nichtautoritäre Vorgehen, die Bereitschaft der Eltern und Mitteilungen, die den Kindern ein Verstehenlernen ihrer Person möglich macht. Die oft gehörte Aussage »Das wirst du erst verstehen, wenn du selbst einmal im Arbeitsprozess stehst und wenn du eigene Kinder hast!« ist als Versprechen für die Zukunft gar nicht nötig. Kinder können auf einer Empfindungsebene im Hier und Jetzt ihre Eltern wesentlich besser verstehen, als gemeinhin angenommen wird. Ihnen muss dazu nur eine Chance durch genaue Mitteilung gegeben werden.

Manche Teilnehmerin meinte dazu: »Zu solchen Ich-Botschaften bin ich einfach zu temperamentvoll. Sie verlangen zuviel Reflexion. Das kann ich vom Wesen her nicht.« Dann waren die anderen der Ansicht, dies müsse kein Widerspruch sein, weil jemand auch ganz vehement, lebhaft und seinem Temperament entsprechend sein Ich herauskommen lassen könnte (herausschreien, wenn es sein müsse). Wichtig sei nur, den Gesprächspartner damit nicht anzugreifen oder als schuldig hinstellen zu wollen.

Einige Eltern, die angaben, man habe mit ihnen stets in anklagendem Ton gesprochen, waren dennoch (oder gerade deswegen) bereit, die große Anstrengung eines Umlernens auf psychosprachlicher Ebene auf sich zu nehmen, da sie erkannt hatten, wie wichtig ihnen Nähe und Beziehung sind.

Die Schwierigkeit mit dem Sein-Lassen

Diese Schwierigkeit zeigt sich vor allem in einem Mangel an Vertrauen in das Andersartige und dem Zweifel daran, dass jemand, der ganz anders lebt und vorgeht, durchaus in seiner Weise ein anvisiertes Ziel erreichen kann. So fällt es vielen Erziehern häufig schwer, beim Kind auf den Zugriff zu verzichten, es seinen eigenen »Seins-Auftrag« (Buber) erfahren zu lassen, und dabei die Beunruhigung wegen der noch nicht absehbaren Konsequenzen für die Zukunft auszuhalten.

Wer, so wie einige unserer Teilnehmerinnen auch, einen anderen Menschen nicht »sein lassen« kann, ihm keine Chance der subjektiven Reaktion und der Aktion gibt und ihm deshalb seine Haltung vorschreiben will, der lebt auch – mehr oder weniger – in seinen eigenen Beziehungen gemäß einem »Modus des Habens« (Fromm), in diesem Fall gemäß einem Modus des Haben-Wollens, nicht des Miteinander-sein-Wollens: Ein solcher Erzieher strebt allein danach, genau das in einer Beziehung herzustellen und zu erhalten, was ihm sein eigenes Wollen diktiert. Sein Handlungsschwerpunkt liegt auf seiner ausschließlichen Kongruenz unter Vernachlässigung von Empathie und grundsätzlicher Wertschätzung. Und so läuft sein Denken in etwa nach folgendem Schema ab:

Ich investiere Kraft und »Liebe«, Liebe, so wie ich sie verstehe und definiere. Dafür will ich dann aber als eine Art Gegenleistung das haben, was ich mir vom anderen vorstelle und erträumte (was ich schön finde). Ich will nicht »umsonst« Kraft für die Kinder einsetzen, sondern bestimme, wie meine »Belohnung« auszusehen hat, indem ich sie als Ziel meiner Erziehung in mein Engagement für die Kinder gleich mit einbaue. In der von mir anvisierten Form soll das Kind mich nun für meinen Einsatz entschädigen. Tut oder kann es das nicht in dieser (meiner) Art, so ist das Kind ein Versager und nicht ich in meiner Liebes- und Beziehungsherstellung oder in meiner Betrachtung und Einschätzung des anderen.

Dieser »Trick« der »Schuldabwälzung« klappt meist schon aus dem Grund, weil er allgemein sanktioniert wird in einer Gesellschaft, die größtenteils auf dem Modus des Lebens basiert. Provokativ gesagt: Gemäß dem vorherrschenden »Sozialdarwinismus« argumentieren viele Eltern, ohne die Missstände in unserer Gesellschaft in Frage zu stellen: »Nur derjenige kommt durch, der all diese vorgegebenen Erfolge anstrebt und dabei die postulierten Gepflogenheiten akzeptiert. Das Kind muss sich schon deshalb an meinen Erwartungen orientieren, damit es im späteren Leben in unserer Gesellschaft bestehen kann ...« Das ist ein Argument, das den verbreiteten Modus des Habens anscheinend anstandslos hinnimmt. Um nicht missverstanden zu werden: Hier soll nicht im mindesten der Abschaffung des Leistungsprinzips das Wort geredet werden. Meiner Erfahrung nach ist jeder in der Lage, seinen Neigungen, Talenten und Fähigkeiten entsprechend viel zu leisten, wenn er genau dort, wo er seine Leistungsfähigkeit entdeckt hat, auch etwas leisten darf und nicht etwa auf eine Schiene gesetzt wird, die für ihn ins persönliche Nichts führt, nur weil der Bereich, in dem er Leistung liefern soll, seinem Umfeld gerade opportun erscheint. (»Ich will ja nur dein Bestes!«)

Einen Menschen sein zu lassen neben dem eigenen Sein und wiederum in gegenseitigem Bezug, das produziert nicht zwangsläufig (wie oft befürchtet) lethargische, egoistische, hedonistisch-orientierte Parasiten. Fast immer ist das Gegenteil der Fall: »Seins-Menschen« sind in der Lage, ihren ganz persönlichen »Seins-Auftrag« zu entdecken. Hierbei entwickeln sie eigenständig oft unglaubliche Fertigkeiten, besitzen Kraft und zeigen Produktivität. »Jede tolle Chance, die wir ihm bieten könnten, lässt er sich aber auch entgehen!«, klagte eine Mutter. »Er ist richtig dumm. Was könnten wir ihm alles ermöglichen, wenn er nur wollte. Später bereut er das sicher!« Ihr und ihrem Mann fiel es schwer zu glauben, dass das, was sie unter Chance, Erfolg und Glück verstanden, von ihrem Sohn als nicht erstrebenswert erachtet wurde. So wurde er von ihnen als »dumm« abgetan – sozusagen ein klassischer Umkehrschluss, weil seine Eltern nicht in der Lage, vielleicht auch nicht willens waren, sich den Bereich, in dem ihr Sohn lebte, zu erschließen.

Sein-Lassen schafft ein Klima des Verständnisses, der inneren Freiheit, des Angenommen-Seins, des Vertrauens, der »selbstlosen« Zuwendung. Und wenn sich dieses Sein-Lassen nicht im bloßen »Laisser-faire« erschöpft, sondern gleichzeitig inneres Engagement und (durchaus problem-orientiert) Austausch ist, dann ist derjenige, der dieses Sein-Lassen ermöglicht und fördert, ist jener Geber auch ein Nehmer, da er auf natürliche – und nicht auf berechnende – Weise das zurückerhält (Vertrauen, Zuwendung), was er angeboten hat. Bei der freien Entwicklung eines Kindes geht es nicht darum, es – zielgerichtet gedacht – später erfolgreich, fröhlich, kultiviert zu erleben (was allerdings auch nicht ausgeschlossen ist), sondern darum, es lebenstüchtig (in seinem Sinn und zu seiner Zufriedenheit) und beziehungsfähig zu machen. Das Vertrauen hierin wächst in dem Maße, wie ich dies als Erzieher mit dem Kind bereits durchlebt habe und weiter durchlebe. Hierzu gehört nun, dass die Beziehung geprägt war vom Modus des Seins im Unterschied zum Modus des Habens, wobei der Modus des Seins neben einer wahren Kongruenz ein hohes Maß an Empathie einschließt.

In einer Beziehung, in der der Modus des Habens vorherrscht, ist der Dialog zwischen beiden Seiten an der Stelle zu Ende, an der die eine Seite (meist sind es die Eltern) der anderen Seite etwas aus uneingeschränkter eigener Überzeugung verweigert oder nicht bereit ist, etwas zu geben. (»In dieser Situation bedauere ich dich, weil ich hierin etwas Bedauernswertes sehe« – »Ich unterstütze dich dabei, wo ich etwas fördernswert finde« – »Dir gebe ich nur etwas, wovon ich mir etwas verspreche, was *mir* Nutzen bringt und damit, wie ich unterstelle, dir genauso, denn ich forme dich nach meinem Bild«.)

In einer Beziehung, in der der Modus des Seins vorherrscht, geht der Dialog gerade an jener Stelle weiter Ich sehe von meinem unmittelbaren Gewinn ab (auch wenn es mich vielleicht zunächst traurig macht), nutze jedoch zugleich die Chance, dem anderen meine Hemmnisse, Schwierigkeiten, Verzichte, die ich ihm gegenüber empfinde, mitzuteilen. Darüber hinaus höre ich mir offen an, was und warum er etwas anstrebt (und warum er es vielleicht nicht kann). Wir bleiben so lange im Gespräch, bis wir gemeinsam einen Konsens gefunden haben, einen, den wir gestern vielleicht gar nicht erdenken konnten, einen, den wir morgen, wenn es denn die Stunde gebietet, wieder miteinander neu überdenken müssen.

Die Schwierigkeit mit der Vorstellung vom Glück des anderen

Viele Menschen, die den Prozess in unserem Kurs nicht miterlebt hatten und die sich vermutlich nur die Pole »autoritäre Erziehung« und »Laisser-faire« vorstellen konnten, waren der Meinung: »Das ist ja alles interessant, aber die glücklichsten und zufriedensten Kinder sind doch immer noch die von autoritären Eltern.«

Eltern in unseren Gruppen sehen dies im Laufe der Zeit allerdings immer differenzierter, weil sie begonnen haben, aufmerksamer hinter die Kulissen der »Bilderbuch-Familien« zu schauen. Natürlich sehen sie die freundliche Angepasstheit solcher Kinder, erkennen höfliche Umgangsformen, erleben Fröhlichkeit, wenn die Kinder die Möglichkeit zum Entspannen bekommen, wenn ihnen wohlwollende Aufmerksamkeit geschenkt wird. Sie registrieren auch das ausgelassene, erleichterte Toben und Spielen, wenn sie »losgelassen« werden, stellen Dankbarkeit fest gegenüber nicht gerade selbstverständlichen, auch überraschenden Zuwendungen.

Je mehr Einblick sie in das Schicksal der verschiedenen Familie gewinnen, desto mehr erkennen sie aber auch, was hinter dieser »oberflächlichen« Ausgeglichenheit geschieht. Dahinter verbergen sich manches Mal Feindschaft zwischen den Geschwistern, versteckte Melancholie, Angst vor Ehrlichkeit, ein Mangel an Vertrauen in die etwaige Kraft und die Großmut der Eltern, Schulangst, die Einnahme von angstlösenden Medikamenten vor Klassenarbeiten, Vermeidung von Auseinandersetzungen, übertriebenes Angepasstsein, fehlende Kreativität, dafür vermehrt reproduktives und konsumierendes Leben, Flucht in Illusionen und Träumereien, latente Aggressivität, die ihre heimlichen Ventile sucht – und was es der Dinge noch mehr gibt.

Diejenigen, die nicht hinter die Fassaden schauen wollen oder können, meinen, glückliche Menschen dort zu sehen, ein in Ruhe und Ordnung verbrachtes Leben. Ist dann zu diesem »leichten«, in sicheren, normierten Bahnen verlaufenden Dasein auch noch Geld genug vorhanden, so heißt es: »Der führt ein glückliches Leben!«

Traurig oder unverständlich erscheint es den vordergründigen Beobachtern, wenn jemand aus einer solchen Familie nicht ganz zufrieden ist, wenn er immer noch irgendwo seinem eigentlichen Glück nachjagt, wenn er sich nicht ausgefüllt fühlt.

»Na, hätte ich so ein schönes Haus wie der, keine Geldsorgen, einen krisensicheren Beruf, dann wäre ich doch glücklich an seiner Stelle! Der weiß wohl gar nicht, wie gut er's hat. Oder er hat es einfach zu gut!«

Solche Aussagen machen uns immer wieder deutlich, wie wenig ergiebig letztlich ein »Haben-Leben« ist. Derjenige, der diese Kritik am vermeintlich Glück habenden Mitmenschen äußert, sitzt eigentlich dem gleichen »Bären« auf, dem Modus des Habens. »Hätte ich das, was der hat, dann wäre ich glücklich.« Welch eine irreführende Annahme! Sein dürfen, wie man ist, eigenständig, kreativ und produktiv sein dürfen, sein Leben täglich neu gestalten, es dabei schwer und manchmal leicht haben, mitdenken und neudenken können, organisieren, sich adaptieren, revidieren, mitentscheiden, kurzum, lebendig und ausgefüllt leben, das ist sicherlich ein glücklicheres Dasein, selbst wenn es mitunter sogar durch tiefe Täler führt und erst danach wieder aufwärts. Glück bedeutet hier nicht Sicherheit, Haben, Festhalten, Sich-führen-Lassen, beliefern lassen, sich grundsätzlich helfen lassen, für sich sorgen lassen (auch in psychologischer Hinsicht), auf möglichst gleichbleibender Ebene leben, sondern es meint hier ganz schlicht Vitalität des Eigenständigen, Mündigen, in allen Schattierungen, in des Lebens Schönheit und in des Lebens Kampf. Vielleicht ist der paradox anmutende Satz manch alter Leute unter diesem Aspekt verständlicher. Er heißt: »Das Leben war süß, wenn es arbeitsreich und schwer war!«

Eltern, die ihre Kinder zu wahren Lebenskünstlern erziehen wollen, brauchen ihnen »nur« beizubringen, wie sie sich selbst helfen, statt ständig folgsam auf Order und Leitlinien von außen zu warten – und schließlich jene Anstöße so sehr zu benötigen, dass leider alle Kraft darauf verwendet wird, diese Außenhilfe einzutreiben.

Die Schwierigkeit mit dem Verständnis von Liebe

»Ich verstehe gar nicht, warum alles, was ich für dich tue, bei dir falsch ankommt. Ich tue doch alles aus Liebe zu dir!« Das sagte einmal eine Teilnehmerin zu ihrem Mann. »Ja, ja, das sagst du immer«, entgegnete er. »Aber du tust Dinge für mich, die ich nicht will und die mir nicht gut tun. Du liebst irgendwie an mir vorbei. Ich bekomme von dir nicht das, was ich gerne hätte, sondern das, was du gern gibst und was du schön fändest, wenn du ich wärst.«

Diese Aussagen waren für beide Ehepartner sehr traurig. Der Mann fühlte sich mit seinen Wünschen und Vorstellungen von Lieben und Geliebtwerden nicht verstanden, die Frau ebenso wenig. Ihr wurde vorgeworfen, in ihrer Bereitschaft zu lieben zu egoistisch zu sein; dies empfand sie als ungerecht, weil sie doch ihr Bestes gab. Dem Mann fehlte die Fähigkeit, seine wirklichen Wünsche zu artikulieren, und ihr war es schwer möglich, von sich selbst abzusehen und sich empathisch darum zu kümmern, wie es ihm mit ihr erging. So schenkte sie ihm »aus Liebe« beispielsweise zum Geburtstag immer Bücher, die sie selbst lesenswert fand, die ihn in ihren Augen intellektuell weiterbringen würden. Dabei hatte sie ihn mit Begeisterung jedoch Bücher ganz anderer Art lesen sehen: Science-Fiction-Romane etwa oder Krimis. Ebenfalls aus Zuneigung, um sie nicht zu enttäuschen und um ihrem Anspruch an ihn als potentiellen Intellektuellen zu genügen, hatte er ihre Geschenke stets dankend entgegengenommen, sich jedoch trotzdem im stillen unverstanden und nicht als das, was er war, geliebt gefühlt. Dabei meinte er, jemand werden zu sollen, der ihrem Ideal von einem liebenswerten Mann entsprach.

Das ist nur eines von unendlich vielen Beispielen dafür, wie schwierig es für uns ist, dem Partner die wahren Bestandteile von Liebe zu bieten: echtes Interesse an ihm, Respekt vor seiner Individualität, Wahrnehmung seiner Wünsche und der eigenen Wirkung auf ihn, Fürsorge, Einfühlen, Mitempfinden, Beistand, die gegenseitige Ermunterung und Hilfe zu seiner eigenständigen Entfaltung, wobei allein die Hoffnung (nicht der Anspruch) auf eine freiwillige Zuneigung mitschwingt.

Haben wir eine solche Haltung nie an uns selbst erfahren, müssen wir aufgrund eigenen Mangels an erlebter Zuneigung, aufgrund vermeintlicher Unzulänglichkeiten und eines damit verbundenen Mangels an Selbstliebe und aufgrund unseres Zukurzgekommenseins stets in die »Liebe« zum anderen uns selbst vorrangig mit einbringen. Wir trachten dann danach, beim Lieben zunächst für uns selbst und für unsere innere Stabilität zu sorgen. So ist es kein Wunder, wenn der andere – wie im Falle einer weiteren Teilnehmerin – zu diesem Thema sagt: »Ich glaube nicht, dass du in Wahrheit mich liebst. Du liebst das Bild, das du dir von mir machst, und das, was ich dir alles liefern könnte. Du brauchst mich für deine Zwecke, aber mich, wie ich tatsächlich bin – etwa wenn ich nicht mehr versuche, deinen Vorstellungen nachzukommen –, mich liebst du nicht!«

Im Gegensatz zu den tragischen Aussagen von eben hören wir oftmals im Zusammenhang mit »misslungenen« (!) Kindern Sätze wie: »Das Kind ist einfach zu sehr geliebt worden!« – »Die Eltern haben bei ihrer übergroßen Liebe einen Fehler gemacht. Sie haben ihn einfach zu sehr verhätschelt und waren viel zu gut zu ihm. Das hat er nicht vertragen ...« In diesem Zusammenhang sei auf die Erkenntnis im Buberschen Sinne hingewiesen, dass Liebe nie zu viel oder gar schädlich sein kann. Nur »falsch verstandene«, narzisstische oder ausbeuterische Liebe kann es sein.

Auch hier wird stets die Wirkung die Qualität einer Liebe beweisen. Fühlt sich ein Kind innerlich frei, muss es nicht lügen, fühlt es keinen Druck der Eltern, braucht es keine »Tricks«, um sich oder den Eltern etwas vorzumachen, so ist davon auszugehen, dass es durch seine Eltern wahres Interesse und wirkliche Anteilnahme an seiner eigentlichen Person genießt.

Bedrückt und in ambivalenter Haltung den Eltern gegenüber fühlen sich solche Kinder, die etwa aus narzisstischen Gründen von ihren Eltern (oder einem Elternteil) verhätschelt werden. Sie fühlen sich nicht um ihrer selbst willen geliebt, sondern spüren, dass sie zur Befriedigung jener Belange wichtig sind, die den Eltern unerlässlich erscheinen. Da erstickt beispielsweise eine Mutter ihr Kind mit ihrer »Liebe«, weil sie in Identifikation mit diesem Kind sich selbst für das entschädigen will, was ihr als Kind angetan oder vorenthalten wurde. Varianten von kindlicher Ausbeutung durch die Eltern gibt es einige.

Nach außen hin stellt sich für weniger sensible Beobachter eine solche Liebe als ein ganz besonderer Einsatz dar, der von der Innigkeit der Eltern getragen wird. Aber nur da, wo dem Kind (dem Partner) Liebe in Gestalt von wahrem Interesse an seiner Person entgegengebracht wird und ihm im Wechsel ebenfalls dieser »Concern« (Stierlin) zur anderen Person beigebracht wird (dies durch Verstehenlernen des anderen mittels seiner Ich-Botschaften und der damit verbundenen Aufforderung zu Empathie), kann wechselseitige, freie und verantwortungsvolle Liebe gedeihen.

Die Schwierigkeit, bei zwischenmenschlichen Interaktionen autoritäre Strukturen und Abläufe zu erkennen

Die typischen herausstechenden Merkmale einer autoritären Erziehung sind allen Teilnehmern in unserer Gruppe bewusst, jedenfalls in der Theorie. Sie definieren autoritäres Verhalten etwa folgendermaßen: Ein Sich-

Durchsetzen gegenüber dem Kind, unter Umständen auch über seine Möglichkeiten, über seine alters- und persönlichkeitsbedingten Fähigkeiten zur Veränderung, Problemlösung oder Angleichung hinweg.

Bei dieser Art Umgang wissen die Eltern, was gut für sie selbst wäre, was ihnen Ruhe, Freude, Arbeitserleichterung, positive Perspektiven und so weiter liefern würde, so dass sie ihr Kind in genau diese Richtungen lenken. Unter Ausschluss der Empathie und mit dem Schwerpunkt auf ihrer äußerlichen Kongruenz nehmen sie der Einfachheit halber an, dass das, was gut für sie war und wäre, auch »objektiv« (!) gut für das Kind sei. Beim autoritären Verfahren ist also beispielsweise der Ausgang einer »Unterhaltung« zwischen beiden Parteien von vornherein von den Eltern vorbestimmt. Abgesehen davon, dass, wie erwähnt, aus verschiedenen Gründen vom Kind etwas verlangt wird, was vielleicht subjektiv für das Kind zuviel verlangt ist, sind partnerschaftlich eingestellte Eltern dagegen durchaus in der Lage. auch konstruktiv mit einem Nicht-Wollen des Kindes umzugehen. Ihre Fähigkeit zur Empathie ermöglicht es ihnen hierbei. den wahren Grund dieser Verweigerung herauszufinden. Das Ergebnis sieht dann bekanntlich so aus: Je nach Aushandeln und Einsicht auf der einen oder anderen Seite können sie entweder von ihrem Durchsetzungswunsch ablassen, oder das Kind versetzt sich selbst in die Lage, den Eltern entgegenzukommen.

Entsprechend dieser eben skizzierten Einstellung sind die Teilnehmer ohne weiteres fähig, offensichtliche Vorgehensweisen autoritärer Natur zu erkennen, wie sie etwa beim Ausspruch »Du bist jetzt still, weil ich es dir sage!« auftreten. Was schwer zu durchschauen ist, sind dagegen diverse Beispiele subtil-autoritär angelegter Methoden.

■ *»Zieh dir die Jacke an!«*

Hier geht es um ein Beispiel, das in ähnlicher Form schon jeder Teilnehmer zigmal erlebt hat, so dass ich es genauso gut aus meinem eigenen Erfahrungsbereich wiedergeben kann. Nach einem heißen Tag kam am Abend ein Gewitter auf, und es wurde draußen recht kühl. So sagte ich beim Abendessen zu meiner dreizehnjährigen Tochter:

»Du hast ja bloß ein T-Shirt an. Zieh dir doch lieber eine Jacke darüber!«

Sie: »Mir ist nicht kalt.«

Ich darauf (mit verkappter »Du-Botschaft«): »Aber es ist doch plötzlich so kalt geworden. Ich würde mir wirklich etwas überziehen!«

Sie (freundlich): »Ich aber nicht. Ich finde es nicht so kalt.«

Ich (insistierend und mit Unterstellung): »Hast du keine Lust, deine Jacke zu holen? Ich würde es für dich tun, nur damit du endlich etwas Wärmeres anhast!«

Sie: »Wer sagt denn, dass ich keine Lust habe, mir eine Jacke zu holen? Ich sagte nur, dass mir nicht kalt ist.«

Ich, immer noch von dem heftigen Wunsch beseelt, mich durchzusetzen: »Also, langsam werde ich aber wütend!« Und weiter, mit falscher Ich-Botschaft: »Ich will nicht, dass du krank wirst. Also zieh dir etwas über!«

Nun griff sie sich verzweifelt an die Stirn und rief: »Oh Mama! Nur weil du es kalt findest, soll ich, die es nicht kalt findet, etwas überziehen!«

Hier hatte sie spontan etwas Wahres ausgesprochen, aber statt mich schneller und besser wahrzunehmen und mich ehrlich und für sie verständlich auszudrücken, machte ich zunächst penetrant mittels »Du-Botschaften« weiter: »Ja, es ist sehr kalt geworden! Du bettelst ja förmlich um eine Erkältung!«

Natürlich war dies eine völlig irrationale Unterstellung, und ich begann mich unwohl zu fühlen. Ehe ich überlegen konnte, was mit mir los war, sprach meine Tochter es aus, indem sie sozusagen auf so etwas wie »aktives Zuhören« umschaltete:

»Mama, was ist eigentlich los, dass du so lange über so etwas redest? Was willst du denn mit all dem wirklich sagen? Warum darf ich nicht so bleiben, wie ich mich gerade wohlfühle? Wieso hast du denn Angst, ich könnte mich erkälten?«

Ich überlegte. Verletzter Stolz war es nicht, warum ich so auf meinem Wollen beharrte, denn es macht mir nicht viel aus, wenn mir jemand nicht »gehorcht«. Endlich hatte ich es: »Ach, weißt du, all die letzten Nächte konnte ich nicht richtig schlafen und bin so übermüdet. Nun will ich wohl unbedingt sicher sein, dass ich zu meiner Nachtruhe komme. Ich versuche, dies sicherzustellen, indem ich aufpasse, dass keiner krank wird und ich nachts wieder heraus muss … Ich will vorläufig keine Nachtarbeit!«

Mit dieser Aussage konnte sie etwas anfangen – und ich war meine innere Spannung los.

Mir war nun klar, wie viel kürzer dieser unliebsame Dialog verlaufen wäre, hätte ich mich gleich wahrgenommen und es mitgeteilt. Rückblickend wundert es mich, dass sie nicht als Reaktion auf mein Agieren heftig geworden war. Das zeigt, dass sie zum Glück gerade gut gelaunt und in problemlosem Zustand war. Somit eskalierte nicht alles zum Streit. Erst eine Zeitlang später, als ihr allmählich kalt wurde, zog sie sich eine Jacke an.

■ *»Mein Kind macht keine Hausaufgaben!«*

Eine Mutter beklagte sich, dass sich ihr siebenjähriges Mädchen sträubte, seine Hausaufgaben anstandslos zu erledigen. Als sie in der Runde berichtet hatte, wie ihre Querelen mit dem Kind tagtäglich abliefen, wurde ihre Vorgehensweise von den übrigen Teilnehmern auf autoritäre Mechanismen »abgeklopft«.

Heraus kam beispielsweise, dass sie, ihrem eigenen Tagesrhythmus entsprechend, den Zeitpunkt selbst festgelegt hatte, zu dem das Kind die Arbeiten erledigen sollte. Außerdem musste ihre Tochter sie allein machen, obwohl sie zu dem Zeitpunkt meist etwas schläfrig war und mit dem Rechnen enorme Schwierigkeiten hatte – ihr Anleitung oder Mithilfe also gut getan hätte. So müde und immer wieder bei den Rechenaufgaben steckenbleibend, kam dem Mädchen offenbar jegliche Motivation abhanden.

Im Gruppenrollenspiel, bei dem diese Situation mit der Mutter als Mutter einmal durchgespielt wurde, zeigte sie sich dem Kind gegenüber, das nach dem Mittagessen satt, müde und lustlos war, recht unempathisch, war hilflos und ganz auf ihre eigene Kongruenz bedacht, was ihren Versuch, sich autoritär dem Kind gegenüber durchzusetzen, verständlich machte.

Wie sich später herausstellte, packte sich nämlich Frau M. zu den üblich anfallenden routinemäßigen Verpflichtungen ihren Tag mit zusätzlichen Terminen voll. Um sich mit ihren Aktivitäten nicht völlig zu erschöpfen, musste sie darauf bedacht sein, dass die häusliche Organisation genau nach ihrem Plan ablief. Zu diesem festen Zeitplan gehörte eben auch, dass die Kleine gleich nach dem Mittagessen, während die große Schwester abwusch und sich Frau M. ein wenig hinlegte, eigenständig ihre Hausaufgaben machen sollte. War diese Pflicht nicht genau zu dem von Frau M. vorgesehenen Zeitpunkt erledigt, so brachte ihr dies die weitere Tagesgestaltung, von der sie nicht abzurücken bereit war, zu sehr durcheinander. So musste also der gesamte Ablauf der mütterlichen Selbstschonung untergeordnet werden – und falls nicht alles nach diesem Plan verlief, verzweifelte Frau M. geradezu, wenn ihre sämtlichen Mittel zur Durchsetzung anscheinend auf Renitenz stießen. So gab es oft Streit und Tränen.

Auf ihre unglückliche Frage: »Was mache ich bloß mit dem Kind?« erhielt sie von den anderen aus der Gruppe Antworten, die sie überforderten. So schlug man ihr vor, statt weiterhin das Kind auf sich selbst zuzuschneiden, doch an ihrem Leben, ihrer Tagesgestaltung etwas zu verändern, was ihr die Chance bieten könnte, sich auch einmal auf die Entwicklungen des Tages einzulassen, auf den Rhythmus des Kindes, auf Lösungen, die beiden gerecht würden und nicht nur ihr selbst. Mit dem Vorschlag, an sich selbst heranzugehen, sich zu verändern, sich anders als gewohnt zu verhalten, war Frau M. nicht nur überfordert, sondern sie wurde sehr ärgerlich bei der Abwehr dieses Ansinnens. Während aber andere Eltern, die nun von verschiedensten, zum Teil unkonventionellen Lösungen bezüglich der Hausaufgabenprobleme berichteten, Frau M. sogar Verständnis entgegenbrachten, gelang es ihr dagegen nicht, den Weg der Einsicht einzuschlagen. Als eine der Mütter dann teilnahmsvoll fragte: »Sie fühlen sich sicherlich überfordert, sich in größerem Maß auf das Kind einzulassen, auf es einzugehen, oder? Vielleicht ist dies ja auch eine für Sie völlig fremde Vorgehensweise, die Sie für sich nicht recht akzeptieren können?«, wurde sie von Frau M. heftig zurückgewiesen, die nun die anderen Eltern angriff, sie der Scheinliberalität, des scheinheiligen Idealismus bezichtigte.

Ich dachte mir, wie viel ehrlicher doch in einem ähnlich gelagerten Fall eine gewisse Frau R. gewesen war. Diese hatte frank und frei, als ihr gegenüber aus der Gruppe der Wunsch geäußert worden war, empathischer zu sein, geantwortet: »Ich stehe dazu, dass mein Kind einfach mal gehorchen muss! Wenn ich alles aushandeln soll, was meinem Kind nicht gefällt, bin ich völlig überfordert! Ich brauche mein eigenbestimmtes Leben, kann auch auf meine Hobbys nicht verzichten, nur weil angeblich meine Kinder zu klein sind, um sich dem unterzuordnen. Ich kann eben nur das in der Erziehung geben, was ich gelernt habe. Tatsächlich bin ich nun einmal ein Mensch, der nicht mehr Nähe und Verständnis geben und nehmen will. Das Maß an gegenseitigem Verständnis, was wir jetzt miteinander haben, reicht mir aus – und meinen Kindern muss es auch genügen. Sie haben nun einmal eine Mutter, die sich nicht so tief austauschen will, wie es immer so schön heißt! Da lasse ich mir kein schlechtes Gewissen einflößen, nur weil ich so bin, wie ich bin.«

Das war damals eine ehrliche Selbstdarstellung gewesen, die auch von den meisten Anwesenden akzeptiert worden war. Frau M. dagegen versuchte von sich abzulenken, indem sie Unterstellungen aussprach und Schuldzuweisungen betrieb. Sie endete mit dem Ausspruch: »Na ja, selbst wenn Sie so übergeduldig sein sollten – bei meinem Kind würde das gar nichts nützen! Sie kennen ja die Kleine mit ihrem ausgeprägten Dickkopf gar nicht! An der würden auch Sie sich die Zähne ausbeißen!«

Eine solche Antwort zeigt, wie ausgesprochen verfangen doch manche Eltern in ihren autoritären Strukturen sind. Zu dieser Kategorie gehören auch folgende Aussagen: »Meiner isst eben kein Mittagessen!« – »Mein Kind erzählt mir so etwas erst gar nicht!« – »Mein Kind will sich überhaupt nicht über so etwas austauschen!« – »Sie haben es gut! Meine Tochter war leider noch nie kreativ!«

Meist sollen solche Aussagen von den Eltern ablenken und deutlich machen, wie begünstigt doch andere Erzieher seien, was für »Schwächen« dagegen ihre Kinder hätten – wodurch sie dann in gewissen Bereichen jeglicher Erziehungsmühen enthoben sind.

Schaut man aber bei diesen Eltern hinter die Kulissen, muss man entdecken, dass sie an solchen angeblichen »Mängeln« zumindest mitbeteiligt sind. Oft erweisen sie sich sogar als Zeichen mangelnden gegenseitigen Vertrauens, bedingt durch den fehlenden Einsatz, die schlechte Vorsorge und das geringe Engagement der Erzieher.

Ebenso wenig wie man einem Kind eine Geige in die Hand drücken und sagen kann: »So, nun spiel mal schön darauf und sei musikalisch«, ebenso wenig darf man dies im Hinblick auf die Entwicklung von anderen Fertigkeiten (und die Entwicklung eines Vertrauensverhältnisses) verlangen.

Was etwa die Kreativität betrifft, so haben überwiegend jene Eltern kreative Kinder, die in irgendeiner Form an deren Entwicklung mitgearbeitet und Anteil an einem solchen Interesse genommen haben, etwa durch gemeinsame Kursbesuche, den gemeinsamen Einkauf in Geschäften, den Besuch kunsthandwerklicher Ausstellungen, durch gemeinsame Bastelarbeiten, das Suchen nach neuen Ideen. Das Entscheidende für das

Ausbilden gewisser Interessen und Fertigkeiten ist wohl, auf das kindliche Signal des Interesses entsprechend zu reagieren, indem etwa die Kinder auf das Interessensgebiet vorbereitet werden und in der Folge die Eltern ihre Anteilnahme unterstreichen, indem sie sich aktiv an dem (nun gemeinsamen) Hobby beteiligen. Hinzu wirkt sich die Freude an solchen gemeinsamen Unternehmungen und Hobbys – unter Minimierung eines Leistungsdenkens – verstärkt auf die Erlebnissituation ans. Solch ein Verhalten gibt den Kindern das Vertrauen und den Ansporn, in diesen nichtschulischen Bereichen das tun und geben zu dürfen, was ihnen an Talenten und an Einsatz subjektiv möglich ist. Oft werden dann Spitzenleistungen beobachtet.

■ *»Das Problem haben Sie ja wohl nicht!«*

Zur Abwehr eigener defizitärer Gefühle und aufgrund von Unterstellungen hieß es ab und zu in unserer Runde: »Das Problem haben Sie ja wohl nicht!« – »Das sollten Sie mal erleben das würde ich Ihnen direkt mal wünschen, dann könnten Sie sich vorstellen, wie es mir geht …« – »In dieser Weise haben Sie ja wohl Glück mit Ihren Kindern – die sind ja offensichtlich einfacher zu handhaben!«

Manches Mal entspannt sich auch ein Streitgespräch zwischen zwei oder mehreren Teilnehmern. Hatte sich der eine entlastet, indem er solche Argumente vorbrachte, begann der andere deutlich zu machen (oder richtig stellen zu wollen), dass auch bei ihm zu Hause nicht alles einfacher sei und dass manche Probleme einfach hausgemacht seien. »Vielleicht denken wir nur anders über unsere Probleme und gehen damit anders um als Sie«, antworteten einige. »Dadurch stellt es sich unter Umständen nach außen hin so dar, als hätten wir all diese Probleme von vornherein nicht!«

Schließlich wurde anhand von konkreten Beispielen oft versucht, eine Gegenüberstellung der Umgehensweise bei Problemen vorzunehmen. So auch beim Problem mit der »unmöglichen, peinlichen Frisur« des Sohnes.

Mutter A erzählte: »Die ewigen Auseinandersetzungen mit dem Jungen zermürben mich noch. Ich kann mich einfach nicht damit abfinden, dass er immer zum Gespött der Leute rumläuft und dass das womöglich noch auf sein Zuhause zurückfällt. Stets habe ich vor den Leuten das Gefühl, mich für ihn entschuldigen zu müssen. Dass er mir das antut, kann ich nicht verstehen. Wir gehen so liberal mit ihm um. Da braucht er uns doch nicht irgendwie zu strafen – oder was das auch bedeuten soll! Ich habe schon alles versucht, ihn umzustimmen, mit Verboten, mit Lockmitteln – es nützt nichts! Er wird sogar aggressiv, wenn ich ihm seine Rücksichtslosigkeit klarmache.«

Vater B erzählte daraufhin (nachdem es geheißen hatte, er habe ja wohl zum Glück dieses Problem nicht): »Als mein Sohn eines Tages mit seiner für mich völlig unmöglichen Frisur nach Hause kam, war ich zunächst auch entsetzt und versuchte, ihn zu einer Veränderung zu bewegen. Ich habe ihm gesagt, was das bei mir für Gefühle und Überlegungen auslöste. Er aber hat mir glaubwürdig versichern können, dass es nichts mit mir zu tun habe. Er wollte mich nicht provozieren. Inzwischen ist zwischen uns alles okay. Auf seine Frage hin, warum ich denn nicht das, was ihm nun einmal gefiel, einfach auf sich beruhen lassen könne, fing ich an, über das Ganze nachzudenken. Dabei merkte ich, dass ich auch noch einer von der alten Schule bin und somit stilmäßig festgelegt. Mir geht es auch um ein gutes Ansehen bei Nachbarn und Bekannten. Ich bin einer, der nicht gern aus der Rolle fällt, fühle mich sicherer, wenn ich alles konventionell mache. Ich wäre gern ein normaler Bürger mit normaler Durchschnittsfamilie, die nicht besonders auffällt. Mein Sohn dagegen ist freier erzogen worden als ich, ist ein lustiger, experimentierfreudiger Typ, der überhaupt keine Komplexe oder Angst hat, wenn er aus dem Rahmen fällt. Als ich mehr darüber nachdachte, wurde mir plötzlich klar, dass er ja nicht dazu geboren worden ist, mein persönliches Image mitzupolieren. Er steht vor den anderen Leuten für sich selbst gerade – und ich für mich. Ihn stören ja die Blicke der Nachbarn nicht, und wenn sie mich stören, muss ich wohl lernen – wenn er sich von mir nicht zu einer anderen Haartracht überreden lässt – ihm zuliebe das auszuhalten und mit meinem unsicheren Gefühl selber fertig zu werden. Mir wurde klar: Ich war es, der ein Problem hatte. Nun wollte ich meinen Sohn nicht mit Gewalt unterdrücken und zur Anpassung zwingen, nur weil ich mich vor den Leuten genierte. Da war mir unsere bisherige Beziehung der gegenseitigen Achtung wichtiger. Als ich ihm dies alles in einer stillen Stunde mitteilte, war der Bursche fast gerührt darüber, was für einen angepassten, ängstlichen 'Alten' er hatte. Er begann schon zu sinnieren, ob er sich, um mich nicht länger zu strapazieren, womöglich optisch wieder verändern sollte. Das habe ich dann aber abgelehnt, zumal ich mich ja gerade fast 'therapiert' hatte und mir die Meinung der Leute schon fast gleichgültig geworden war. Inzwischen sehe ich die Sache überhaupt nicht mehr verkniffen. Es ist für uns kein Problem mehr.«

Für den Zuhörer standen sich hier zwei Arten von Anstrengung gegenüber. Während sich Mutter A anstrengte, ihren Sohn unbedingt zu einer Veränderung zu bewegen, und sie dafür einiges an Kraft aufbot, indem sie alle erdenklichen Druckmittel anwandte, strengte sich Vater B in ganz anderer Hinsicht an. Er führte mehrere Gespräche mit dem Sohn, um sich Klarheit über dessen Motive für sein »unannehmbares Verhalten« zu verschaffen. Dabei gewann er auch Einsichten über sich selbst. Daraufhin machte er sich die Mühe, sich mit seinen eigenen Befürchtungen auseinander zu setzen, mit jenen eigenen Anteilen, die ihm seine Akzeptanz erschwerten. Er teilte sich nun dem Sohn mit diesen Anteilen ehrlich mit, arbeitete also weiterhin an einer Verständigung zwischen ihnen beiden. Später nahm er es sogar, um der Beziehung willen, auf sich, für die Freiheit seines Sohnes ein wenig »zu leiden« Nach all diesen Anstrengungen schien er schließlich gelassener zu werden und ging inzwischen entspannt mit dem »Problem« um – und nach außen hin erschien es, als hätte es ein solches Problem bei ihm gar nicht gegeben.

■ *»Wer hat denn hier schon wieder ...?«*

Im Zusammenhang mit autoritären Verhaltensmustern, die sich sowohl im Sprachstil äußern als auch in Wortwahl und Betonung, wird immer wieder das Problem mit der Ordnung angesprochen.

Eine Mutter meinte einmal: »Ich kann es schon nicht mehr hören, mit welchem Satz mein Mann zur Tür hereinkommt. Statt einer Begrüßung heißt es als erstes: 'Wer hat denn hier schon wieder die Schuhe (die Tasche, den Schirm) herumliegen lassen!' Dabei räumen wir extra, bevor er kommt, auf. Aber in einer Familie mit drei Kindern können wir eben tagsüber nur eine relative Ordnung herstellen. Meinem Mann aber, der den Tag nur mit Erwachsenen verbringt, genügt diese Ordnung einfach immer noch nicht. Unsere Kinder sind auch sehr lebendig, haben tagsüber Freunde zu Besuch und füllen unser Haus mit Leben. Um aber nicht dauernd das Lamentieren meines Mannes nach Ordnung zu hören, räumen die Kinder inzwischen bereits um halb fünf Flur, Küche und Bad mit mir zusammen auf. Aber wie sehr wir ihm – um des lieben Friedens willen – auch entgegenkommen, es ist nie genug! Er findet immer etwas, das er monieren kann – und wenn es der beschmierte Abfalleimer ist, der bespritzte Spiegel in der Toilette oder ein Apfelrest auf dem Küchentisch. Immer ertönt unweigerlich der Satz: 'Wer hat denn hier schon wieder …?' Er kann uns da gar nicht verstehen, sondern weiß nur eines: Trotz der Tatsache, dass wir mit Kindern leben, will er, wenn er so gegen fünf nach Hause kommt, auf jeden Fall Ordnung, Sauberkeit und Ruhe. Dies ist ihm wichtiger als Fröhlichkeit und Entspanntheit mit uns zusammen. Wir sollen uns diesem Anspruch, den er hat, auf jeden Fall unterordnen, sonst werden wir wie unerzogene Kinder ausgeschimpft und gemaßregelt, wie sehr wir uns auch, unseren Möglichkeiten entsprechend, bemühen. Er fühlt sich als Ordnungshüter und rückt von seinem gewünschten Maß an Ordnungsbedürfnis uns zuliebe nicht ab.«

Es ist ganz interessant, was sich in diesem vorgetragenen Fall bei der Familie entwickelt hatte. Angeregt durch die anderen Gruppenmitglieder hatte die Mutter sich die Mühe gemacht, ihrem Mann durch Ich-Botschaften mitzuteilen, wie sehr sie sich durch seine »Ordnungswut« in ihrem Lebensgefühl eingeschränkt fühlte. Da er trotz mehrerer Ansätze ihrerseits nicht auf sie eingehen konnte, hatte sie ihn schließlich gefragt, wie er sich denn beim Nachhausekommen fühle, warum sein Ordnungswunsch denn so ausgeprägt sei – und so weiter. Es kam heraus, dass er insgesamt beruflich und privat weitaus weniger belastbar war, als sie es bisher angenommen hatte. Ziemlich ausgelaugt kam er jeden Tag heim, mit einem großen Bedürfnis nach Ruhe, Klarheit, Überschaubarkeit, was für ihn untrennbar mit Ordnung verbunden war, weil er sich sonst nicht erholen könne, wie er meinte. Seine Frau hatte nun versucht, mit ihm Kompromisse zu finden. Er solle sich doch eine halbe Stunde ins Schlafzimmer zurückziehen, Tee trinken und lesen – und sich erst später wieder ins »Getümmel« des Familienlebens begeben. Danach könne er doch, wie immer, mit ihr gemeinsam das Abendessen zubereiten und die Kinder ins Bett bringen. Zunächst wurde dieser Kompromiss ausprobiert – mit dem »Erfolg«, dass der Vater, im Anschluss an seine Ruhepause, zu seiner weiteren Entlastung oder mangels wirklich verinnerlichter Empathie während des gemeinsamen familiären Lebens weiterhin gereizt seine Frage stellte: »Wer hat hier schon wieder …?« Das war aber noch nicht alles. Den Kindern machte es wenig Vergnügen, vom Vater gebadet zu werden, Vorlesen fiel meist als »Strafe« für irgendwelche kleineren Vergehen der Kinder ohnehin aus, und beim Abendessen gab es des Öfteren einen Klaps auf die Finger. Manches Mal fragten die Kinder beim Gutenachtkuss die Mutter: »Warum ist Papa denn nie lustig? Warum motzt er immer nur? So schlimm sind wir doch gar nicht. Wir räumen doch immer für ihn auf. Warum kann er nie lieb und lustig sein?«

Um die angespannte Atmosphäre innerhalb der Familie zu entschärfen, nahm die Mutter den Abschied von – wie sie sagte – ihrer Illusion einer partnerschaftlichen Kindererziehung. Sie stellte an ihren Mann nicht mehr den Anspruch, gemeinsam die Kinder zu versorgen, sondern nahm selbst die ganze Arbeit auf sich. Wie in traditionellen patriarchalischen Zeiten war ihr Mann nun nach seiner Berufstätigkeit jeglicher häuslicher und väterlicher Pflichten enthoben, hatte von fünf Uhr nachmittags bis zum Gutenachtkuss »frei« und konnte offensichtlich erleichtert regenerieren, da ihm während der Woche der Kontakt zu seinen Kindern gar nicht zu fehlen schien. Von allem häuslichen Ballast befreit, wurde er freundlicher und fast duldsam. An den Wochenenden verbrachte er, wenn es ihm danach war, seine Zeit dann schon mal mit der Familie.

Die Frau schloss ihren Bericht in der Gruppe mit den Worten: »Für das Seelenleben meiner Kinder nehme ich die ganze Arbeit auf mich. Da ich erkannt habe, dass mein Mann wohl aus seiner Haut nicht heraus kann (oder will), sich uns zuliebe auch nicht verändert, ich aber eine Trennung ablehne, ordne ich mich in gewisser Weise, wenn auch anders als vorher, einer patriarchalischen autoritären Struktur unter. In der Weise, wie ich es jetzt (auf meine Kosten) handhabe, entgegen meinen Idealen und Wünschen, leiden die Kinder weniger und fühlen sich nicht mehr drangsaliert. Mein Mann fühlt sich nun freier und bemüht sich am Wochenende recht gut um seine Familie. Trotzdem fällt mir der Verzicht auf ein partnerschaftliches Leben mit meinem Mann schwer. Wie ich es auch drehe und wende: Hier herrscht sein autoritäres Verhalten vor, nach dem ich mich stets richten muss. Was wohl fehlt, ist einfach seine Empathie mir gegenüber, sonst könnten wir sicherlich andere Wege finden … Neben der Empathie fehlt wohl auch eine gewisse Opferbereitschaft für mich und unsere gemeinsame Sache. Angenommen, er verstünde, dass ich mit den Kindern etwas zwangloser leben möchte, ohne dabei die Ordnung höher zu bewerten als uns selbst, und angenommen, für ihn bliebe Unordnung dann immer noch ein Gräuel, so könnte er doch vielleicht aus Liebe zu uns ein gewisses Maß an Unordnung einfach aushalten und ertragen lernen. Aber nein: Er pocht darauf – auch mit Gewalt – das alles nicht ertragen zu müssen. So bleibt mir, den Kindern zuliebe, nur noch übrig, mehr Opfer zu bringen.«

Bedauerlicherweise erkennt der Mann in diesem Fall nicht die beherrschende, überwiegend auf Kongruenz angelegte autoritäre Struktur seines Verhaltens (seiner inneren Haltung). Er weist sich vielmehr höhere Rechte zu und sieht keine Gleichwertigkeit seiner Bedürfnisse und denen seiner Familie. Eine Rechtfertigung für seine eigene Höhereinschätzung ist sicherlich das tradierte verinnerlichte Primat der Ordnung vor allen Dingen, vor und von allen Menschen. Wenn er seine Familie maßregelt und auffordert, sich seinem Ordnungsbedürfnis unterzuordnen, steht letztlich eine ganze Erziehungstradition hinter ihm, die sein Verhalten (positiv) sanktioniert.

Abschließend zu diesen Beispielen bietet es sich an, einige grundsätzliche Gedanken hinsichtlich des autoritären Verhaltens anzustellen.

Wie ich es immer wieder erlebt habe, halten sich autoritär Erziehende meist für ausgesprochen rational, meines Erachtens deshalb, weil sie sich ihre Emotionen nicht gestatten und ihnen – mangels positiver Erfahrung – misstrauen. In Therapiegruppen staunt man dann aber manchmal nicht schlecht darüber, was gerade diese so genannten Vernunftmenschen schließlich nach einiger Selbsterfahrung und »Aufweichung« alles aus sich herauslassen.

Auf mich wirken solche Menschen pseudo-rational und pseudoobjektiv. Da sie nicht lernen konnten, konstruktiv für sich und andere, mit ihren Emotionen und Ängsten umzugehen, rationalisieren sie argumentativ, was nicht heißt, dass sie tatsächlich rational vorgehen. Sich selbst beruhigen sie allerdings mit der Illusion, genau dies zu tun. Alles ist auf Absicherung eingestellt. Unberechenbare Eventualitäten, die den Menschen emotional kurzfristig durcheinanderbringen könnten, werden nicht ertragen und müssen berechenbar gemacht werden. Somit wird von diesen Menschen versucht, die »Dinge des Lebens« bis hin zur Anmaßung und Selbstgefälligkeit in die Hand zu nehmen und zu behalten. Man hat alles »im Griff«, selbst andere Menschen und deren Gefühle.

Wirklich einsichtig erscheint es dagegen, wenn der Mensch mit seiner Vernunft etwas leistet, was ihm ganzheitliche Bereicherung, Gewinne bringt – womit auch zusätzlich zum rational Sinnvollen Gewinne emotionaler Art gemeint sind. Von Natur aus sind wir angelegt, beides in uns integrieren zu können. Die rationale Entscheidung, die Rationalität den einen und die Emotionen den anderen zuzuweisen, ist meines Erachtens ein Akt der Hilflosigkeit bei der Suche nach Integration.

Vergleiche ich Eltern autoritärer Prägung mit Eltern, die einen partnerschaftlich-integrativen Stil pflegen, stelle ich meist fest: Hier stehen sich zwei verschieden gelagerte Anstrengungen gegenüber.

Erstere strengen sich an, das Funktionieren von Abläufen und Plänen durchzusetzen und zu kontrollieren. Sie unterwerfen sich und ihre Kinder äußerlichen Ordnungen, Normen und Prinzipien und verlangen von den Kindern, sich all dem fraglos unterzuordnen – ohne Überzeugung und eine echte innere Motivation. Die Ziele dieses Unterfangens sind für die Kinder allzu weit gesteckt: »Später wirst du einmal dankbar dafür sein oder: »Später wirst du einmal wissen, warum das so wichtig für dich ist!« Dabei brauchen Kinder kürzer anvisierte Ziele und kleine Teilerfolge, um innerlich bereit (»am Ball«) zu bleiben.

Partnerschaftlich eingestellte Eltern strengen sich insofern an, als sie sich ganz auf das Leben und seine Augenblicksunruhen einlassen. Für sie gibt es keine Normen zum Festhalten, die über den Bedürfnissen des Menschen stehen, sie haben kein Prinzipienkorsett, das ihnen zwar Halt und äußerliche Verlässlichkeit bietet, sie aber viel zu stark einschränkt. Sie lernen, aus ihrer eigenen Kraft zu leben und in der täglichen Adaption an das Leben immer trainierter und geschmeidiger zu werden. Eine alte Dame drückte dies einmal so aus: »Mich minütlich, stündlich und täglich immer wieder umzustellen, einzustellen, neu zu orientieren – das war ein hartes Überlebenstraining der Wahrhaftigkeit! Aber es hat mich auch stets – trotz aller Anstrengung – sehr zufrieden gemacht, konnte ich mich doch letztlich immer auf mich selbst verlassen. Das hat mich frei gemacht von etwaigen Helfershelfern, an die ich mich sonst vielleicht hätte hängen müssen und die wahrscheinlich doch nur in ihrem und nicht in meinem Sinne gehandelt hätten.«

In einem seiner letzten Bücher schrieb Horst Eberhard Richter einmal sinngemäß, man müsse nur bei den Menschen einen Trieb, den sie naturgegebenermaßen nicht lassen können, verteufeln – schon entwickeln sie Schuldgefühle, mittels derer man diese Menschen dann völlig von sich als äußerer Autorität abhängig machen kann. In Abwandlung dieser Aussage, die mir nicht nur einleuchtet, sondern die ich in Betrachtung klerikaler Geschichte nachvollziehen kann, möchte ich dies auf autoritäre Strukturen in der Erziehung übertragen: Man muss bei Kindern Elemente, die naturgegebenermaßen zu ihnen gehören wie der Daumen an ihrer Hand, »verteufeln«, muss sagen, dass diese Eigenheiten, Wesensanteile, Emotionen nicht liebenswert, sondern »böse« seien – schon tritt der gleiche Effekt ein, kommt der gleiche schuldbeladene Abhängigkeitsmechanismus ins Spiel. Kinder lassen sich, um die Liebe ihrer Eltern nicht zu gefährden, leicht manipulieren.

Auf diese Weise lassen sich sogar von der Disposition her gutmütige und harmoniebedürftige Menschen autoritär präparieren, verfremden und benutzen. Heraus kommt tragischerweise der perfekte Untertan, der sich womöglich durch autoritäre Fremdeinwirkung in den Dienst der Augenwischerei und des Ungerechten, Unmenschlichen stellen lässt. Stattdessen hätte er sich, gerade aufgrund seiner Anlagen, genauso gut in den Dienst des friedvollen Zusammenlebens begeben können – wenn man ihn nur unterstützt hätte, diesen Weg zu gehen. Ganz profan und simpel betrachtet, geschieht die Erziehung zum »Radfahrer« folgendermaßen: Vater und Mutter sind nicht in der Lage, sich konstruktiv mit dem »Wollen« des Kindes auseinander zu setzen – Vater schlägt das Kind, Mutter presst ihm zur Durchsetzung ihrer Bedürfnisse die Fingernägel in den Oberarm. Das Kind gehorcht zwangsweise aufgrund der elterlichen Übermacht und aus Angst vor völligem Liebesverlust. Unter angestautem Druck kommt das Kind den Anordnungen der Eltern nach. Es scheint also alles zu klappen. Die Eltern genießen die Scheinruhe, sind zufrieden, dass endlich alles nach Plan verläuft.

Geht das Kind auf die Straße, benutzt es jeden kleinen Anlass, um »Dampf abzulassen«. Dazu werden auch, wenn es sein muss, Alibis erfunden. »Der braucht eine Abreibung, weil er gestern meiner Schwester die Mütze vom Kopf gerissen hat!« – »Was willst du denn hier? Wer hier nicht wohnt, kriegt eins drauf!« Das vorher unterdrückte Kind geht auf alle los, die sich als »Feinde« anbieten. Es kämpft mit den Fäusten, um angeblich »Böses« abzuwehren. Auch engagiert es sich angeblich sozial, indem es etwa die Straße »vom Pack« säubert. Und das fremde, angeblich »böse« Kind wehrt sich, wenn es stark genug ist. Kommen Klagen, wird es meist von der »autoritären« Familie als Außenfeind deklariert, damit ihr Weltbild stimmt und alles so bleiben kann wie bisher. Nun wird der Außenfeind als gemeinsame Aufgabe und als verbindendes Element gemeinsam »bekämpft«. Von den Eltern mit Worten, vom Kind mit Fäusten, wann immer sich eine Gelegenheit zu bieten scheint. Der Außenfeind wird zum Opfer für das Funktionieren des autoritären Familiensystems erkoren und benötigt. Für die Eltern hat er Alibifunktion (und ist Schutz vor Selbstzweifeln), für das Kind stellt er eine Möglichkeit dar, Dampf abzulassen, und verhindert Liebesverlust durch ein etwaiges direktes Attackieren der Eltern, das heißt, durch reaktive Aggression in ihre Richtung. Das Opfer hat nur dann eine Chance, aus seiner Rolle herauszukommen, wenn es Hilfe erhält, etwa von starken Eltern, die mit anderen äußerlichen Autoritäten (Lehrer, Polizei) drohen und aufwarten können. Hierbei klappt der autoritäre Mechanismus in die andere Richtung. Zähneknirschend, aber nach »oben« hin buckelnd, zieht sich nun die Familie zurück. Findet das deklarierte Opfer aber keine äußerliche Autorität zu seiner Unterstützung, kann dies schlimme Folgen für das Opfer haben, besonders wenn das unter Druck stehende, angreifende Kind noch seinesgleichen findet, mit dem es sich kollektiv gegen das »feindliche« Kind zusammentun kann.

Kinder, die in stark autoritär gefärbter Sprache großgezogen werden, entwickeln oft eine Abhärtung bis hin zur Stumpfheit gegenüber Empfindungen und Schmerz anderer Menschen. Haben sie Empathie nie an sich selbst erlebt, können sie sie nicht spüren und weitergeben. Ihnen fällt es auch nicht schwer, irgendeine Sache höher zu bewerten als den Mitmenschen. Zusätzlich auf unreflektierten Gehorsam programmiert, kann es ihnen geschehen, dass sie sich völlig in den Dienst unmenschlicher Programme und Ziele stellen – dies mit wirklich subjektiv bestem Gewissen, weil ihnen andere Vorgehensweisen nicht vertraut sind und zur Verfügung stehen. Auch ist ihnen ein Durchschauen unbewusst verfestigter psychologischer Mechanismen nicht möglich, da sie sich inzwischen aktiv darin verfangen haben.

Es bietet sich an, einmal kurz an ein Experiment zu erinnern, das vor Jahren in den Vereinigten Staaten durchgeführt wurde. Beim Milgram-Experiment, so der Name, wollte man herausfinden, wie niedrig die Hemmschwelle bei Menschen gegenüber Personen, denen sie Schmerzen zufügen, sein kann.

Zunächst wurde den Versuchspersonen gesagt, sie hätten aus wichtigen wissenschaftlichen Zwecken (gegen Entgelt) die Aufgabe, anderen Personen, die sich ebenfalls freiwillig zur Verfügung gestellt hätten, leichte Stromstöße zuzufügen. Dabei sahen die Ausführenden die anderen

Testpersonen nicht, da sich diese in einem Nebenraum befanden, wo sie an ein Gerät angeschlossen waren, das die Stromstöße zu ihnen weiterleitete. Die Ausführenden sollten nun entsprechend den Anweisungen des wissenschaftlichen Leiters (Milgram) einen Hebel an ihrem Gerät betätigen, das die Stromstöße in den Nebenraum leitete und die dort befindlichen Personen »unter Strom setzte«.

Natürlich erhielten die Personen im Nebenraum keine Stromstöße, da der Versuch allein dazu diente, neben dem Verhalten besonders die Gehorsamkeitsbereitschaft der Versuchspersonen zu testen.

Zu Beginn wurden sie aufgefordert, den Hebel nur ein kleines Stück zu verschieben. Der »Befehl« wurde ausgeführt. Sukzessive wurde nun die »Dosis« erhöht. Die Ausführenden mussten vermuten, ständig stärkeren Strom einzustellen. Als aus dem Nebenzimmer erstes Stöhnen zu vernehmen war, waren einige Ausführende zwar leicht irritiert, beruhigten sich aber schnell wieder. Der Befehl hieß dann stets: »Noch mehr Strom!« Selbst als aus dem Nebenraum von den vermeintlich am Strom Angeschlossenen laute, gequälte Schreie ertönten, redete man den Ausführenden gut zu und forderte sie auf, weiterzumachen. Schließlich sei das Experiment von äußerster Wichtigkeit.

Vor längerer Zeit habe ich eine Aufzeichnung dieses Versuchs im Fernsehen verfolgt und war entsetzt über die Selbstverständlichkeit, mit der gehorcht wurde. Manche Versuchspersonen fragten zwar: »Warum schreit der denn jetzt so sehr? Tut ihnen das denn weh?«, machten aber dennoch weiter, als ihnen gesagt wurde, dies sei sekundär und nicht weiter schlimm. Nur einer von vielen stand plötzlich auf, warf ein paar Dollarnoten hin und verabschiedete sich sinngemäß mit den erregten Worten: »Hier habt ihr euer Geld wieder! Bei dieser Schweinerei mache ich nicht mit! Hier wird ja jemand gequält!«

Die Mehrheit der Versuchspersonen machte jedoch weiter, bis zum vermeintlich bitteren Ende derjenigen, die die Stromstöße zu »erleiden« hatten. Es wurde deutlich: Eine von einer Autorität für überaus wichtig erklärte Tätigkeit, zudem noch finanziell entlohnt, wurde ohne Skrupel ausgeführt, wobei Schmerzensschreie überhört, eigene Gefühle unterdrückt, ja gar nicht erst empfunden wurden – und die Achtung gegenüber dem Nächsten auf der Strecke blieb.

■ *Beispiele autoritärer Strukturen zwischen Ehepartnern*

Auch zwischen Eheleuten herrscht manchmal eine autoritär geprägte Struktur vor, die oft nicht erkannt und der manches Mal von einem der Beteiligten unbewusst sogar Vorschub geleistet wird. Meist haben beide Partner von dieser Struktur – und dem Arrangement mit ihr – einen gewissen Nutzen. Das ist mitunter so lange in Ordnung, wie die Kinder nicht Opfer eines solchen stillen Arrangements werden. Sind sie es allerdings bereits geworden, wie sich des Öfteren in Kursgesprächen herausstellte, sollte begonnen werden, diese Mechanismen zu reflektieren und um der Kinder willen nach Möglichkeiten der Veränderung suchen.

Erstaunlich ist es für mich, wie viele Frauen ihre eigene geschlechtsspezifische Sozialisation verinnerlicht haben und jene Erfahrungen dann an ihre Männer herantragen. Diese Frauen müssen wohl einmal gelernt haben, dass der Mann stärker, belastbarer und ihnen konditionsmäßig überlegen sei. Anstatt dies in Frage zu stellen und sich selbst als genauso stark zu beweisen, machen sich viele Ehefrauen diesen Biologismus, nach der meist auch ihre Männer erzogen wurden, in ihrer Ehe in gewisser Weise (mehr oder weniger bewusst) zunutze. Indem sie genau diesen Anspruch an ihre Männer herantragen, letztere ihn auch zu erfüllen versuchen, schafft sich so manche Ehefrau dadurch gewisse Freiräume.

Natürlich gibt es unzählige Frauen, die gern stark sein wollen, sich aber an einem durch und durch autoritären Mann im »Emanzipationskampf« die Zähne ausbeißen. An dieser Stelle möchte ich aber mein Augenmerk auf die Frauen richten, die einen geheimen Grund haben, nicht zu »kämpfen« – und hiervon gab es recht viele in unseren Gruppen.

Mit ihrer Neigung, die Belastbarkeit ihrer Männer zu überschätzen, laden sie ihnen nicht nur allerhand zusätzliche kleinere Arbeiten auf, sondern weisen ihnen damit im gleichen Atemzug eine höhere Autorität zu. Diese wiederum wird oftmals von den Männern ausgenutzt und wendet sich dann gegen die klagende Frau, die zusätzlich zu dem »Gewinn« der Arbeitserleichterung nach außen hin sagen kann: »Schaut her, wie autoritär er ist – gegen ihn kann man sich einfach nicht durchsetzen.« Dies heißt mitunter eigentlich: »Ich darf also schwach bleiben – und erspare mir somit sehr viel Anstrengung und Ärger.«

»Du als kompetentere Person kannst besser einparken als ich, kannst längere Zeit Auto fahren, kannst schnell die Kaffeemaschine entkalken, liest dir mal eben die Gebrauchsanweisung der neuen Nähmaschine durch, um sie mir dann zu erklären, rufst schnell während der Arbeitszeit noch die Lehrerin des Sohnes an, weil ein Mann doch mehr bewirkt.« So und ähnlich werden die kleineren Aufgaben an die Männer herangetragen, und die nehmen nicht nur gewohnheitsmäßig all das auf sich, sondern tun es auch ihres »Gewinns« wegen, wird doch dadurch ihre autoritäre Rolle positiv sanktioniert. Das fürsorgliche Vater-Ich erledigt dann alles, die Frau fühlt sich entlastet und gut versorgt, muss aber in Kauf nehmen, dass der Mann gleichzeitig – wenn er denn schon diese Rolle wahrnimmt – das ermahnende und strafende Vater-Ich gegen Frau und Kinder richtet.

Für die Männer wird jedoch die Würde oft zur Bürde, wenn sie sich, eigentlich überfordert, dies nicht klarmachen und es nicht artikulieren können. Selbst gutmütige und harmoniebedürftige Männer beginnen mit der Faust auf den Tisch zu schlagen, reagieren gereizt und übernervös, behandeln plötzlich beim Babysitten ihre Kinder ungerecht und unreflektiert, wenn sie sich insgesamt überlastet fühlen.

Oft, so war in den Kursen zu erfahren, ließen die Männer, die schließlich aufgrund ihrer Überanstrengung die ihnen aufgetragenen Dienste mehr schlecht als recht erledigen konnten, ihren »Frust« überwiegend an den Kindern aus. Viele wagten sich nicht so recht zur Abreaktion an ihre Frauen heran, weil sie sich die »Belohnung« dieser Erwachsenenliebe nicht verderben wollten. Das eigentlich Bedauerliche war dabei unter anderem der »Kongruenzdefekt« dieser Männer (und genauso der der Frauen – wenn auch in anderer Hinsicht), ihre Unfähigkeit, sich mit ihrem Ballast wahrzunehmen und sich vertrauensvoll mitteilen zu können. An diesem Punkt war schon klar, dass wirkliche Partnerschaftlichkeit zwischen den Beteiligten nicht möglich war. So viele geheime Vorteile es auch für beide geben mochte – diese Art, miteinander zu leben, kostete einige Opfer, und zwar von den Kindern, die nicht selten sogar geschlagen wurden.

Unser Ziel einer partnerschaftlichen Sprache miteinander, zu der auch das Erlernen von Kongruenz und Empathie gehört, ist ein eher »niederlageloses« (Gordon) Miteinander, womit gemeint ist: Keiner von beiden Partnern soll zum Opfer werden, keiner zuviel verlieren. Da ich weiß, wie anstrengend das Leben nun einmal ist, würde ich realistisch sagen: Jeder gewinnt etwas – und jeder verliert weniger – bei einer partnerschaftlichen Lebensweise. Hierfür müssten wir das Maß an Kongruenz und Empathie mobilisieren, das uns als bereits (vorgeprägten) Erwachsenen überhaupt möglich ist. Eine Hilfe, dies zu leisten, ist es, wenn wir uns gerade der autoritären Mechanismen bewusst werden, in die wir verstrickt sind. Während unserer Gruppenarbeit sind wir so mancher negativen Struktur auf die Spur gekommen. Da gibt es leider allerhand Varianten weiblichen Vorgehens, die einer Verfestigung und einem Weitergeben autoritärer Lebensform Vorschub leisten – was natürlich meist gänzlich unbewusst geschieht.

Eine Frau in unserer Gruppe war völlig schockiert von diesem Phänomen, als sie es bei sich selbst durchschaute. Die Selbsterkenntnisse, zu denen während eines längeren Gruppenprozesses kam, lassen sich in Kürze etwa folgendermaßen zusammenfassen: In ihrer Ehe hatte Frau R. eine fürsorgliche Autorität gesucht, die ihr den Ernst und die Schwierigkeiten des Lebens möglichst abnehmen sollte. Sie appellierte mit dieser Hoffnung verbal und non-verbal an ihren Mann, der aber nicht so ohne weiteres darauf einging, ihr nicht bereitwillig bot, was sie suchte. Damit er trotzdem die von ihr erwünschte Rolle übernahm, war sie auf folgende Vorgehensweise ausgewichen: Sie begann Krankheitssymptome (die aber nie organischen Ursprungs waren) zu »instrumentalisieren«, das heißt, sie »ertrotzte« sich die fürsorgliche Funktion ihres Mannes durch ihre diversen »Krankheiten«. Er, der sich nicht an ihr »versündigen« wollte, ließ sich also mit allerhand Arbeiten beladen, nahm ihr den größten Teil der Pflichten ab, war bald ausgepumpt und überfordert, was sich schließlich in seinem Verhalten den Kindern gegenüber niederschlug. Frau R. hatte nun keinen ausschließlich fürsorglichen »Vater« für sich und die Kinder, sondern einen griesgrämigen, strafenden. Obwohl ihr so vieles abgenommen wurde, war ihr Leben nicht froher und leichter geworden, so wie sie es ersehnt hatte. Was sie schließlich erkennen musste, war bitter für sie: Ihr Mann war in Wahrheit nicht stärker und fürsorglicher als sie (er hatte nur notgedrungen diese Erwartung erfüllen müssen). Zusätzlich zu der Kraft, die er aufbringen musste, sein eigenes Leben zu leben, konnte er nicht noch die Kraft mobilisieren, ein fürsorglicher Vater und Ehemann zu werden. Frau R. hatte mit zweierlei Maß gemessen. Selbst nicht in der Lage, alle eigenen Kräfte zu einzusetzen, hatte sie von ihrem Mann Doppeltes gefordert: die Kraft für sich und für sie (und die Kinder) zu entwickeln, um alle auf seinen Schultern durchs Leben zu tragen. Das hatte er zwar versucht, aber nicht geschafft. Als er ihr nach einigen Aussprachen gestand, auch er brauche Hilfe, Entlastung, Trost, Mütterlichkeit – all das, dessen sie ebenfalls bedurfte –, erkannte sie, dass sie von ihm zuviel gefordert hatte. Sie hatte ihm wie selbstverständlich abverlangt, was sie anderen Menschen nie hätte geben können, was sie sogar sich selbst nicht zu geben in der Lage gewesen war. Bitter war für sie nicht allein das Wissen darum, ihrem Mann zuviel aufgeladen zu haben, sondern auch das Bewusstsein, nun selbst gefordert zu sein, das Leben anzupacken, ihre durch unbewusste Tricks aufrechterhaltene Welt der Hoffnung, der Träume und der Illusionen verlassen und damit auch die vermeintliche Sicherheit des autoritären Systems aufgeben zu müssen.

Partnerschaftlichkeit bedeutet trotz aller erstrebenswerten Vorteile, dass man nicht in fremden Händen ruhen kann, sondern dass jeder für sich allein verantwortlich ist. Dabei sollten sich beide gegenseitig unterstützen und nicht danach trachten, ihren jeweiligen Teil der Verantwortung dem Partner aufzubürden.

Der Fall des wirklich Tüchtigen

Eng mit dem zuletzt geschilderten Fall hing eine Eheproblematik zusammen, die eine weitere Teilnehmerin in die Diskussion einbrachte. Ihr Mann dominierte »unglaublich« über sie und ihren Sohn, mischte sich in alles ein und herrschte geradezu über sie beide. Frau O. meinte nun aber, keine Handhabe zu besitzen, sich hiergegen zu wehren. Zwar war sie bedrückt und hatte auch Mitleid mit dem Sohn, ließ aber ihren Mann gewähren. Sie erklärte uns: »Was es uns unmöglich macht, selbstbestimmt zu leben, ist die Tatsache, dass mein Mann tatsächlich recht hat. J. und ich sind wirklich ein wenig schlampig, weniger intelligent und unüberlegter als mein Mann. Dagegen ist er tüchtiger, perfekter, kann alles besser, organisiert besser, steht niveaumäßig über uns. Da ist es natürlich schwierig, eine stichhaltige Argumentation zu finden, dass wir trotzdem nicht dominiert werden wollen!«

Verständlicherweise entstand hierauf eine lebhafte Debatte bezüglich seines vermeintlichen Rechts auf autoritäre Dominanz. Man sprach Frau O. auf ihre tradierten Vorstellungen menschlicher Werte an. So warf man ihr quasi vor, unreflektiert verinnerlichte Werte aus ihrer eigenen Erziehung zur Stabilisierung seiner Autorität zu verwenden.

Als Gruppenleiterin konnte ich sie jetzt nur auf ihre Empfindungen des Augenblicks ansprechen. Offensichtlich brachte sie noch nicht die innere Bereitschaft auf, ihre eigenen Anteile an der Ehesituation wahrzunehmen (dann hätte sie ja auch etwas verändern müssen). So sehr ich gedanklich die weitreichenden Folgen für den Sohn begriff, so wenig konnten wir dennoch einen Prozess, den sie selbst leisten musste, vorwegnehmen und beschleunigen. Ich setzte daher meine Hoffnung auf die Anstöße aus der Gruppe, die vielleicht geeignet waren, sie zum Nachdenken über ihr Problem anzuregen.

Was das Motiv ihres Mannes betraf, sich auf das hohe Ross zu setzen, so schienen aufgrund ihrer Berichte mehrere Faktoren eine Rolle zu spielen: die »Delegation« (Stierlin) durch die Eltern des Mannes, die Verinnerlichung dessen (zumal auch hier das perfekte Verhalten beruflich seine Belohnung fand) und weiterhin ein allgemeiner Machtdurst.

Um es salopp auszudrücken: Anscheinend war er von seinen Eltern auf eine gewisse Verhaltensschiene gesetzt worden und hatte sich später unbewusst die Ehefrau ausgesucht, die ihm bei der Verwirklichung dieses geheimen »Auftrages« aufgrund eigener Disposition und Delegation Vorschub leisten konnte.

Um entspannter und ehrlicher mit seiner Familie leben zu können, wäre ein Bewusstmachen seiner Anteile notwendig gewesen. Vordergründig schien das Ganze zu klappen, doch in Wahrheit lebten Frau und Sohn unfreiwillig und bedrückt unter der Herrschaft des Mannes. Zumindest liebten sie ihn nicht dafür und waren eher unglücklich mit ihm. (»Wenn er die Tür aufschließt, zieht sich mein Herz zusammen, und ich fühle mich unfrei!«) Seine Dominanz nahmen sie nicht freiwillig hin, sondern aus Hilflosigkeit.

Als ich einige Jahre später Frau W. wiedertraf und sie nach ihrem familiären Befinden befragte, seufzte sie: »Ach – momentan ist meine ganze Stärke erforderlich. Ich musste sozusagen den kleinen Betrieb meines Mannes übernehmen und alles am Laufen halten. Fast fühle ich mich überfordert. Mein Mann hat sich all die Jahre überanstrengt, so dass er krank geworden ist. Er hat eine chronische, gefährliche Darmerkrankung bekommen, von der die Ärzte sagen, sie sei überwiegend psychosomatisch bedingt. Mein Mann wird damit seelisch nicht fertig, zumal er doch immer der Starke war, und nun muss er gezwungenermaßen kürzertreten. Es ist für uns alle eine einzige Katastrophe …«

Meine Kritik an der Autorität innerhalb der Familien ist nicht als Plädoyer etwa für Ordnungslosigkeit und Chaos zu verstehen, sondern gemeint ist hier vielmehr das Eintreten für eine andere Art, miteinander zu sprechen und störende Faktoren zu beseitigen. Auch ich weiß vom Sinn der Ordnung, der Sauberkeit, der Pünktlichkeit und so weiter. Nur sollten diese »Tugenden« keinen Selbstzweck haben und auf keinen Fall höher bewertet werden als der Mensch. Solche guten Eigenschaften entsprechen meist ohnehin den Bedürfnissen und Erkenntnissen der Menschen, weil es sich erfahrungsgemäß leichter mit ihnen leben lässt.

Diese Bedürfnisse sollten dem anderen nicht autoritär mitgeteilt, sondern geäußert werden, um gegenseitiges Verständnis zu wecken. Und dort, wo sie zugunsten der Gemütlichkeit, der Spontaneität und der Kreativität vernachlässigt werden, ist es wichtig, offen darüber zu reden, um einen gemeinsamen Konsens zu finden Autorität ist hier wie auch in anderen Fällen also fehl am Platze – und dennoch kann (wenn von den Beteiligten wirklich gewollt) eine autoritäre Struktur vordergründig durchaus in manchen Fällen eine positive Wirkung haben.

Das Kind, gerade auf die Welt gekommen, erlebt eine Umwelt, die es überfordert und der es allein nicht gewachsen ist. So lebt es anfänglich mit der Sehnsucht nach einer Kraft, die es stärken, stützen und möglichst auch führen kann. Das, was der Mensch in sich selbst und aus sich heraus entwickeln müsste – so einsam dieser Weg zunächst auch erscheint –, sucht er außerhalb seiner Person. So bei anderen Menschen, so auch bei einem »gedachten« oder erhofften Gott. Er appelliert nach außen, um sich bei der Bewältigung seines Lebensweges helfen zu lassen.

Selbst Erwachsene sprechen manchmal ihr Leben lang die von ihnen und der Umwelt eingesetzten Autoritäten an, die für sie Weg weisend sein und ihnen die Schwere der Eigenverantwortlichkeit abnehmen sollen – damit aber gleichzeitig ihre innere Freiheit. Traditionellerweise wurde diese Autorität, diese Stärke, dem Mann, dem »Vater« zugeordnet, wobei sowohl Frauen als auch Männer ihre Aufspaltung mitgetragen, sowohl Last als auch Genugtuung damit haben.

Diese Zuordnungen, die es auf gesellschaftlicher Ebene gab (und noch immer gibt) existieren genauso in verhältnismäßig vielen Ehen. Mitunter setzt der Mann aufgrund eigenen Geprägtseins (mehr oder weniger bewusst) diese Aufspaltung gewaltsam durch. Was die Reaktion (Verfassung) der Frauen betrifft, so habe ich einige Varianten beobachten können:

Manche Frauen haben intellektuell durchschaut, was mit ihnen geschieht, haben aber in ihrer Gegenwehr leider auch nur ihre tradierten »Mackermethoden« des kämpferischen Widerstandes zur Verfügung, wollen also den Teufel, der »autoritäres Patriarchat« heißt, mit dem Beelzebub der autoritären Sprache austreiben.

Andere Frauen proklamieren verbal Emanzipation, schaffen es vielleicht sogar, die Vorzüge einer solchen Emanzipation zu erringen, setzen aber unbewusst »fürsorgliches Patriarchat« dort für sich ein, wo es ihnen nützlich erscheint. Die Männer solcher Frauen zeigen sich nicht selten zunächst gutwillig, sind dann jedoch häufig verwirrt. Wieder andere Frauen kommen über ihr Leid mit dem autoritären Mann und über unbewusstes Vorschubleisten seiner Haltung nicht hinaus.

Manche Frauen fügen sich in vollem Bewusstsein dem »alten Muster«, wenn sie dafür gut von ihren Männern entschädigt werden. Einige jedoch setzen dem autoritären Gebaren der Männer immer wieder ihre partnerschaftliche Haltung und Sprache entgegen, in dem Wissen, dass Erfolge nur sehr langfristig zu erwarten sind – unter Umständen erst in der nächsten Generation, die sie dahingehend zu erziehen versuchen.

Fazit

Autoritäres Verhalten anderen gegenüber offenbart sich auch in einem tief liegenden autoritären Verhalten sich selbst gegen über – eine wirkliche innere Befreiung von elterlicher Macht findet dabei einfach nicht statt. Der autoritär Erziehende ist Erfüllungsgehilfe verinnerlichter Richtlinien und Befehle geblieben, auch wenn sie aus »Sicherheitsgründen« positiv rationalisiert werden (»Mir hat die Wegweisung durch meine Eltern ja auch gut getan – sie hat mich zu Erfolg, Ansehen, einem finanziell sicheren Leben geführt«). So wird rückblickend selbst der Verzicht auf ein tiefer gehendes Verständnis zwischen den Eltern und dem Betroffenen gutgeheißen – und das entstandene Defizit in anderer Weise abzudecken versucht. Trotz der Gewinne, die der Einzelne aus der akzeptierten Übernahme elterlicher »Traditionen« gezogen hat, geht – wie in psychologischen Gruppengesprächen herauszufinden ist – eine wahrhaftige, vollständige Selbstannahme der eigenen Person verloren.

Dabei ist die Selbstannahme eine wesentliche Voraussetzung für das Entstehen gesunder, tragfähiger Beziehungen, in denen jeder seine vollen Kräfte für sich selbst entwickeln kann und nicht die der anderen benutzt.

Garantiert ist auf diesem gemeinsamen Weg der volle Erhalt des eigenen Selbstbewusstseins – im Gegensatz zu manch angeschlagenem Selbstbewusstsein, wenn etwa jene »Akrobatik« betrieben wird, die dazu dienen soll, einen Menschen auf äußerlich wünschenswerte Normen oder zur Befriedigung eigener Wünsche zurechtzustutzen. Somit lerne ich, voller Lebensvertrauen, mich selbst mit all meinen Fähigkeiten und »Fehlern« zu lieben. Kann ich dies, brauche ich mich nicht narzisstisch zu gebärden, mich also nicht zu wichtig zu nehmen. Stelle ich mich nicht in der Wichtigkeit und Bedürftigkeit über den anderen, so brauche ich ihn nicht zur Vervollkommnung meines Selbst. Dann kann ich ihn gelassen wahrnehmen, mit all seinen spezifischen Vorzügen und so genannten »Schwachstellen«.

Martin Buber sagt: »Das Ich wird am Du.« Das bedeutet: Das Du (etwa mein Kind) hat die größten Chancen, sein Ich zu entwickeln, wenn das eigene Ich im Austausch mit ihm ein wahrhaftiges ist, das ich in mir selbst entdecke und entwickle. In der intensiven Auseinandersetzung mit dem Du erkenne ich mich selbst, erkenne mich in meinen Stärken und versöhne mich mit meinen Schwächen, reflektiere über mich, leiste, solange es mit meinem Selbstverständnis übereinstimmt, Veränderungs- und Anpassungsarbeit zugunsten meiner Beziehung zum Du. Wirkliche Versöhnung zwischen beiden Polen geschieht immer wieder neu, immer wieder auf der gleichen mitmenschlichen Ebene. Nur so habe ich die Gewähr, uns beide nicht zu unterdrücken.

Beziehung wird im Sinne Bubers zum Lebensauftrag. Das ist ein Auftrag, der wohl dem Menschen von Geburt an mitgegeben ist. Zusätzlich zu allen anderen Lebensaufgaben, die bewältigt werden sollen, muss zur Erfüllung des Lebens auch Beziehungsarbeit geleistet werden. Je mehr Achtung vor Beziehungen besteht, desto größer, aber auch erfüllender ist die Arbeitsleistung. Wer in dieser anfallenden Arbeit nur den nachteiligen und nicht den beglückenden Effekt erkennen kann, der wird sich – in der Hoffnung, sein Glück möglichst ohne Anstrengung irgendwo anders zu finden – für die autoritäre Erziehung entscheiden. Er wird schließlich in autoritären Mechanismen nichts Unethisches, sondern stattdessen etwas sehr Zweckvolles sehen (das ihm auch indirekt zugute kommt). Manchmal besteht jener »Erfolg« nur in einer gewissen Zeitersparnis, die durch das nicht so sehr auf Nähe angelegte Agieren erreicht wird, und äußert sich, vielleicht auch wegen des konventionellen Funktionierens des häuslichen Lebens, in einem gewissen Prestige. Leicht wird auf diese Weise unmittelbare Nähe zum Mitmenschen verlernt, irgendwann dann nicht mehr ausgehalten und schließlich ganz vermieden.

Darunter leiden dann diejenigen besonders, denen Nähe noch nicht zu bedrohlich und zu stressig ist: die Kinder. Sie kommen unverbraucht auf die Welt und wären dazu bereit und in der Lage! Da ist es nicht verwunderlich, wenn autoritäre Eltern in ehrlichen Augenblicken seufzen: »Ich verstehe es nicht – aber eigentlich weiß ich nichts mehr von meinen Kindern. Sie teilen sich nicht mehr mit. Sie erzählen mir nichts von sich und ihren Gedanken. Ich kenne sie gar nicht mehr richtig …«

KAPITEL II

Gezielte Selbsthilfe zur partnerschaftlichen, mündigen Familie

»Ziel aller Erziehung sollte es sein, den Geist in eine Quelle zu verwandeln, nicht in eine Zisterne.« JOHN M. MASON

Wie gehen Eltern und Kinder und Ehepartner üblicherweise miteinander um? Wie leben sie mit sich und ihrer Familie? Was können sie bei sich selbst und im Umgang mit ihren Nächsten verändern? Wie können sie diese Selbst- und Beziehungsveränderung während unseres Gruppenprozesses erleben? Der Beantwortung dieser Fragen dienen die nachstehenden Beispiele.

Die Personennamen sind selbstverständlich geändert, zumal die Beispiele ohnehin andere, ähnliche Situationen repräsentieren. So wird sich dann auch auf den folgenden Seiten so mancher Leser an vergleichbare Situationen erinnern.

Beispiele

■ *Simon und Beate bei einer Empathieübung*

Hier wird beschrieben, was sich zwischen zwei Gruppenteilnehmern abspielte, als das Thema einer Gruppensitzung »einfühlendes Verstehen« war.

Wir waren übereingekommen, doch einmal im Sinne »aktiven Zuhörens« eine Empathieübung zu zweit durchzuführen. Der eine Partner sollte dem anderen ein kleines alltägliches Problem (oder eine Befindlichkeit) mitteilen. Daraufhin sollte der andere versuchen, durch Einfühlen und Hinterfragen auf der rein emotionalen Ebene zu verstehen, wie sich sein Gegenüber bei diesem Problem fühlen müsste. Dies klingt zunächst einfach, aber im Verlauf dieser Übung zeigte sich, wie schwierig es doch ist, sich deutlich mitzuteilen und – auf der anderen Seite – auch wirklich zu verstehen. Vielfach haben wir verlernt, direkt und unmittelbar bei uns selbst zu sein und unsere Befindlichkeit klar auszudrücken. Sender und Empfänger einer Kommunikation sind es oftmals nur gewöhnt, sich auf der Sachebene zu unterhalten, selbst da, wo zum besseren Verständnis die emotionale Äußerung und Entschlüsselung vonnöten wäre. So beinhalten manche Dialoge zu wenig und bleiben unter Umständen sogar in gegenseitigem Unverständnis stecken, obwohl bei einem tiefer gehenden Gespräch ein weiterer Austausch möglich geworden wäre.

Da Simon und Beate am Ende ihrer Übung genau die Gedanken und Gefühle, die sich während der Übung bei ihnen einstellten, im Plenum mitteilten, ist es mir möglich, sie in die Beschreibung des Dialoges einzuflechten.

Simon (als Problemgeber) sagt also zunächst zu Beate: »Ich habe in letzter Zeit immer das Gefühl, abhauen zu müssen. Am liebsten würde ich nach Australien oder so auswandern!«

Beate (bekommt einen Schreck, versucht aber trotzdem das Einhören): »Meinen Sie, vor etwas flüchten zu müssen?«

Simon (fühlt sich ein wenig verstandener): »Ja vor Deutschland! Hier kotzt mich alles an.«

Beate (empfindet ungerechte Nestbeschmutzung, möchte am liebsten spontan protestieren, bemüht sich aber, sich einzufühlen und ihre Empfindungen zurückzustellen): »Vor Deutschland?« (Dabei urteilt sie in Gedanken in dem Sinne über ihn, er könne doch froh sein, hier zu leben, und hält ihn für undankbar, für grob, verzichtet aber, auf der Sachebene darüber mit ihm zu »streiten«, weil sie keine Kommunikationssperre aufbauen und ihm trotz allem ein gewisses Vorschussvertrauen geben will. Auch will sie sich nicht gleich selbst ins Spiel bringen, sondern warten, bis sie mehr über ihn weiß.) Sie fragt: »Ist hier etwas so schlimm, dass Sie es gar nicht mehr aushalten könnten?«

Simon: »Ja, meine Arbeit.«

Beate: »Ist die denn so scheußlich? Müssen Sie Dreckarbeit machen?«

Simon: »Nö, die Arbeit ist ganz gut, aber ich will sie nicht mehr machen. Ich hab die Nase voll!«

Beate (empfindet Empörung, denkt, so dürfe doch keiner denken – was wäre, wenn alle so dächten; arbeiten müssen wir ja nun einmal alle … Sie beherrscht sich aber, versucht noch einmal, auf die Gefühlsebene zu gehen): »Sie haben die Nase voll, sagen Sie? Können Sie denn irgendwie nicht mehr?

Simon (wird plötzlich traurig): »Genau! Ich bin ausgepumpt.«

Beate (kann mit seiner Traurigkeit nun besser umgehen als mit seiner vorherigen Aggression, wird versöhnlicher): »Ach, fühlen Sie sich vielleicht überfordert? Reicht Ihre Kraft nicht mehr aus?«

Simon (ist überrascht und verwirrt): »Ja, so ist es wohl tatsächlich. Ich müsste eigentlich zurückstecken.«

Hier beenden die beiden ihre Übung. Jeder ist ein wenig erstaunt. Beate erklärt in der Rückschau: »Normalerweise hätte ich im alltäglichen Leben das Gespräch schon an der Stelle beendet, als Simon mir das mit Deutschland bot. Oder ich hätte mich mit ihm auf der Sachebene einmal grundsätzlich über unser Land unterhalten, hätte aber wiederum Angst vor einem möglichen Streit gehabt. Er war mir nämlich mit seinen unreifen Bemerkungen und mit seiner Heftigkeit unsympathisch gewesen. Nun aber kann ich ihn gut verstehen. Das hätte ich gar nicht für möglich gehalten.«

Simon meinte, er habe zunächst die Erwartung gehabt, ohnehin nicht verstanden zu werden, und sich zunächst nur aus Neugier auf dieses Rollenspiel eingelassen. Dabei habe er nicht gedacht, dass ihm Beate ohne Kommentare, Vorwürfe und Ratschläge Verständnis entgegenbringen könnte. Insgesamt habe er sich ja selbst mit seinem Hass auf alles nicht so recht verstanden. Seine – im Rollenspiel gemeinsam herausgefundene – Überforderung habe er bisher wohl stets verdrängt. Seine Wut sei ihm lieber gewesen, als sich mit seinen tiefer liegenden Gefühlen auseinandersetzen zu müssen. Hier kämen nun wohl Seelenarbeit und andere Änderungsversuche auf ihn zu.

Beide gaben als Fazit an, sich entgegengekommen zu sein und sogar eine gewisse Sympathie füreinander entwickelt zu haben.

»Ehrlich gesagt«, schloss Beate, »habe ich ja zunächst nur taktisch in der Weise mit Simon geredet. Da ich nun aber hiermit eine solche positive Erfahrung gemacht habe, will ich einmal versuchen, mich dieser Erfahrung öfter auszusetzen, besonders bei Menschen, die mir am Herzen liegen. Vielleicht kommt man sich so mehr entgegen, als man annimmt.«

Uns in der Gruppe war vor Augen geführt worden, wie schwierig es ist, um des Verstehens und Annehmens eines Partners willen eigene, spontan auftretende Gefühle wie etwa Ängste, die sich durch das Gesagte einstellen, auszuhalten, statt sie durch Abwehren der Aussage des Partners sofort ausschalten zu wollen. Wir sahen auch, wie schwierig es ist, um einer guten Beziehung willen als »Vorschussleistung« darauf zu vertrauen, dass sich trotz der (subjektiv empfundenen) »Ungeheuerlichkeiten« des Partners durch Verstehen eine Veränderung in Richtung »Verbesserung« einstellen wird, und wie schwierig es ist, dafür das eigene Leiden auszuhalten, sozusagen neben sich zu treten, dem anderen den Vortritt zu lassen, ihn so sein zu lassen, wie er gerade ist, sich sogar noch dessen Brille der Betrachtungsweise aufzusetzen, ohne eigene Gedanken und Empfindungen sofort mit einfließen zu lassen.

Kurzum: Es ist schwer, in einem Augenblick, in dem es für den Partner wichtig ist, nur begleitend bei ihm zu sein, die Gefühle des anderen zu hinterfragen, sich nicht sofort selbst ins Spiel zu bringen. Dabei habe ich als Partner insofern wirklich Schweres auszuhalten, als ich ja nicht weiß, was sich für ihn und für mich daraus ergibt. Ich muss zunächst eine Unsicherheit ertragen, will ich wirklich, dass zwischen uns all das zur Sprache kommt, was wir im tiefen Inneren sind und fühlen.

■ *Der Doppelfall: Der schlagende Vater und sein stehlender Sohn. Oder: Der schlagende Vater und die empörte Teilnehmerin.*

An einem unserer Kursabende meldete sich eine Mutter – nennen wir sie Frau K. – mit einem »kleinen« Problem zu Wort, um es einmal in der Runde zur Diskussion zu stellen. Sie habe mit Schrecken feststellen müssen, dass ihr neunjähriger Sohn klaue. Bisher beschränke sich seine Stehlerei auf die Portemonnaies der Familienmitglieder, aber wenn man es ihm nicht bald abgewöhne, täte er es möglicherweise eines Tages auch woanders. Sie fragte sich und die anderen Teilnehmer, immer mit Blick auf mich als mögliche Ratgeberin, was hier wohl zu tun sei und ob die anderen bereits Ähnliches erlebt hätten.

Es entstand zunächst, wie in solchen Fällen üblich, ein kurzer Tumult von Wortmeldungen und Ratschlägen, Zwischenrufen und Randgesprächen, aber auch die Aufforderung zu überlegen, warum der Junge dieses Verhalten an den Tag lege. »Kriegt er vielleicht zu wenig Taschengeld?« Solche und ähnliche Fragen prasselten schließlich auf die verwirrte Mutter nieder.

Ehe ich in Form einer Ich-Botschaft wieder etwas Struktur in die Gruppe bringen konnte, besorgte dies schon der Ehemann, der die Verwirrung seiner Frau und die Unterstellung, sie könnten bei dem Jungen etwas falsch gemacht haben und somit an dessen Verhalten nicht ganz unschuldig sein, nicht länger aushielt. In ihrer Familie sei alles in Ordnung, und es werde mit dem Kind alles in rechter Weise gehandhabt, Buben schlügen nun einmal oft über die Stränge. Dass er sich dieses Mätzchen noch nicht wieder abgewöhnt habe, liege allein an der Weichheit seiner Frau (entschuldigender Blick in ihre Richtung). Sie machte ja sonst alles recht gut und schön, aber in diesem speziellen Fall eben nicht. »Sie können mir glauben, an meine Börse geht der Bub schon lang nicht mehr!«, schloss er nicht ohne Stolz.

Teilnehmerin S., die mir von Anfang an als relativ aggressiv aufgefallen war, sprang darauf sofort mit der Frage an: »So? Wie haben Sie denn das hinbekommen?« Dabei nahm sie eine Kampfhaltung ein, weil sie die Antwort bereits zu ahnen schien. Und richtig: »Ha, auf die Finger und an die Backen hat's was gegeben! Bei mir nimmt der sich das nicht mehr heraus!«

Das schien Wasser auf die Mühlen von Frau S.' spannungsgeladenem Lebensgefühl zu sein. Sie schleuderte ihm entgegen: »Sie Sadist! Und darauf sind Sie offensichtlich auch noch stolz, wie?«

Bevor der erstaunte und empörte Vater zum Gegenschlag ausholen konnte, musste ich, so empfand ich jedenfalls in diesem Augenblick, meinen Auftrag, diesem Dialog und der Situation insgesamt eine »Gordongemäße« Wendung geben. Der Einfachheit halber begab ich mich zunächst auf die autoritäre Gruppenleiterebene (statt mittels Ich-Botschaft mein Unwohlsein zu äußern) und erinnerte die Teilnehmer an unsere eingangs ausgemachten Spielregeln. Hiernach wollten wir in unseren Gesprächen, selbst bei Meinungsverschiedenheiten, statt abqualifizierender Du-Botschaften unsere Empfindungen in Form von Ich-Botschaften mitteilen. Dies war an Frau S. gerichtet. Nach dieser Ermahnung kehrte augenblicklich Ruhe ein, was dafür sprach, wie sehr doch die alte Art der Autorität in uns allen verfestigt ist.

Auf der Teilnehmerebene befand ich mich kurzfristig in einem Gefühlskonflikt. Mir war klar, dass sowohl der Vater als auch Frau S. hinterfragt werden mussten. Als Gruppenleiterin konnte ich Frau S. nun bitten, ihre letzte Bemerkung als Ich-Botschaft zu wiederholen, und die übrigen Anwesenden dabei zur Mithilfe auffordern. Als teilnehmende Person wiederum hätte ich mich spontan zunächst Frau S. zugewendet, ihr per Ich-Botschaft mein Erschrecken über ihre Heftigkeit kundgetan, mich anschließend bei ihr mittels aktiven Zuhörens eingehört, um herauszufinden, was hinter ihrer persönlichen Aggressivität steckte, denn irgendetwas musste da bei ihr verborgen vorhanden sein. Im Anschluss daran hätte ich das Problem des Vaters und seines klauenden Sohnes aufgegriffen, um die Gefühlswelt des Vaters zu hinterfragen.

Diese Möglichkeiten des Vorgehens gingen mir während der vorherrschenden kurzen Gesprächspause durch den Kopf. Alle warteten auf eine Aktion von meiner Seite. Da ich mich in so kurzer Zeit nicht recht für die eine oder andere Strategie entscheiden konnte, entschloss ich mich, meine Schwierigkeiten mit der Erwartungshaltung der Gruppe offen auszusprechen. Hatte ich nun auf emanzipatorisches Verhalten der Teilnehmer gehofft, so sah ich mich getäuscht. Man hatte sich wohl entschlossen, mich als Autorität alles Weitere machen zu lassen. Ich fragte also: »Wäre es jetzt für Sie eine Erleichterung, wenn ich mich erst einmal allein für den nächsten Schritt entscheide? Hat keiner im Moment eine Ich-Botschaft zu senden? Möchte keiner einen der beiden Beteiligten näher hinterfragen?«

»Doch, ich habe etwas zu sagen!«, kam die angriffslustige Reaktion von Frau S. »Ich verstehe nicht, wieso Sie bei einem solchen Kurs so milde mit einem Teilnehmer umgehen, der offensichtlich Gewalt an Kindern gutheißt. Unser Auftrag heißt doch, die Opfer zu schützen und nicht die Täter!«

Dies war keine Ich-, sondern eine so genannte versteckte Du-Botschaft, die bei mir etwa so ankam: »Sie sind eine, die Gewalttäter schützt. Dabei tun Sie so, als würden Sie Kurse über einen gewaltfreien Umgang miteinander abhalten. Wenn Sie nicht in der Lage sind, gegen diejenigen vorzugehen, die unsere Kinder kaputtmachen, dann sind Sie unglaubwürdig, dann gilt es, Sie als geheime Mittäterin anzugreifen.«

Ich verzichtete darauf, ihr aggressiv zu begegnen, um ihr zu helfen, zugunsten einer echten Ich-Botschaft ihre Sprache der »Gewalt« zu überwinden.

Ohne zu wissen, worauf es hinauslaufen würde, entschied ich mich zu einer Ich-Botschaft, indem ich mich ihr »aussetzte«, um ihr meine Gefühle, die hinter einer spontanen Aggression steckten, zu zeigen. Ich teilte ihr also mit, was ihre Du-Botschaft bei mir ausgelöst hatte. Ein wenig betreten, aber doch fasziniert, beobachteten die anderen Teilnehmer unsere »Vorführung«. Später teilte mir eine Teilnehmerin mit, sie habe für einen Augenblick gedacht: »Ach, ist das peinlich! Warum lässt sich Frau Berendes bloß von der Frau S. so beeindrucken? Warum zeigt sie ihr nicht, dass sie weiß, wo's langgeht?« Es sei für sie schwer gewesen, die emotionale Spannung der Situation auszuhalten. Außerdem habe sie ein für mich peinliches Ende befürchtet.

Ein wenig verblüfft über die Gefühle, die sie bei mir ausgelöst hatte, versuchte Frau S., mir nun sehr präzise zu erklären, was sie gemeint hatte. Dabei war sie sich ihrer autoritären Wortwahl nicht bewusst. Es kam ihr auch nicht in den Sinn, dass sie sich verbal genau der Mittel bediente, die sie bekämpfen wollte, dass sie sozusagen »den Teufel mit dem Beelzebub austreiben« wollte. So sagte sie: »Das müssen Sie doch verstehen, dass ich Ihr Verhalten nicht gutheißen kann. Wenn Sie aus Gründen der Schwäche – oder aus welchen auch immer – etwas dulden, was uns allen, wären wir nicht so abgestumpft, weh tut, so muss man Sie dafür doch kritisieren. Das ist keinesfalls ungerecht.« Hier klangen wieder einige Unterstellungen zu meiner Person durch, über die ich innerlich den Kopf schüttelte. Frau S. war jedenfalls nicht imstande, mich einfach direkt zu fragen, weshalb ich den Vater nicht für das, was er äußerte, zu »strafen« versuchte. Später, beim Einhören in die Motive des Vaters, musste sie dann erleben, was sich alles beim einfühlenden Verstehen den Menschen gegenseitig erschließt.

Innerlich ruhiger geworden, sah ich, wie sie sich beherrschte, sich bemühte, mit mir so geduldig wie möglich umzugehen. Ich erkannte, auf was für einem Wutpotential sie saß, und so entschloss ich mich, statt weiter von mir zu reden, lieber auf ihre Wut einzugehen. Geladen, wie sie war, hätte sie sich in dieser Situation jedenfalls nicht bei mir einhören können. Offensichtlich war sie »bedürftiger« als ich, was den Wunsch nach Verständnis betraf. Dies stimmte mich versöhnlich, und ich war in der Lage, meinen Fokus von mir weg und auf sie zu lenken.

Ich »schaltete um«, indem ich aufgriff, was sie mit »weh tun« gemeint hatte, und sprach sie daraufhin an: »Haben Sie, als Herr K. so plastisch erzählte, wie er seinen Sohn körperlich bestraft hat, in diesem Moment durcherlebt, wie man mit Ihnen so etwas getan hat? Haben Sie hautnah gespürt, wie weh das tut?«

Hier wandte sich Frau S. spontan wieder dem Vater zu: »Ja! Das ist ungerecht! Sie wissen doch gar nicht, warum er so etwas macht! Das tut mir in der Seele weh! Ich bin eben nicht so abgestumpft wie viele andere. Ich fühle die Schmerzen, die so ein Kind erlebt!« Dann wandte sie sich mir zu: »Das ist es, was ich nicht aushalte. Ich bin noch in der Lage, mich mit dem Jungen zu identifizieren!« Hierauf fragte ich: »Haben Sie denn solche ungerechten und schmerzlichen Strafen auch als Kind erleben müssen?« Nun brach es geradezu aus ihr heraus, wie sie mit Schlägen groß geworden sei, dass es ihr Vater aber trotzdem nicht geschafft habe, ihren Willen zu brechen, weil sie Liebe und Verständnis bei der Großmutter gefunden habe, die allerdings nicht bei ihnen gelebt habe. Dennoch habe ihr Einfluss ausgereicht, dass sie von ihrer Art der Zuwendung habe zehren können. Ich stellte ihr eine weitere Frage: »Sicherlich ist dies alles noch so lebendig in Ihnen, als geschähe es heute. Spüren Sie Ihren damaligen Kummer noch? Wurde er durch Herrn K.s Aussage wieder wach?« Unter einer gewissen Anstrengung brachte sie jetzt hervor: »In gewisser Weise, ja. Ich habe nämlich auch so einen brutalen Mann zu Hause. Er schlägt uns zwar nicht, aber er unterdrückt uns total!«

Hier hatte sie also ihre tiefer liegende und in ihr gärende Problematik ausgesprochen, hatte ihre Probleme erkennen lassen, kulminiert in einer sie niederdrückenden Ehe, in der sie Wege suchte, sich und ihr Kind zu schützen. Anscheinend hatte sie gefühlsmäßig die Demütigungen, die mit einem unterdrückten Dasein verbunden waren, vor sich selbst noch nicht zugelassen (weil es zu schmerzhaft gewesen wäre), um dann mit Aggression, jener Spitze dieses Gefühls, zu agieren und zu reagieren, um so von tieferem Leid verschont zu bleiben. Dabei schien sie sich mit einem zwar verständlichen, jedoch destruktiven Hass gegen jede Form äußerlicher Autorität selbst zu verbrauchen. Anscheinend richtete sich dieser Hass in gewisser Weise tatsächlich gegen sie selbst, denn sie war vom ersten Abend an in unserer Gruppe als besonders spannungsgeladen aufgefallen und von den übrigen Kursteilnehmern gemieden worden.

So sehr wir anderen ebenfalls Gewalt verbaler und körperlicher Art ablehnten und ihr Erschrecken über die Äußerungen des Vaters teilten, so wenig hatte sie allerdings durch ihre anfänglich aggressive Reaktionsweise bei Herrn K. bewirken können. Nicht genug damit: Alle Anwesenden fühlten sich von ihrer Sprechweise genauso abgestoßen wie von der Sprache des Vaters. Für mich wurde nun die Situation etwas heikel – zum einen, weil eine Eheproblematik im Raum stand, zum anderen, weil sie sich durch weitere Äußerungen etwas ins Abseits geredet hatte. Unser Kurs sollte ja nicht über ein Prophylaxe-Programm hinausgehen, war also nicht gedacht als Therapiehilfe für bestehende schwere Beziehungsstörungen – und die lagen hier durchaus vor. Frau S. weiterhin zu hinterfragen, womöglich um des Demonstrationseffekts vor der Gruppe willen, wäre in meinen Augen gefährlich gewesen – und sie sozusagen gefühlsmäßig »aufzureißen« und sie damit nach Hause zu entlassen, wäre fatal und indiskutabel gewesen. Vielmehr brauchte sie einen Therapeuten, der sie auf ihrem weiteren Weg begleitete, zumindest jedoch die Hilfe einer Eheberatung.

Ich teilte ihr also mit, dass wir an dieser Stelle mit dem Hinterfragen ihrer Person Schluss machen würden, ich ihr aber nach der Sitzung noch etwas unter vier Augen mitteilen müsste. Später verließ sie tatsächlich unsere Gruppe, um sich an anderer Stelle helfen zu lassen.

Zurück zur Ausgangssituation: Herr K., der zunächst über Frau S. äußerst verärgert war, hörte inzwischen ruhig und interessiert zu, als sie ihre Seelenschmerzen in Verbindung mit seinen Schlägen deutlich gemacht hatte. Seine Wut auf sie schien verraucht, und ein Streit war nicht mehr zu erwarten.

Ich fragte ihn: »Sie scheinen sich nicht mehr über Frau S. zu ärgern. Fühlen Sie sich trotzdem noch von ihr ungerecht beurteilt?«

»Ich verstehe sie jetzt«, antwortete er. »Sie hat mich wohl mit ihren anderen Unterdrückern in einen Topf geworfen. Ich bin natürlich absolut nicht solch ein Sadist. Kein normaler Mann hat doch Spaß am Schlagen! Das macht man ja nur, wenn sonst nichts anderes mehr fruchtet!«

»Wussten Sie denn nicht mehr ein noch aus, als Sie bei Ihrem Sohn zu diesem Mittel griffen?«

»Genau, ich wusste mir nicht mehr zu helfen, da gutes Zureden und alles andere nichts änderten!«

»Wenn Sie das Gefühl hatten, dass Ihnen niemand bei diesem Erziehungsproblem helfen konnte, müssen Sie sich doch eigentlich sehr hilflos und ein wenig elend gefühlt haben, oder? Hinter Ihrem Gefühl des Aufgebrachtseins muss sich doch wohl noch ein Gefühl solcher Art verborgen haben …«, gab ich zu bedenken.

»Natürlich! Man gerät ja in Wut, wenn die Kinder einen so weit treiben, dass nichts mehr geht! Und dann rastet man entweder aus oder greift zu den altbekannten Mitteln.«

Herr K. war augenblicklich im Mittelpunkt der Gruppenaufmerksamkeit, denn er hatte offenbar in ein Wespennest gestochen, als seine Worte fielen: » …wenn die Kinder einen so weit treiben …« Wer von den Teilnehmern hatte es nicht schon erlebt, von seinen Kindern in die Hilflosigkeit bis hin zur Verzweiflung getrieben worden zu sein – bis er schließlich mit seinem Latein am Ende war und das Gefühl hatte, dass Menschen leider doch ab und zu, trotz aller Ideale, so etwas wie eine starke Hand, sprich Züchtigung brauchen?

An dieser Stelle forderte ich die anderen auf, Herrn K. weiterhin zu befragen. Es entstand eine rege Diskussion, deren Tenor etwa war: Alle hatten einen ähnlichen Konflikt wie Herr K. schon einmal erlebt. Sie kannten das Gefühl, von ihren Kindern in eine pädagogische Sackgasse getrieben worden zu sein, nämlich dorthin, wo ein Verstehen der Kinder nicht mehr möglich scheint. Ihnen war zur Entlastung auch schon einmal die Hand ausgerutscht. Sie hatten mit »Bangemachen« versucht, ihren Kindern den rechten Weg zu zeigen, hatten Druck auf sie ausgeübt, hatten überhaupt diverse Register gezogen, um irgendwie zu einem guten Ergebnis zu gelangen. Bei all diesen Maßnahmen war jedoch, wie sie zugaben, ein mulmiges Gefühl bei ihnen zurückgeblieben, eine Mischung aus Traurigkeit (sollte es denn wirklich nicht anders gehen?), Versagergefühl und schlechtem Gewissen den Kindern gegenüber, aus Zweifeln an ihrer »Tat«, aus Wünschen wie: »Hoffentlich geht es nächstes Mal glimpflicher ab!« und aus Fragen, die praktisch übereinstimmend lauteten: »Warum ist ein Kind manchmal so, dass man es nicht versteht?« – »Sind Kinder anders als wir Erwachsenen?« – »Warum kann ich mich ihm nicht verständlich machen?« Und wenn ich glaube, dies gemacht zu haben: »Warum tut das Kind dann nicht das, was richtig wäre?« – »Warum ist gegenseitiges Verstehen bloß so schwierig?« – »Macht man sich womöglich nur etwas vor, wenn man nach Erklärungen wie: 'Der schlägt eben nach seinem sturen Großvater!' sucht?« Fragen über Fragen kamen auf, blieben jedoch unbeantwortet. Vorläufiges Fazit: Anscheinend ist wohl doch alles relativ … Und nichts Genaues weiß man …

Herr K. gab dann noch zu, während der Schläge, die er seinem Sohn verabreicht hatte, Mitleid für ihn empfunden zu haben. Er hätte dies aber »wegstecken« müssen, da er ja die Aufgabe habe, ihn zu einem rechten Menschen zu erziehen. Tatsächlich habe er ein wenig das Gefühl verspürt, in gewisser Weise »heldenhaft« gehandelt zu haben, gerade weil er zugunsten eines höheren Zieles, nämlich die Ehrlichkeit des Sohnes, seine eigene Weichheit und Sensibilität überwunden habe. Hier erklärte sich der Stolz, der herauszuhören gewesen war, als er von seiner härteren Art – im Vergleich mit der seiner allzu weichen Frau – gesprochen hatte.

An dieser Stelle ging mir die Frage durch den Kopf: »Der Täter als Opfer seiner eigenen Ausweglosigkeit und Unzulänglichkeit im Handeln?« Zumindest wurde mir an diesem Beispiel wieder einmal deutlich, was Bruno Bettelheim gemeint hatte, als er schrieb, alle Eltern und Erzieher gäben – so fatal mitunter die Wirkung auch sei – ihr persönlich Bestes.

Am Schluss der Diskussion meinten alle, sogar Herr K., übereinstimmend, man sei ja in diese Elterngruppe gekommen, um gerade elterliche Hilflosigkeit durch neue, gewaltfreie Erziehungswege zu überwinden. Wie erwartet, stellte mir Herr K. dann doch noch die Frage: »Frau Berendes, was hätten Sie denn an meiner Stelle gemacht?« Wie immer in einem solchen Fall gab ich die Frage an die übrigen Teilnehmer weiter – in der Hoffnung, jemand würde, nachdem er nun Zeuge von Ich-Botschaften und »aktivem Zuhören« gewesen war, das erlösende Wort sprechen und sagen: »Ich würde zunächst den Jungen mit einer ehrlichen Ich-Botschaft konfrontieren, und wenn er mir dann immer noch nicht durch eine Verhaltensänderung entgegenkommen kann, würde ich umschalten und mich mittels des »aktiven Zuhörens«, mittels urteilsfreier Hinterfragung bei ihm einhören und somit seine Motive verstehen lernen.«

Erstaunlicherweise kam dieser Vorschlag von niemandem. Alle erschienen immer noch ratlos. Also sprach ich diesen Satz sinngemäß so aus und riet den Eltern, in solch einer Situation doch dieses Vorgehen zu versuchen. Zur Demonstration dessen erklären sich zwei Teilnehmer bereit, diesen Fall in einem kleinen Rollenspiel vorzuführen. Hierbei wurde das Vorgehen deutlich, aber es repräsentierte natürlich nur, wie die Situation zwischen diesen beiden Teilnehmern ablaufen würde und welche Lösung speziell sie beide miteinander erarbeiten könnten.

Am nächsten Kursabend berichtete Frau K., sie habe durch verständnisvolle Fragen und Gespräche herausbekommen, dass ihr Sohn das viele Geld hauptsächlich brauchte, um sich in seiner Klasse durch Spendieren Anerkennung zu verschaffen. »Nun liegt das Motiv auf dem Tisch«, meinte sie seufzend, »aber damit haben wir ja wohl gleich wieder das nächste Problem. Wie kann man ihm da bloß helfen?« – »Dann müssen Sie eben immer weitermachen – immer fleißig aktiv zuhören!«, kam es nun aus dem Teilnehmerkreis. Die Mutter nickte etwas verzagt, weil ihr bewusst wurde, was für einen langen Prozess sie nun vor sich hatte, da so viel mit dem Jungen aufgearbeitet werden musste.

■ *Markus langweilt sich so!*

Frau H. meldete sich mit einem für sie immer schwieriger werdenden Problem zu Wort: Vor einigen Monaten war ihre Familie von Karlsruhe nach Pforzheim gezogen, da sich ihr Mann beruflich verändert hatte. Während der jüngere Sohn den Schul- und Milieuwechsel recht gut bewältigte und auch schon neue Freundschaften geschlossen hatte, quälte sich der ältere – er war dreizehn – und schlug sich nach der Schule mit seiner Langeweile herum. Frau H. erzählte, er quäle damit auch sie, und sie wisse überhaupt nicht mehr, was sie ihm noch alles an Zerstreuungen, Vorschlägen und Aktivitäten anbieten könne, damit er endlich wieder zufrieden werde. Sie selbst halte diesen Zustand kaum noch aus. Seinetwegen gerieten die Nachmittage für sie zum Alptraum. Es könnte doch sonst alles so schön sein; alles habe sich gut geregelt – nur der Junge mache ihr Sorgen.

Aus unserer Elterngruppe kamen sofort Anteilnahme und die üblichen Nachfragen wie: »Haben Sie es schon mal mit … versucht …?« Es kamen Trostsätze wie: »Er ist ja ohnehin gerade in einem schwierigen Alter … Das gibt sich im Laufe der Zeit …« Mutmaßungen wurden angestellt wie: »Vielleicht braucht er nur etwas länger, um sich zu akklimatisieren?« – »Vielleicht ist für Sie seine Langeweile schlimmer als für ihn?« – »Vielleicht sollten Sie ihn einfach mal in Ruhe lassen – dann fiele ihm sicher irgendetwas ein …« Teilnehmer L. gab schließlich das Stichwort, das uns zur Gordonschen Frage nach dem »Problembesitz« führte: »Das ist doch eigentlich sein Problem! Wenn er sich langweilt, muss er sich eben etwas einfallen lassen. Er wird sich schon zu helfen wissen, wenn Sie es ihm nicht ständig durch Tipps leicht zu machen versuchen. Was spielen Sie denn da eigentlich für ein Spiel, wenn Sie denken, es sei Ihre Verpflichtung, ihn mit Interessantem zu beliefern?«

Trotz aller wohlmeinenden Ratschläge fühlte sich Frau H. nicht richtig verstanden. Zunächst signalisierte sie es nonverbal, doch die zuletzt gemachte Aussage machte sie geradezu ärgerlich, weil sie die Unterstellung, die in der letzten Frage mitschwang, als unpassend empfand. Sie entgegnete ein wenig heftig: »So hat Gordon das bestimmt nicht gemeint mit dem Problembesitz. Nicht in dem Sinne: Das ist nun aber dein Problem, also lass mich damit in Ruhe!«

Teilnehmer L. ließ nicht locker: »Der *Junge* ist hier im Besitz des Problems. Es ist ursprünglich sein Problem, aber Sie haben es aus irgendeinem geheimen Grund übernommen und versuchen, es für ihn zu lösen, indem Sie ihn mit Tipps beliefern, ihn beispielsweise ins Kino führen, obwohl Sie, wie Sie sagen, Ihren Nachmittag gern anders gestalten würden. Er löst also sein Problem nicht selbst – und das sollte er doch laut Gordon.«

Frau H. fühlte sich immer noch nicht verstanden und versuchte, sich zu rechtfertigen: »Aber das kann er doch offenbar nicht! Und da lasse ich ihn doch nicht so lieblos allein.«

Herr L. (nun autoritär): »Sie sollen ihm beistehen – aber ihm nicht seinen Kram abnehmen!« Beide hatten in gewisser Weise recht, nur fanden sie wohl nicht den passenden Konsens in dieser vertrackten Diskussion. Sie agierten auf der Sachebene, und Herr L. kam nicht auf die Idee, bei Frau H. aktiv zuzuhören, um herauszufinden und mit ihrer Hilfe zu überlegen, wie ihr emotionales Beteiligtsein am Problem des Sohnes tatsächlich aussah.

Eine andere Teilnehmerin bemühte sich nun, System in diese unfruchtbare Unterhaltung zu bringen: »Zusammenfassend lässt sich ja wohl sagen, dass wir es hier mit zwei Problemfeldern zu tun haben: Einmal haben wir die Frage, *warum* der Junge sich so langweilt, und zum zweiten stellt sich die Frage, was mit der Mutter los ist, die sein Problem so sehr zu ihrem eigenen macht.«

Auf diese durchaus stichhaltige Interpretation der Gesamtlage prasselten nun wieder gehäuft Mutmaßungen auf die inzwischen schon völlig genervte Frau H. herunter.

Nun hielt ich das Agieren auf der Sachebene nicht länger aus und teilte dies auch mit: »Ich werde jetzt unruhig, denn ich fürchte, dass wir mit dieser Vorgehensweise nicht zu des Rätsels Lösung kommen. Da der Junge nicht hier ist, um befragt zu werden, würde ich zunächst einmal gerne versuchen, Frau H. zu verstehen.« So wandte ich mich also, aktiv zuhörend, der Mutter zu und begann, sie auf ihre Empfindungen anzusprechen. »Frau H., Sie scheinen wirklich richtig unglücklich darüber zu sein, wie Sie zur Zeit mit Ihrem Sohn leben.« Traurig entgegnete sie: »Ja, ob man das hier versteht oder nicht: Es tut mir einfach weh, dass er sich nicht gut fühlt, und ich möchte ihm gerne helfen.«

»Ihnen geht sein Befinden so nahe, dass Sie es selber nicht aushalten, nicht wahr? Fühlen Sie sich denn aus irgendeinem Grund verpflichtet, ihn aus seinem Zustand herauszubringen? Haben Sie vielleicht das Gefühl, mitschuldig an seiner derzeitigen Lebenssituation zu sein?«

»Ja, natürlich! Wären wir nicht aus seinem intakten Milieu weggezogen, wäre er wohl noch das frohe Kind von damals!«

»Haben Sie deswegen ein schlechtes Gewissen?«

»Und wie! Ich glaube manchmal, dass ich das, was ihn betrifft, gar nicht wieder gutmachen kann. Ich habe ihn ja in gewisser Weise aus seinem schönen, geregelten Leben herausgerissen und ihm seine Freundschaften zerstört.«

»Bringt Sie diese Angst, es nicht wieder gutmachen zu können, dazu, ihm als Ersatz immer wieder Gutes anbieten zu müssen? Glauben Sie, Sie müssten auf diese Weise etwas wiedergutmachen?«

»Ja, ich denke, er könnte fordern, was er wollte, ich würde versuchen, ihm alles zu erfüllen, wirklich, weil ich wohl ein schlechtes Gewissen habe.«

»Sie sprechen von Ihrem schlechten Gewissen. Der Umzug war ja unvermeidlich, wie Sie sagen. Aber haben Sie den Verdacht, etwas versäumt zu haben, was den Jungen betrifft?«

»Ja, ich meine fast, man hat ihm nicht richtig klarmachen können, warum es nicht anders ging.«

»Macht Sie dieser Verdacht unruhig? Steht für Sie etwas Ungeklärtes im Raum?«

»Ja, ich denke immer, ich hätte mir vor dem Umzug mehr Zeit für ihn nehmen müssen, um mit ihm darüber zu reden.«

»Meinen Sie nun, etwas Versäumtes mit ihm nachholen zu müssen?«

»Vielleicht – jedenfalls habe ich immer das Bedürfnis, viel für ihn zu tun, mich um ihn zu kümmern, zur Wiedergutmachung sozusagen.«

»Dieses viele Kümmern scheint Sie aber sehr anzustrengen.«

»Ja, weil's eben auch nichts bringt. Es ist gar kein Ende abzusehen.«

»Sind Sie verzagt?«

»Ja, irgendwie kann es so nicht weitergehen. Ich muss einen anderen Weg finden, damit es uns beiden besser geht.«

Hier kürze ich den weiteren Dialog in direkter Rede ab, um ein wenig schneller zum Resultat zu kommen. Frau H. nahm sich vor, ihren Mut zusammenzunehmen und ihrem Sohn in Form einer Ich-Botschaft von ihrem schlechten Gewissen ihm gegenüber und von ihrer Traurigkeit über Gesprächsversäumnisse zu berichten. Danach wollte sie versuchen, seine

Traurigkeit, seinen Trennungsschmerz zu hinterfragen, also gemeinsam mit ihm zu durchleben und somit Versäumtes nachzuholen, ebenso wie Verdrängtes an die Oberfläche kommen zu lassen. Sie wollte nicht länger durch Aktionismus verdrängen, wovor beide Angst zu haben schienen, nämlich vor der Konfrontation mit der großen Traurigkeit.

Bei der nächsten Sitzung konnte Frau H. davon berichten, wie sie und ihr Sohn aus dem größten Druck herausgekommen waren. Nachdem sie den Kummer auf sich genommen hatte und ihn sich so richtig über den Verlust seines besten Freundes hatte ausweinen lassen, waren sie zu einem Kompromiss gekommen, der wohl bis zur Umgewöhnung für eine gewisse Übergangszeit zunächst weniger Kraftaufwand für die Mutter darstellte als das bisher tägliche Suchen nach Ablenkungen.

Bevor der Junge in seine trübselige Langeweile verfallen war und sie sich zu seiner Linderung so viel hatte einfallen lassen, hatte er ihr einmal erzählt, dass er und sein Freund Bob ausgemacht hatten, sich nach dem Umzug an jedem Wochenende einen ganzen Tag lang zu besuchen. Zu jenem Zeitpunkt hatten die Eltern diese Idee als unrealistisch und als Zumutung für beide Elternpaare abgelehnt. »Ihr könnt euch ja mal in den Ferien besuchen«, hatten sie gesagt – und damit den Fall ad acta gelegt.

Nun aber, seit die Eltern es auf sich genommen hatten, auf ihn und Bob, der ebenfalls recht unglücklich war, einzugehen und die beiden einmal pro Woche zusammenzubringen, war Entspannung in die Familie eingekehrt. Der Junge hatte das Gefühl, dass er verstanden wurde, hatte etwas Verlässliches, auf das er sich während der immer noch etwas langweiligen, aber erträglicheren Woche freuen konnte. »Irgendwann, wenn er hier neue Bindungen hat, wird es dieses Problem dann nicht mehr geben«, meinte Frau H. Im gleichen Atemzug argwöhnte sie jedoch: »Na ja, dann ist es wieder etwas anderes, was für mich in irgendeiner Weise anstrengend wird!«

Hierüber reflektierend kamen wir in der Gruppe zu folgendem Schluss: Wenn wir am Leben eines anderen aufrichtig Anteil nehmen, so bedeutet das auch immer in gewissem Maß ein Sich-selbst-Empfinden, Mitempfinden und Mitleiden. Wollen wir in einer hilfreichen Beziehung zueinander stehen, dann müssen wir wohl als Preis dafür Empfindungen und Tätigkeiten auf uns nehmen, die uns erspart blieben, falls wir allein leben würden.

Im Gegenzug jedoch erhalten wir eine ehrliche, direkte Beziehung, die von Vertrauen und Zuneigung gekennzeichnet ist, wo nichts versteckt oder verdeckt werden muss, wo keine psychologischen Spiele miteinander gespielt werden müssen, wo der eine den anderen nicht ausbeutet, wo keiner Schlupflöcher und Tricks erfindet, um zu seinem Recht zu kommen, wo beim Einzelnen das Grundgefühl, zu kurz gekommen zu sein, nicht aufkommt und wo die Erfahrung herrscht: Selbst wenn ich jetzt – als Vorgabe – viel von mir gebe, so bekomme ich doch auch wieder viel zurück, in welcher Form auch immer.

■ *Konflikt zwischen Vater und Tochter: Musik oder keine Musik?*

Als wir uns in der Runde einmal über die in Gordons »Familienkonferenz« beschriebenen Bedürfniskonflikte unterhielten, brachte Herr M. seinen Fall als Beispiel dafür ins Gespräch:

Zu viert lebte Familie M. in einer relativ kleinen Wohnung. Im gemütlichen Wohnzimmer befand sich die einzige Musikanlage, die sie besaßen. Die Kinder – dreizehn und fünfzehn Jahre alt – hatten zu ihr jederzeit Zugang und konnten die Geräte benutzen. Gegen achtzehn Uhr kam Herr M. meist von der Arbeit zurück und beanspruchte für sich, im Wohnzimmer etwa für eine Stunde zu entspannen. Während dieser Zeit war auch immer Ruhe im Zimmer gewesen, war also Rücksicht auf ihn genommen worden.

Nun war aber seit kurzem ein Problem aufgetreten. Seine fünfzehnjährige Tochter meinte, jetzt öfters in der Woche die um achtzehn Uhr beginnende Musiksendung anhören und aufnehmen zu müssen. Zunächst hatte sich Herr M. dies verbeten, dabei allerdings wegen seines »autoritären Verhaltens« die ganze Familie gegen sich aufgebracht. Selbst seine Frau bezeichnete ihn nun als »Pascha« und war wegen seiner an den Tag gelegten Unerbittlichkeit in diesem Punkt gegen ihn eingenommen. Herr M. fühlte sich also von seiner Familie unverstanden, und er war auch nicht glücklich über den Streit, der jetzt immer häufiger entstand. Er fragte in unserer Runde, was wohl bei diesem Bedürfniskonflikt zu machen sei.

Nachdem er dies alles vorgebracht hatte, schaltete sich sofort seine Frau ein. »Mein Mann kann doch nicht allein über unser Wohnzimmer bestimmen! Das wäre ja noch schöner! Wir haben schließlich ein gemütliches Schlafzimmer, in das er sich für seine Ruhestunde zurückziehen kann.«

Einige Teilnehmer pflichteten ihr bei, andere nahmen den von der Arbeit müden Mann in Schutz, auf den die übrigen Familienmitglieder »aus Dankbarkeit und Liebe Rücksicht nehmen« könnten. Dann jedoch fragte jemand unvermittelt: »Wer hatte denn hier eigentlich ursprünglich das Problem?« Es wurde überlegt, was sich wohl ergäbe, wenn die Frau, die anscheinend das Problem der beiden direkt Beteiligten übernommen hatte, jene beiden ein direktes Gespräch führen lassen würde, in dem die Betroffenen unter sich nach einer gemeinsam getragenen, akzeptablen Lösung suchen würden.

Zwischendurch hagelte es in der Runde immer wieder Unterstellungen: »Die muss doch nicht unbedingt um achtzehn Uhr aufnehmen!«, Warum-Fragen: »Warum stört Sie denn Musik, wenn Ihre Tochter sie leise genug stellt?« und Vorschläge: »Stellen Sie doch die Anlage ins Schlafzimmer!« Jeder brachte sich selbst, seine Ansichten und Urteile mit ins Gespräch, versuchte, das aufgeworfene Problem, das unruhig und ratlos machte, in den Griff zu bekommen, um schnell wieder davon entlastet zu sein.

Vater M. suchte sich zu rechtfertigen: »Zumindest habe ich genauso ein Recht auf mein Bedürfnis wie Britta auf ihres.«

»Wir sind hier in einer Art Gordon-Kurs – also muss ja hier wohl wieder jemand eine Ich-Botschaft senden. Vater oder Tochter – das ist hier die einzige Frage!« So meinten einige aus dem Teilnehmerkreis.

Schließlich kam man überein, es sei Sache von Herrn M., sich »richtig« zu erklären, weil er plötzlich ein Problem bekommen habe, das er vorher nicht gehabt hätte.

»Wie sähe denn Ihre Ich-Botschaft aus?«, fordere ich Herrn M. auf. »Versuchen Sie doch einmal, in sich hineinzuschauen, und konfrontieren Sie mich, stellvertretend für Britta, mit ihren wahren Empfindungen und den unangenehmen Folgen, die mein inakzeptables Verhalten für Sie hat!«

Er ging sofort auf mein Rollenspiel ein. »Tja, was empfinde ich? Also: Ich habe auch das Recht auf meine Ruhe. Die brauche ich zwischen achtzehn und neunzehn Uhr, und wenn ihr sie mir nicht lasst, bin ich den restlichen Abend ungenießbar.«

»Tiefer rein«, lachte eine Teilnehmerin. »Recht auf Ruhe ist zu sachlich und reicht mir nicht als Gefühlsangabe.« – »Die zweite Hälfte Ihrer Botschaft kam bei mir eher wie eine versteckte Du-Botschaft an, wie eine Drohung unter dem Motto: Dann werdet ihr schon sehen, was ihr davon habt …« – »Genau, das klingt bei mir wie: Wenn ihr nicht mein Recht auf Ruhe respektiert, dann ist nachher mit mir nicht gut Kirschen essen …«

Herr M. bekam durch diese Art Kritik zu spüren, wie schwierig es scheinbar ist, sich selbst wahrzunehmen und dies dem anderen verständlich und nachvollziehbar mitzuteilen. Er musste erleben, wie seine tiefer liegenden Gefühle von Abwehrmechanismen wie etwa Unterstellungen (»Ihr respektiert nicht …«) und Drohungen (»Dann habt ihr davon Nachteile …«) überdeckt wurden. Es zeigte sich, wie er sofort bei dem, was Selbstdarstellung und Offenheit dem anderen gegenüber sein sollte, den anderen mit ins Spiel brachte – und wie der andere daraufhin mit Abwehr und Sturheit reagierte.

Nachdem noch ein zweiter Versuch fehlgeschlagen war, der darin bestanden hatte, innerhalb der Gruppe eine »transparente Ich-Botschaft« zu leisten, fragte ich ihn, ob ich ihm dabei helfen dürfe, seine ehrlichen Gefühle herauszufinden, indem ich durch aktives Zuhören mit ihm zusammen versuchen würde, diese Gefühle zu entschlüsseln. Herr M. stimmte sofort zu.

Es konnte einiges an Gefühlspotential herausgeschält werden wie »völlige Erschöpfung nach der Arbeit«, »Ausgepumptsein«, »fast ein Gefühl der Weinerlichkeit, so kaputt bin ich um diese Zeit«, »das Bedürfnis, trotzdem nicht allein zu sein«, »die Vorfreude und der Trost, sich im Kreis der Familie zu regenerieren«.

Die Neufassung seiner Ich-Botschaft lautete schließlich etwa so: »Gegen Ende der Arbeitszeit bin ich bereits sehr überanstrengt und freue mich schon richtig darauf, endlich nach Hause zu kommen. Ich bin dann total ausgelaugt, möchte aber nicht gerne allein mit diesem Gefühl sein. Es tröstet mich, es bei euch gemütlich zu haben. Wenn dann aber zu viele Geräusche zu hören sind, brauche ich zu lange, um zu regenerieren, und kann nicht recht entspannen.«

Diese Aussage wurde von Gruppe und Ehefrau akzeptiert, wobei sie ihren Mann so merkwürdig ansah, als hätte sie ihn von einer ganz anderen Seite kennengelernt. Trotzdem fragte sie ein wenig ungeduldig: »Und Sie meinen, so klappt das dann? Meinen Sie, damit ist das Problem aus der Welt – und meine Tochter verzichtet?«

Ich erklärte ihr: »Nein. Das war erst der Anfang eines Austausches. Mit dieser Aussage macht sich Ihr Mann transparent, und zwar in einer Weise, die Ihre Tochter frei sein lässt. Er setzt sie damit nicht unter Druck, spricht ihr nicht ihre eigenen Rechte ab, hat noch nichts über ihren Kopf hinweg entschieden. Sie nimmt jetzt zunächst einfach nur das auf, was er über sich selbst sagt. Ist nun ihr eigenes Bedürfnis relativ gering, so dass ihr die Befindlichkeit ihres Vaters dringlicher erscheint, wird sie vielleicht ihm zuliebe verzichten. Ist ihr Bedürfnis aus irgendeinem Grund äußerst wichtig für sie, wird sie es mitteilen. – Ist sie jedoch nicht in der Lage, ihre Verfassung genau zu verbalisieren, könnte nun der Vater ihr mittels des einhörenden Verstehens helfen, ihr Bedürfnis herauszufiltern.

Wenn schließlich alles auf dem Tisch liegt, werden sicherlich beide in der Lage sein, miteinander einen Kompromiss auszuhandeln. Hierzu gehört aber zunächst das Kennenlernen und Respektieren der Empfindungen des Partners, so unbequem und anspruchsvoll das auch anfänglich erscheinen mag!«

■ *Eine »Wertekollision«: Die verrückte Kleidung des Sohnes*

Zunächst schien dieser Fall nach dem gleichen Muster abzulaufen wie manch vorausgegangener:

Die Mutter (Frau L.) brachte ihr Problem, die »verrückte« Kleidung ihres siebzehnjährigen Sohnes, in die Runde ein. Die übrigen Teilnehmer begannen auf der Sachebene zu agieren, verlangten eine genaue Beschreibung der Kleidung, urteilten darüber, gaben Ratschläge. Schließlich wurde die Sachebene verlassen, um »Gordon-gemäß« nach dem Problembesitz zu fragen. Und hier entpuppte sich der Fall dann doch als komplexer als manch anderer: Schnell war herausgefunden, dass ursprünglich der Vater das Problem besessen, die Mutter es dann aber übernommen hatte, um keinen Streit zwischen Vater und Sohn aufkommen zu lassen. Wie sie erzählte, hatte sie versucht, auf ihren Sohn »positiv« einzuwirken, und zwar aus Angst davor, dass auch ihr Verhältnis zu ihrem Mann Schaden leiden könnte – und nicht etwa deshalb, weil sie selbst große Schwierigkeiten hatte, ihren Sohn in seinem »Aufzug« zu akzeptieren. Der Sohn empfand nun ihr Verhalten als Verrat an seiner Person, warf ihr Unehrlichkeit vor, bezichtigte sie ferner der Komplizenhaftigkeit mit ihrem Mann und hielt sie außerdem für »feige«. Frau L. wusste nun nicht mehr ein noch aus, zumal sie als Vermittlerin gescheitert war.

Natürlich schlugen die Teilnehmer vor, es sei Sache des Vaters, seinen Sohn mit einer treffenden Ich-Botschaft zu konfrontieren, damit sich vielleicht ein Dialog entwickeln könne, der auf gegenseitigem Verständnis beruhe.

Frau L, meinte, dies sei zwar richtig gedacht, aber leider im Falle ihres Mannes nur Theorie, denn er sei so altmodisch, streng und rigide, dass er im Gordonschen Sinne nicht mehr zu ändern sei. Auch sie habe immer ein wenig unter seiner autoritären Art gelitten. Sie habe sich schon immer in der Vermittlerrolle zwischen Sohn und Vater aufgerieben. Dann sei ihr aber eines Tages klargeworden, dass es ja letztlich ihr Mann sei, mit dem sie das weitere Leben führen werde, da ihr Sohn ja eines Tages aus dem Hause gehe. So habe sie sich schließlich meist halbherzig auf die Seite ihres Mannes gestellt, wenn es mit dem Sohn Konflikte gegeben habe. Bei all dem gehe es ihr aber trotzdem schlecht, habe sie doch ihrem Sohn gegenüber stets ein schlechtes Gewissen.

Bei weiteren Nachfragen enthüllte sich Folgendes: Ihr Junge habe schon als kleines Kind eine lustigere, leichtlebigere Art als der Vater gehabt, und bereits in dieser Zeit sei sie in einen Zwiespalt geraten: Ihr Mann und sie hätten »natürlich« den Sohn zu einem recht »guten« Bürger erziehen wollen, der nirgends anecke; dennoch habe ihr seine Lustigkeit, sein Einfallsreichtum sehr gefallen, während ihr Mann stets als notorischer Nörgler gegenüber seinem Sohn aufgetreten sei. Auf diese Weise hatte die Mutter in all den Jahren zwei Botschaften an ihr Kind herangetragen, die sich nicht miteinander vereinbaren ließen. Die erste lautete: »Pass dich an, werde konformistisch, falle nicht auf!« Die zweite hieß: »Es tut mir gut, gefällt mir, wie unkonventionell du bist, sei weiterhin nicht so ernst und streng wie dein Vater …«

An dieser Stelle meldete sich eine Teilnehmerin zu Wort, die das Buch »Eltern, Kind und Neurose« von Horst Eberhard Richter aufmerksam gelesen hatte und die nun das Schreckgespenst der widersprüchlichen Botschaften von Eltern mit ihren neurotisierenden Wirkungen auf die Kinder in die Runde brachte. Sicherlich hatte sie recht, nur richtete sie ihre Aussage in Form einer Du-Botschaft an die schockierte Mutter: »Somit haben Sie also mit ihrer widersprüchlichen Botschaft ihren Jungen geradezu neurotisiert!« Ich konnte nicht umhin, diese Du-Botschaft anzusprechen und meine Bedenken gegenüber solchen direkten Schlüssen aus Gelesenem und dem vorliegenden Fall zu äußern. Trotzdem gab ich zu, dass ich die Rolle der Erfüllungsgehilfin, die Frau L. für ihren Mann spielte, im Hinblick auf die Beziehung zu ihrem Sohn als fragwürdig ansah.

Vonseiten der Teilnehmer kamen nun Mutmaßungen wie: »Vielleicht ist ja seine Kleidung ein Weg, um sich subjektiv zu helfen« – »Vielleicht lebt er mit dieser verrückten Kleidung die eine Hälfte ihrer Botschaft für Sie aus ...« – »Vielleicht ist es seine Art, sich von euch 'guten, besserwisserischen' Bürgern abzusetzen« – »Vielleicht rebelliert er damit gegen den autoritären Vater, weil er nicht so sein will wie er!« Viele dieser Bemerkungen erschienen durchaus plausibel und möglich, zumindest machten sie klar, dass der Junge sicherlich einen geheimen Grund für sein Verhalten hatte.

Es schien einiges auf Frau L. zuzukommen: Wollte sie in eine ehrliche, eindeutige Beziehung zu ihrem Sohn treten, so konnte sie nicht länger aus Trennungsängsten oder ähnlichen Angstgefühlen heraus Erfüllungsgehilfin ihres andersdenkenden Mannes sein, konnte nicht länger unter allen Umständen erzieherisch mit ihm »an einem Strang ziehen«. Sie erkannte, dass sie den Mut aufbringen musste, sich in ihrer eigenen Problematik mit ihrem Mann auseinanderzusetzen. Es blieb ihr zukünftig nicht erspart, ihre Ängste zuzulassen und sich dem Ergebnis der Konfrontationen auszusetzen.

Obwohl sie bereits resigniert hatte und unterstellte: »Mein Mann ist nicht mehr aufzuweichen«, wollte sie dennoch versuchen, ihn einmal mit wahren Ich-Botschaften zu konfrontieren und sich – sollte er tatsächlich mit völliger Ungerührtheit reagieren – mittels aktiven Zuhörens auf seine Empfindungswelt einzulassen.

Schließlich wollte sie sich bemühen, sich in die Auseinandersetzungen zwischen Vater und Sohn nicht einzumischen, so schwer ihr dies erschien und so groß die Angst vor Disharmonie war.

Die nun folgenden (verkürzt dargestellten) Beispiele sollen vor allem eines zeigen: Ein Dialog zwischen Menschen kann viel weiter gehen, wenn offen miteinander gesprochen wird. Dies geschieht, wenn Eltern bereit sind, aufgrund eines inneren Bedürfnisses Ich-Botschaften und aktives Zuhören einzusetzen. Solcherart können sich Eltern und Kinder viel besser und tiefer gehender kennenlernen, dabei Neues miteinander aushandeln, ehe sich Probleme verhärten. Letzteres zu vermeiden, heißt für die meisten Eltern, flexibler zu werden, innerlich freier zu werden von festgefahrenen Ansichten und Verhaltensweisen. Es heißt ebenso, spontanes Agieren zu lernen im Hier und Jetzt, heißt, hinauszuwachsen über veraltetes Kategorisieren und sich abzuwenden von überholten Erziehungsschemata. Allzu gern greifen Eltern nämlich in akut auftretenden Problemsituationen schnell zu »altbewährten«, tradierten Prinzipien, selbst wenn sie den Verdacht haben, an den Bedürfnissen der Kinder und oft an ihren eigenen zugunsten einer raschen Abwicklung der jeweiligen Problemsituation vorbeigehandelt zu haben.

Die folgenden Beispiele sollen auch zeigen, wie viel befriedigender und auf Dauer tragfähiger es ist, im partnerschaftlichen Sinne miteinander (sprachlich) zu kommunizieren, und wie befreiend hierbei das Lösen eines Problems sein kann.

■ *»Nur weil du ...!«*

In dem folgenden Fall geht es um das Abwälzen eigener Unmutsgefühle auf den anderen als den vermeintlich Schuldigen. Eine Mutter in einem unserer Aufbaukreise berichtete, wie es ihr durch aktives Zuhören gelungen war, eine diesbezügliche Problemsituation zu lösen.

Sie wohnte in einer Reihenhaussiedlung, in der die dort lebenden Kinder gern auf den ruhigen Straßen Rad fuhren. So auch ihre sechsjährige Tochter, die den Ehrgeiz entwickelt hatte, so gut zu sein wie die älteren Kinder, auch wie ihre zwei Jahre ältere Schwester. Allerdings stürzte sie in ihrem Eifer des Öfteren mit dem Rad, woraufhin sie jedes Mal auf die Schwester losging und lauthals schrie: »Nur weil du so blöd geguckt hast, bin ich hingefallen!« Oder: »Nur weil du so komisch um die Ecke gefahren bist, bin ich gestürzt!« Natürlich ließ die Ältere diese Unterstellungen nicht auf sich sitzen, wobei die folgenden Streitereien nicht selten in einer Prügelei endeten. Die Mutter, der die ständigen Streitigkeiten ihrer Töchter peinlich waren, hatte bereits alles mögliche unternommen, um Abhilfe zu schaffen, aber nichts schien zu fruchten.

Als letzte Hoffnung entschloss sie sich dann, einmal partnerschaftlich mit ihrer Jüngsten zu reden. Eines Abends nahm sie die Kleine beiseite: »Weißt du, es tut mir irgendwie weh, wenn ihr zwei euch beim Radfahren immer so bekämpft. Ich fürchte, Anne wird von dir wirklich ungerecht beschuldigt. Außerdem ist es mir, um ganz ehrlich zu sein, auch peinlich vor den Leuten, wenn ausgerechnet meine beiden Kinder sich auf den Wegen streiten, während die anderen ruhig miteinander spielen. Hoffentlich denken die Nachbarn nicht, ich könnte meine Kinder nicht richtig erziehen!« Als Antwort folgte eine Tirade von rechtfertigenden Beschuldigungen, die sich – natürlich – gegen die Schwester richtete. Die Mutter ließ sich bewusst nicht auf diese Sachebene ein, versuchte auch nicht, zu klären, zu erklären oder richtig zu stellen. Vielmehr sprach sie die Kleine auf der Gefühlsebene an: »Ich merke dir an, dass du ganz schön wütend bist! Stimmt das? Hast du eine Mordswut im Bauch?«

Jetzt war freie Fahrt für den kindlichen Wutausbruch gegeben, und die Kleine explodierte geradezu. Ohne Maßregelung ließ die Mutter ihr Kind gewähren, und das tobte sich richtig aus. Da sie gelernt hatte, dass Ärger – in seiner Steigerung also Wut – nur ein Sekundärgefühl darstellt, fragte sie schließlich nach den darunter liegenden Empfindungen der Tochter: »Bist du denn auch unglücklich dabei, wenn du so wütend bist?« Die Kleine wurde nun ganz unruhig, und der Zorn, da er sich einmal so richtig hatte entladen dürfen, schien verraucht. Dafür kam aber eine quengelige Traurigkeit auf. Sie nickte. »Bist du vielleicht unglücklich, weil du wegen irgendetwas enttäuscht bist?«, fragte die Mutter nun. Nach weiterem Nachfragen ergab sich: All diese diffusen Unmutsgefühle bis hin zur Wut hatten ihren Ursprung in einer Überforderung des Mädchens. Da die Kleine partout so gut sein wollte wie die größeren Kinder, damit jedoch überfordert war (und das auch spürte), hatte sie in ihrem Inneren einen Zorn auf sich selbst entwickelt, der für sie unerträglich wurde. Um ihn abzuwehren, hatte sie ihre große Schwester zum »Feind« erkoren, der die ganze Schuld an ihrer Misere trug – schließlich war sie älter und konnte so gut Rad fahren, wie die Kleine es sich wünschte.

Die Mutter berichtete: »Das Problem ist für die Kleine zwar noch nicht gelöst, denn sie ist meist darauf angewiesen, mit den älteren Kindern zu spielen, da in ihrer unmittelbaren Umgebung keine gleichaltrigen Kinder wohnen. Doch vielleicht ergibt sich ja nach der Einschulung eine Schulfreundschaft, die man fördern kann.« Bis dahin müsse die Kleine so gut es ging über die Runden kommen. Nach ihrem langen Gespräch rufe die Kleine jedenfalls nicht mehr: »Nur weil du …«, sondern sie sei in der Lage, die Enttäuschung über ihre vergleichbar mangelnden Fähigkeiten sowie die dann auftretende Traurigkeit besser auszuhalten. Außerdem fühle sie sich ja nun von der Mutter verstanden und lasse sich neuerdings oft von ihr trösten, statt die Schwester anzugreifen.

Wir hatten im Anschluss an diesen Bericht noch eine längere Debatte über den Variantenreichtum an psychologischen Tricks und Spielchen, den es zwischen Menschen gibt, wenn ihnen Ehrlichkeit im Umgang miteinander zu riskant erscheint. Hierbei scheint sowohl die Ehrlichkeit vor sich selbst bedrohlich zu sein, als auch die Ehrlichkeit dem Mitmenschen gegenüber gefährlich und schwer zu ertragen. Eine Beruhigung in solchen Fällen sieht dann meist so aus, dass man sich gewissermaßen selbst »an der Nase herumführt«, indem man alles »Schlechte« auf den anderen projiziert und ihm den »Schuh der Schuldhaftigkeit« anzieht. Dies ist bereits eine subtile Form von Gewaltausübung. Hier setzt sich Pseudokongruenz ohne jegliche Empathie für den anderen und die eigene wahre Würde durch. Leider verhindert diese Art der Kommunikation ein mögliches würdevolles Umgehen miteinander. Nur ist die Würde bei uns natürlicherweise »unvollkommenen« Menschen immer verbunden mit der Notwendigkeit, unsere punktuellen »Krummheiten« auszuhalten. Und sich selbst ertragen zu müssen, ist oft recht schwierig, und so trachten wir manches Mal danach, dies mittels diverser Tricks zu vermeiden.

In diesem Zusammenhang sei auf Jürg Willis »Kollusionsprinzip« hingewiesen. Nach Willi ist eine »Kollusion« ein unbewusstes Zusammenspiel. In seinem Buch »Die Zweierbeziehung« entschlüsselt er typische Beispiele für jene kollusionären »Nur-weil-du«-Mechanismen zwischen Erwachsenen. Dabei gehen etwa Ehepaare in einem unbewussten Zusammenspiel wechselseitig in dieser Weise miteinander um. »Nur weil du so verschwenderisch bist, muss ich so sehr haushalten!«, sagt der eine. »Nur weil du so knauserig bist, muss ich ja großzügiger sein!«, entgegnet der andere. Jeder glaubt, nur weil der andere eine bestimmte Verhaltensweise zeige, habe er die monierte eigene Verhaltensweise entwickeln müssen – und umgekehrt.

■ *»Er könnte, wenn er wollte. Er ist nur zu faul!«*

Zwei Teilnehmerinnen sprachen an einem Abend gleich das schulische Leistungsproblem an. Zunächst gab es wieder die diversen Tipps organisatorischer und repressiver Art, hagelte es Ratschläge, die darauf abzielten, die Kinder auf die Schule »zuzuschneiden«, sie für die geforderte Leistung »hinzukriegen«.

Nachdem die Mütter geantwortet hatten: »Aber das haben wir doch alles bereits versucht!«, wandte man sich an mich, wohl in Erwartung eines Lösungsvorschlags. Ich konnte nur wieder erklären, ich ginge grundsätzlich von einer anderen gedanklichen Voraussetzung an dieses Problem heran, könne also – wie immer – keine Vorschläge praktischer Art liefern, sondern »nur« für Ich-Botschaften und einfühlendes Verstehen in das Seelenleben des Kindes plädieren, ebenso wie für Selbstehrlichkeit der Eltern, gepaart mit der Veränderungsbereitschaft, falls es das kindliche Wohl oder die Eltern-Kind-Beziehung erfordern sollte. Beide vorgebrachten Fälle könnten außerdem völlig verschiedene Ursachen haben, die auch nur mittels partnerschaftlichen Gesprächs ans Tageslicht kommen würden.

Da beide Mütter große Schwierigkeiten zeigten, eine wahrhaftige Botschaft zu formulieren, mit der sie ihre Kinder bezüglich des Problems konfrontieren konnten, wurde ich aufgefordert, mittels aktiven Zuhörens dabei zu helfen. Ich gab diese Aufforderung an die anderen Teilnehmer weiter, und eine sehr empathische, »weitgediente« Teilnehmerin übernahm nun tatsächlich den Part der Hinterfragenden. Frau R., die nicht verstanden hatte, warum ihre Ich-Botschaft bei den anderen »durchgefallen« war, wollte sich also hinterfragen lassen. Ihre Botschaft hatte gelautet: »Wenn du dich in der Schule nicht anstrengst, befürchte ich, dass du eines Tages keinen guten Abschluss bekommst – und das ist in der heutigen Zeit für ein erfolgreiches Berufsleben unbedingt erforderlich. Ich möchte doch nicht, dass du später unglücklich wirst und bereust, wie du jetzt gelebt hast.«

So fragte die Teilnehmerin: »Frau R., Sie sagen, Ihr Sohn sei zu faul, um in der Schule die Leistung zu bringen, die Sie sich vorstellen. Die Wortwahl *faul* kommt bei mir wie ein Vorwurf an. Werfen Sie es Ihrem Sohn vor? Sind Sie ärgerlich auf ihn?«

Antwort: »Ja, das macht mich schon sehr ärgerlich!«

Frage: »Beunruhigt Sie seine fehlende Leistungsbereitschaft?«

Antwort: »Beunruhigen? – Ja, irgendwie schon. Aber ehrlich gesagt, finde ich es geradezu unverschämt, wie er sich verhält! Das kann ich einfach nicht akzeptieren. Wir müssen doch *auch* fleißig sein, sein Vater und ich, und uns überwinden, um ein bestimmtes Soll zu erfüllen.«

Frage: »Fühlen Sie sich durch sein Verhalten sehr gekränkt?«

Antwort: »Ja, ganz arg! Ich finde, das habe ich nicht verdient. Was tue ich nicht alles für ihn! Er hat ein stabiles Zuhause, hat Freunde, darf seine Hobbys ausüben, hat alles, was sein Herz begehrt. Er hat überhaupt keinen Grund, schulisch so faul zu sein. Über die Pubertät ist er schon hinaus. Vielleicht war ich aber gerade in jener Zeit zu nachsichtig mit ihm! Vielleicht hätte ich insgesamt strenger mit ihm sein sollen!«

Frage: »Sie scheinen ja sehr enttäuscht zu sein.«

Antwort: »Na klar! Da gibt man sein Bestes – und erntet so etwas!«

Frage: »Leistung ist ja für Sie wohl etwas sehr Wichtiges. Dann fehlt Ihnen wahrscheinlich etwas Wesentliches, wenn er sie nicht bringt?«

Antwort: »Natürlich! Wir leben nun einmal in einer Leistungsgesellschaft. Da kommen wir nicht drum herum, so viel Leistung zu bringen, wie wir können. Wir haben uns auch abgekämpft, um ihm diese Ausbildung bieten zu können. Außerdem ist es einfach eine Realität in unserer Gesellschaft, dass man heute Abitur haben muss! Sonst hat man ja kaum noch Chancen!«

Frage: »Grämt es Sie, sich Sorgen um seine Zukunft machen zu müssen?«

Antwort: »Ja, das zermürbt mich richtig!«

Frage: »Sind Sie jetzt ratlos?«

Antwort: »Ja, ich bin mit meinem Latein am Ende!«

Frage: »Haben Sie jetzt unter Umständen auch selbst das Gefühl, versagt zu haben? Oder ist es Ihnen peinlich vor Ihrem Mann, dass Sie Ihren Sohn nicht zur Leistung hin erziehen konnten? Rückt Ihr Sohn Sie gewissermaßen ins falsche Licht, wenn er dem nicht nachkommt?«

Antwort: »Ja, das stimmt wohl. Ich habe das nicht verdient, vor den anderen aus meiner Familie so dazustehen. Bei uns in der Familie haben alle jungen Leute Abitur!«

Frage: »Meinen Sie, es könnte *Ihnen* angelastet werden, wenn Ihr Sohn aus dem Rahmen fällt?«

Antwort: »Natürlich, das machen die! Ich tue ja nichts weiter, als die Kinder zu erziehen – und wenn er nicht so gerät, wie in unserer Familie üblich, dann heißt es, ich hätte versagt. Auf jeden Fall fällt es auf mich zurück, oder es heißt, wir wären wohl nicht so intelligent wie die anderen. Dabei konnte ich damals nur deswegen kein Abitur machen, weil meine Eltern es mir nicht ermöglicht haben.«

Frage: »Wäre das für Sie eine große Kränkung, wenn man so über Sie spräche?«

Antwort: »Ja, natürlich!«

Frage: »Haben Sie Angst vor dieser Kränkung?«

Antwort: »Ja. Aber das kann man ja vermeiden. Es ist ja nicht nötig, dass es soweit kommt. Der Junge ist ja intelligent genug!«

Frage: »Sie fürchten also nicht, Sie könnten ihn mit Ihrem Anspruch überfordern? Sind Sie ganz sicher, dass Sie ihm kein Unrecht antun?«

Antwort: »Na, ganz sicher ist man da ja nie. Aber eigentlich sieht es so aus, als wäre er nur aus irgendwelchen Gründen bockig und als könnte er lernen, wenn er nur wollte.«

Frage: »Ich merke, es ist ein großer Wunsch von Ihnen, dass er gute Leistungen und Abitur erbringt. Wäre es denn so furchtbar schmerzlich für Sie, wenn er es nicht täte?«

Antwort: »Ja, das würde mich schon arg treffen! Es soll ja wirklich etwas aus ihm werden.«

Hier beendete Teilnehmerin B. ihre Hinterfragung, weil ein anderer Teilnehmer begann, unruhig zu reagieren. Ich bat ihn, doch mittels einer Ich-Botschaft zu äußern, was ihn störte. Er sagte: »Ich fühle mich jetzt beleidigt, denn ich habe kein Abitur, und ich denke, aus mir ist trotzdem etwas geworden!«

Frau R. erklärte daraufhin, ihr Ausspruch sei nicht wertend gemeint gewesen. Es gehe ihr nur darum, ihren Jungen »familienkonform« zu erziehen. Er könne eines Tages als Betriebswirt oder in ähnlicher Funktion in den väterlichen Betrieb einsteigen, und aus dem Grund wünschten sie und ihr Mann eine Ausbildung dieser Art für den Sohn. Wären sie beispielsweise Bauern, dann wäre etwas »Rechtes« in ihren Augen der Beruf des Landwirts.

An dieser Stelle entwickelte sich eine rege Diskussion unter den Teilnehmern darüber, ob und inwieweit Eltern so direkt das Berufsziel der Kinder anvisieren und mitgestalten sollten.

Jetzt wurde von einigen Teilnehmern in den Raum gestellt, dass nach dem Menschenbild von Rogers und Buber dem jungen Menschen ja die Möglichkeit gegeben werden sollte, sich in die Richtung entwickeln zu dürfen, die ihm liegt und die sein subjektives Glück bedeuten könnte, und dass die Eltern auf diesem Weg lediglich hilfreich zur Seite stehen und jenen Prozess fördern sollten. Für die meisten Eltern – auch für einige in unserer Gruppe – schien dies undenkbar zu sein. Sie trauten ihren Kindern die Entwicklung ihres Selbst nicht zu, sondern argumentierten, die jungen Leute wüssten doch gar nicht, was später einmal ihr Glück sein würde. Und sie plädierten dafür, die Kinder ausbildungsmäßig auf den rechten, allgemein als gut anerkannten Weg zu schicken und alles zu versuchen, um sie die »richtige« Ausbildung genießen zu lassen.

Eine andere Mutter hielt dagegen: »Aber jedes Kind spürt doch in jedem Augenblick, was ihm eigentlich gut tut, ob es sich überfordert, richtig oder falsch eingeschätzt fühlt. Und dies muss es doch äußern dürfen und respektiert wissen. Wenn man einem Menschen dieses Gefühl abspricht, hieße das doch, ihn unter das Niveau eines Tieres zu setzen, denn schon die Tiere spüren ihr Wohl und Missempfinden. Ich hätte Scheu, vorauszubestimmen, was das spätere Glück meiner Kinder ist. Meine Vorstellungen brauchen doch nicht die meiner Kinder zu sein. Ich bin da aber auch gar nicht festgelegt. Es gibt eine große Vielfalt dessen, was Glück bedeuten kann …«

Nach einer längeren Diskussion kamen wir schließlich wieder auf den Ausgangspunkt zurück, nämlich auf das Suchen nach einer echten Ich-Botschaft, die Frau R. bezüglich der vermeintlichen (!) Arbeitsverweigerung ihres Sohnes an ihn richten könnte, um mit ihm näher ins Gespräch über seine Gründe zu kommen.

Mit Hilfe der anderen fand sie heraus, dass ihre tiefer liegenden Gefühle nicht nur die Sorge um seine Zukunft waren, sondern größtenteils in der Angst bestanden, vor der Familie mit ihm gemeinsam als »Versager« dazustehen, falls er einen anderen als den verabredeten Weg beschreiten sollte. Sie nahm sich vor, ihm dies, ohne seine »Faulheit« wertend anzusprechen, mitzuteilen und uns beim nächsten Treffen über den Verlauf des Gesprächs zu berichten.

Von einem Teilnehmer erhielt sie noch den Hinweis, auf das »aktive Zuhören« umzuschalten, falls der Junge nicht sofort auf ihre Ich-Botschaft mit einer Antwort reagierte, die etwa lauten könnte: »Ist gut, wenn du solche Sorgen meinetwegen hast, dann werde ich jetzt ganz fleißig.« Das war natürlich nicht zu erwarten. Vermuten musste man eher, dass der Junge tatsächlich tiefer liegende Probleme hatte, die erst durch geduldiges Hinterfragen enthüllt werden konnten. So war es ihm sicherlich nicht auf Anhieb möglich, um der Beziehung willen sein für die Mutter unannehmbares Verhalten aufzugeben, sobald er von ihren Nöten wusste. Außerdem war anzunehmen, dass er, der ja nur ihre bisherige Argumentation gewohnt war erst einmal Vertrauen in ihre neue, ungewohnte Gesprächsführung finden musste.

Es blieb an diesem Abend keine Zeit mehr, der zweiten Mutter, die ja ein ähnlich gelagertes Problem hatte, beim Entdecken ihrer persönlichen Ich-Botschaft zu helfen, aber sie traute es sich nach der vorangegangenen Diskussion zu, bei ihrem Kind die entsprechenden Worte zu finden.

Hier ein kurzes Fazit dessen, was im ersten der beiden Fällen später herauskam:

Frau R. musste feststellen, nachdem sie schließlich zu einer schmerzhaften Selbstehrlichkeit bereit war, dass ihr Sohn in Wirklichkeit leistungsmäßig völlig überfordert war, dass es ihm schwer fiel, ohne Hilfe seine schulischen Aufgaben zu lösen. »Nun lern mal fleißig und mach gewissenhaft deine Hausaufgaben«: Die Erfüllung dieser Aufforderungen, die man so selbstverständlich ausgesprochen hatte, fiel ihm tatsächlich intellektuell viel schwerer als vermutet. Als Selbstschutz – und um die Mutter nicht zu enttäuschen – erschien er lieber als faul, als sich hart und vergeblich durch die Arbeit zu »beißen«, was ihm wohl nur Versagergefühle beschert hätte. Seine eigene Traurigkeit über die fehlenden kleinen Erfolge, die jeder zur Motivation braucht, hatte er hinter seinem Trotz und seiner »Null-Bock-Haltung« verborgen.

Frau R. erkannte nach weiteren Diskussionen, wie wenig einfühlsam sie mit ihrem Sohn verfahren war. Ihre Statements hatte sie ihm gegenüber etwa so angebracht: »Leiste mir zuliebe zu dem Zeitpunkt, den ich, konform mit der familiären Norm, festsetze, genau das, was ich bestimme, von dem ich (auch mir zuliebe) annehme, dass du es leisten kannst, du musst das nämlich leisten können, weil ich diese Leistung brauche, um mich selbst angepasst, gut und nicht gekränkt zu fühlen.«

Jetzt fragte sie sich, warum ihre Eigenliebe überwogen hatte. So war sie aus Angst, auf bestimmte Vorstellungen, die sie für sich und ihren Sohn hatte, verzichten zu müssen, nicht wirklich auf ihn eingegangen. Seine Signale hatte sie nicht in seinem Sinne entschlüsselt, sondern aus Abwehr in einer Weise interpretiert, die es ihr »guten Gewissens« möglich machte, auf ihrem so sehr erwünschten Weg zu bleiben, dem er sich anzupassen hatte. Innerlich so festgelegt und auf Vermeidung von Verzicht und Traurigkeit gepolt, hatte sie dieses psychologische Arrangement hergestellt, an dem der Junge – allerdings genauso unbewusst – indirekt mitbeteiligt worden war. Er hatte sicherlich den Anspruch – und den geheimen Auftrag seiner Mutter an ihn – gespürt, wollte sie nicht enttäuschen, ihr Kummer ersparen (dies vielleicht wiederum aus Angst vor dem Verlust ihrer Liebe) und hatte als Täuschung und als Kompromiss für sie beide das »Faulheitsspiel« mitgespielt.

Nun, da die Wahrheit sich nicht mehr verheimlichen ließ, war der Junge erleichtert und hoffte, man werde zusammen neue Möglichkeit finden – Möglichkeiten, die seiner persönlichen Veranlagung entsprachen. Seine Mutter meinte schließlich: »Ich fürchte, ich habe nicht nur dazu beigetragen, dass er ständig unter Druck lebte, sondern dass sein Selbstwertgefühl bereits angeknackst ist. Was hätte er doch für ein Selbstbewusstsein aufbauen können, wenn er etwa ein guter oder sehr guter Realschüler gewesen wäre! Mit dem so aufgebauten Selbstbewusstsein hätte er sich dann immer weiter entwickeln können. Es führen ja viele Wege nach Rom.«

Der ständige Geschwisterstreit bei der gemeinsamen Gartenarbeit

Ein Elternpaar unserer Gruppe hatte bestimmte Wochentage festgelegt, an denen ihre beiden halbwüchsigen Kinder gemeinsam Gartenarbeit leisten sollten. Dabei wäre es fast zum Dauerzwist gekommen …

Da beide Kinder vom Temperament, von Arbeits- und Vorgehensweise sehr verschieden und auch zu unterschiedlichen Zeiten ermüdeten oder fit waren, gab es zwischen ihnen stets Streit, weil mal der eine, mal der andere meinte, mehr oder besser zu arbeiten. Zunächst hatten die Eltern versucht, diesem Streit mit verschiedenen Strafen oder Anreizen beizukommen, hatten aber schließlich genug davon. So beschlossen sie, ihre Energie nun bei anderen Lösungsversuchen einzusetzen, nahmen es auf sich, ihre Kinder getrennt zu »interviewen«, merkten dabei, dass die beiden litten, sich ihre Arbeit anders wünschten, dass sie aber einfach zu verschieden waren, um in dieser Weise miteinander arbeiten zu können. Schließlich, nach gründlichem Einhören in die Kinder, wurde der gemeinsam entwickelte Kompromiss geboren, dass die Kinder an verschiedenen Tagen zu unterschiedlichen Zeiten ihren Anteil an Arbeit erledigen sollten. Es war ihnen lieber, wenn jeder für sich arbeiten konnte, etwas, das sich die Eltern gar nicht hatten vorstellen können.

Diskutiert wurde in diesem Zusammenhang noch das Argument einer besorgten Teilnehmerin, die meinte: »Was Hänschen nicht lernt, lernt Hans nimmermehr. Damit meine ich, wenn sie jetzt nicht lernen, miteinander zu arbeiten, können sie es später mit anderen Menschen wahrscheinlich auch nicht.«

Gegenargumente anderer Teilnehmer sahen daraufhin so aus: »Vielleicht sind sie später reifer und besser dazu in der Lage als in der Pubertät.« – »Würde man sie heute zur gegenseitigen Anpassung zwingen, hätte dies unter Umständen negative Wirkungen auf ihre Beziehung. Man könnte auch durch solch einen Zwang möglicherweise dem einen oder anderen eine gewisse Opferrolle aufzwingen, die er dann in späteren Beziehungen beibehält und die für ihn später als Erwachsenen psychisch von Nachteil ist. Wird in Familien dagegen alles ausgesprochen und verhandelt, kann er dadurch vielleicht im späteren Leben eine gewisse Verhandlungsfähigkeit an den Tag legen.«

■ *Das abendliche Herumtreiben*

Ein anderes Problem plagte einen Teilnehmer, der schließlich die Schwierigkeiten, die er mit seiner dreizehnjährigen Tochter hatte, ins Gruppengespräch einbrachte.

Im Laufe der Unterhaltung stellte sich Folgendes heraus: Das Problem war sozusagen das Resultat elterlichen Ehrgeizes. Das Mädchen lernte sehr schwer und musste an fast allen Nachmittagen Nachhilfestunden nehmen. Die wenige Freizeit, die tagsüber geblieben wäre, musste sie auf Geheiß der Eltern mit Klavierstunden und Ballett verbringen. Zur Freizeitgestaltung blieben dann tatsächlich nur die Abendstunden. Während sich viele ihrer gleichaltrigen Freundinnen tagsüber relativ frei fühlten, sich bis zum Anbruch der Dunkelheit vergnügten und abends wieder zu Hause waren, versuchte das Mädchen, die Abendstunden für seine Freiheit zu nutzen. So dehnte es die Zeit abends aus, kam meist zu spät nach Hause und schloss sich dann auch älteren Jugendlichen an. Dies alles beunruhigte die Eltern. »Brigitte ist ja leider so furchtbar frühreif!«, hatten sie geklagt, bevor ihnen durch das Gruppengespräch mehr als klar wurde: Sie selbst waren es, die das Mädchen zu diesem Rhythmus mehr oder weniger genötigt hatten.

Sich weiterhin mit den beängstigenden »Schlupflöchern« auseinander zu setzen, die sich ihre Tochter für ihre Rechte und Freiheit geschaffen hatte, würde nun nicht mehr genügen, sofern die Eltern wirklich an einer Veränderung interessiert waren. Sie hatten ein harmoniebedürftiges, »braves« Kind vor sich, das nicht offen gegen die Verplanungen und Anstrengungen am Nachmittag rebelliert hatte, das sich um des lieben Friedens willen hatte bestimmen lassen, das, statt Renitenz zu zeigen, eine eher unspektakuläre Möglichkeit gefunden hatte, sein Bedürfnis nach selbstbestimmten Freizeitvergnügungen zu befriedigen.

An diesem Beispiel wurde wieder einmal deutlich: Eine Veränderung der situativen »Eisbergspitze« eines Problems mit Kindern kann oft nur über eine Veränderung der Eltern gehen.

■ *Von Essstörungen und anderen Problemen*

Einen großen Raum bei all unseren Gesprächskreisen nahmen stets die Essensprobleme ein. Hierbei gab es eine enorme Ursachen – und dementsprechend auch eine breite Lösungspalette, wie sich nach eingehendem Besprechen der einzelnen Fälle herausstellte.

Da aß etwa ein Kind nicht richtig, weil es Probleme mit der dominierenden Mutter hatte, ein anderes nicht, weil es dadurch auf sich und sein Eifersuchtsproblem aufmerksam machen wollte. Ein weiteres junges Mädchen verweigerte das Essen, weil es aus verschiedenen Gründen ablehnte, eine Frau zu werden. Ein kleines Mädchen konnte nicht zu Mittag essen, weil es schon immer satt von den vielen Süßigkeiten war, die es sich überall zusammengeholt hatte – um sich über Probleme hinwegzutrösten, die die Eltern nicht mal geahnt hatten. Ein Junge wollte mit der Essensverweigerung schlicht und einfach mehr Aufmerksamkeit von seiner Mutter erhalten, da sie sich hauptsächlich um das »leibliche Wohl« ihres Sohnes kümmerte …

Gründe für Essensprobleme gab es unglaublich viele. Die Ursachen hierfür konnten nur herausgefunden werden, wenn sich die Eltern die Mühe des einfühlenden Verstehens machten und sich hierfür genügend Zeit nahmen. Den meisten Eltern in unserer Runde war klar, dass zum Beispiel die Devise »Es wird gegessen, was auf den Tisch kommt« oder die Drohung »Süßigkciten gibt es nicht mehr!« bloße Augenwischerei war. So bemühten sich nahezu alle, mit ihren Kindern zu verhandeln.

Zunächst sandten sie meist Ich-Botschaften aus. So hieß es dann etwa: »Ich gebe mir solche Mühe, jeden Tag etwas Gesundes, Schmackhaftes für euch zu kochen, und bin dann immer so enttäuscht, wenn das bei euch nicht ankommt. Ich habe nämlich viel Arbeit damit, täglich frische Sachen einzukaufen, das Gemüse zu putzen, Kartoffeln zu schälen und so weiter. So möchte ich auch für all diesen Aufwand damit belohnt werden, dass ihr es gerne esst.« Oder: »Es ist mir zu anstrengend, zweierlei zu kochen, weil …« Oder: »Ich finde Fleisch einfach wichtig für die Ernährung wegen seines Eiweißgehalts …« Kamen wirklich ehrliche Botschaften bei ihren Kindern nicht an, schalteten die Eltern um und hörten sich in ihre Kinder ein: »Kriegst du denn gekochtes Gemüse wirklich nicht hinunter?« – »Willst du lieber immer Rohkost?« – »Geht es dir zur Zeit insgesamt nicht so gut? Hast du deshalb keinen Appetit?« – »Hast du wirklich solche Angst, zuzunehmen? Hast du überhaupt Angst vor irgendetwas?« – »Ekelst du dich tatsächlich so sehr vor Fleisch?« – »Möchtest du mal mit mir allein etwas Schönes kochen, etwas, das zu deinen Lieblingsgerichten gehört?« – »Wollen wir einmal allein, ohne die anderen, etwas Schönes miteinander machen?« – »Gehen dir die anderen dermaßen auf die Nerven, dass du in ihrer Gegenwart nichts herunterbekommst?«

Viele unterschiedliche Kompromisse wurden gefunden:

Ein Kind wollte bei der Aufstellung des Mahlzeitenplans für die Woche mithelfen und dann versuchen, ihn auch selbst einzuhalten; ein anderes Kind half beim Zubereiten eines von ihm sonst abgelehnten Gerichts, wusste dann, woraus es sich zusammensetzte, und verlor seine Abneigung davor; bei einem Jungen, der nur vegetarisch essen wollte, ließ sich die Mutter schließlich auf seine Wünsche ein (Wertekollision!), akzeptierte seine Eigenheit und gab ihm statt Fleisch einen anderen Eiweißlieferanten; ein kleines Mädchen bekam statt gekochtem Gemüse nun Rohkost als Beilage; eine Mutter war bereit, mehrmals in der Woche tatsächlich zweierlei zu kochen, damit sich die Kinder nicht länger den speziellen Wünschen ihres Mannes unterordnen mussten; eine andere Familie begab sich in eine Familientherapie, weil sich ihre Tochter in ihren Essstörungen als »Symptomträgerin« (Stierlin) für die angespannte Familienlage herausstellte; ein kleiner Junge bekam neben anderer vermehrter Aufmerksamkeit fast täglich von seiner Mutter seine Lieblingsspeise, obwohl die restliche Familie etwas anderes aß (diese Sonderbehandlung durch seine Mutter tat ihm als Liebesbeweis außerordentlich gut; er fühlte sich wichtig genommen, und so war er als Gegenleistung schon nach drei Wochen bereit, seine Mutter zu entlasten und das Essen der anderen mitzuessen); eine andere Mutter musste sich gar entschließen, ihre gern ausgeübte Berufstätigkeit zunächst wieder aufzugeben, weil ihr dreijähriges Kind nun schon bei drei verschiedenen Tagesmüttern aus Kummer über die Abwesenheit der Mutter absolut nichts essen wollte; last but not least darf sich meine jüngste Tochter immer dann, wenn ihr mittags etwas nicht schmeckt, als Alternative ein Müsli zubereiten, sich auch schnell eine Haferschleimsuppe kochen, darf also auf etwas ausweichen, das ihr wirklich gut schmeckt.

So gab es viele Varianten in diesem Problembereich.

Einigermaßen zufriedenstellende Lösungen, und zwar für beide Teile, kamen immer dann heraus, wenn Eltern bereit waren, im Hier und Jetzt zu agieren, das heißt, wenn sie sich nicht im Hinblick auf normgerechtes Verhalten oder auf Absicherung zukünftig erwünschten Verhaltens gegenüber den Kindern autoritär verhielten, wenn sie sich mit Kurzzeit-Erfolgen zufrieden geben konnten, wenn sie wussten, dass sie jederzeit bereit waren, neu zu verhandeln, wenn sie auch in der Lage waren, den augenblicklichen Dialog so ausführlich und ehrlich zu führen, dass ein tiefer gehendes vertrauensvolles Kennenlernen aller Beteiligten möglich wurde.

Erfolgreich umgegangen wurde auch mit anderen kleineren Problemen. Wenn ein Kind abends partout nicht einschlafen konnte und regelrecht darauf bestand, noch etwas vorgelesen zu bekommen, so bedurfte es meist eines länger ausklingenden Kontakts mit seiner Bezugsperson oder es hatte Ängste verschiedenster Art. Ein weiteres Problem: Viele, auch schon etwas ältere Kinder, brauchten noch einen »Babysitter«, wenn die Eltern etwas vorhatten und nicht zu Hause waren.

Abgesehen davon, dass beim letztgenannten Problem bei den Kindern oder bei den Eltern meist Ängste vorherrschten, die es zu entschlüsseln galt, wurde an diesen Fällen wieder einmal deutlich, wie wenig Gewicht in der Erziehung Normen haben sollten. In einer guten Beziehung ist es nicht möglich, vereinfachend zu sagen: In dem und dem Alter muss der Mensch diese und jene Dinge beachten oder beherrschen. Für ein gegenseitiges Verständnis kommt es eben darauf an, wie weit der individuelle Entwicklungsstand in bestimmter Hinsicht gediehen ist und wie sich die Beziehung zwischen Eltern und Kindern gerade darstellt. Ein Kind etwa, das aufgrund früherer Erfahrungen Verlustängste bezüglich seiner Eltern hat, wird Vater und Mutter abends zu Hause haben wollen. Mutter und Tochter wiederum, die einen gegenseitigen Ablösungsprozess noch nicht durchlaufen haben, werden große Schwierigkeiten bekommen, wenn etwa die Tochter (subjektiv) verfrüht das Haus zum Studium verlassen sollte.

In gleicher Weise war bei der »Sucht nach Süßem« zu differenzieren. Da gab es die Sucht des Kindes als Ausdruck des Sichtrösten-Müssens, als Ersatzbefriedigung für emotionales Zu-kurz-gekommen-Sein, als Konsequenz eines oralen Entzugs im Säuglingsalter und so weiter. Es gab aber auch ganz einfach das für die Eltern als belastend empfundene, medizinisch erklärbare starke Verlangen von Kindern nach Süßigkeiten, das dann in sinnvolle Bahnen gelenkt werden musste.

Ausführlich behandeln konnten wir auch die unzähligen Beispiele für die von Gordon angeführten Kommunikationssperren durch die Eltern. Da waren: Erpressung mit Krankheit (»Wenn du nicht tust, was ich sage, trägst du die Schuld an meinen Magenschmerzen ...«), Manipulation der Kinder mittels Lob und Tadel (»Du bist doch so ein liebes Kind – und ein so liebes Kind tut doch so etwas nicht!«), Manipulation durch Korruption (»Wenn du das nächste Mal in der Klassenarbeit eine Zwei schaffst, darfst du wieder reiten gehen – vorher nicht!«).

Es ließen sich unzählige weitere Beispiele anführen, die unter dem Strich alle das gleiche zeigen: Es reicht nicht aus, wenn oberflächlich normierende Schlussfolgerungen gezogen werden. Was vielmehr zu sehen und zu verstehen sein sollte, ist Folgendes: Bei allen Problembeispielen geht es immer um die individuelle, spezifische Beziehung, die gekennzeichnet ist durch persönliche Entwicklung, Reife, Lebenssituation und vieles mehr. Für die Lösung dieser Probleme, so ähnlich sie auch erscheinen mögen, gibt es keine objektiven Richtlinien. Immer jedoch geht es um die Wahrhaftigkeit zwischen Eltern und Kindern. Was für die eine Mutter (den einen Vater) ein echtes, ehrliches Argument oder Anliegen ist, kann sich von dem eines anderen Elternteils völlig unterscheiden. Was für das eine Kind in vermeintlich gleicher Situation Grund für ein bestimmtes Verhalten ist, kann durchaus vom Motiv eines anderen Kindes abweichen.

All diese Unterschiede bei (äußerlich betrachtet) ähnlichen Fällen, all das Spezifische gilt es mittels echter Ich-Botschaften (die bei jedem anders lauten) und des einhörenden Verstehens herauszufinden. Durch die Preisgabe der eigenen Gefühle und durch das »Aufsetzen der Brille« des Kindes kommt es zu einer gemeinsamen Klärung eines Problems – doch nur für den Augenblick, den Zeitraum, dessen Dauer wieder beide (Eltern und Kinder) durch ihr Verhalten bestimmen und der nicht von den Eltern allein als *grundsätzlich* neues Prinzip angesehen werden darf.

Der Nutzen der Selbsthilfearbeit

Wie an den Beispielen zu sehen war, ist es durchaus möglich, mit gezielter Gruppenarbeit gewissen Beziehungsschwierigkeiten aktiv zu begegnen. Darüber hinaus kann der Einzelne aber noch mehr aus dieser Gruppenarbeit gewinnen, so etwa eine grundsätzliche Einstellungsänderung zum anderen Menschen und zu sich selbst. Hierzu gehört etwa das Durchbrechen einer erzieherischen Familientradition. Dies kommt zustande durch das Sich-Einlassen auf eine ganz andere, nichtautoritäre Erfahrung mit sich selbst und auf den freien partnerschaftlichen Umgang innerhalb der Gruppe und in der Familie. Aufgrund einer hierdurch bedingten Selbstverständlichkeit und aufgrund positiver Erfahrungen mit diesem Konzept entwickelt sich eine neue Haltung zum Kind und zum Mitmenschen allgemein, was wiederum eine andere, neue Qualität der Beziehung definiert. Somit verbessert sich zunächst die Selbstwahrnehmung.

Gemeint ist das Kennenlernen und Bewusstmachen eigener Ängste, überlieferter, bisher verinnerlichter, unreflektiert wieder angewandter Erziehungsmaßnahmen, das sensiblere Hineinschauen in sich selbst, das Freilegen seiner eigenen »Hüllen« und übernommener Verhaltensweisen bis hin zum eigenen, wahrhaftigen Persönlichkeitskern.

Daraus folgt eine größere Ehrlichkeit dem eigenen Ich gegenüber, selbst dann, ja gerade dann, wenn sie mit peinlichen, schmerzhaften Gefühlen verbunden ist. Daraus ergibt sich wiederum eine ausgeprägtere Ehrlichkeit dem Partner gegenüber, wobei das Angenommenwerden in der Gruppe diesen Mut bewirkt, sich selbst anzunehmen.

Wenn ich mich also mit meiner Selbstehrlichkeit dem Gegenüber aussetze und immer wieder erlebe, dass ich so sein kann, wie ich in Wahrheit bin, und dass ich deswegen nicht »verstoßen« werde, verstärkt sich mein Mut zur Ehrlichkeit.

Gelingt meine Selbstwahrnehmung immer besser, bin ich in der Lage, mich ehrlicher, vorurteilsfreier und direkter mitzuteilen, und zwar so, dass beispielsweise der Verlauf eines Gespräches nicht allein durch mich vorbestimmt, sondern dem anderen die Möglichkeit gegeben wird, sich aktiv daran zu beteiligen. Als Folge davon entwickelt sich ein Verhalten, das nicht bestimmend oder gar autoritär ist, denn aufgrund eines neuen Vertrauens in die Wirksamkeit einer wechselseitigen Beziehung des Austauschs habe ich nicht länger den Drang, den Ausgang einer Situation oder die Bewältigung eines Problems »in den Griff« zu bekommen. Ich kann stattdessen Schwebendes, Unvorhergesehenes besser aushalten, bleibe gelassener, denn ich habe ein neu gewonnenes Vertrauen in die Fähigkeiten des anderen, zur friedlichen Koexistenz und Kompromissbereitschaft beizutragen.

Mit der Zeit erfahre ich: Selbst aggressive Potenzen können sich während des gemeinsamen Austauschs in etwas Schwungvollems, Vorwärtsstrebendes verwandeln, zu etwas, das mehr und mehr seinen destruktiven Charakter verliert. Ich vertraue also inzwischen darauf, dass diese aggressiven – oder besser gesagt, progressiven – Tendenzen nicht aus Angst weg-erzogen oder verdrängt werden müssen, sondern dass sie sich in umgewandelter Form für mich konstruktiv ausdrücken lassen. Allerdings bedarf dies eines längeren Erfahrungsprozesses miteinander.

Als ein weiterer Lerneffekt ergibt sich eine innere Abkehr vom Schulddenken. Denn wenn ich Selbstehrlichkeit lerne, weiß ich stets, was mit mir emotional »los ist«, und gebe keinem »Außenfeind« die Schuld an meiner Unmutsverfassung. Bin ich zusätzlich der Überzeugung, dass mein Gegenüber ebenfalls ein Recht auf seine Gefühle hat, bin ich nicht genötigt, irgendwelche »Feindbilder« aufzubauen.

Das Zulassen und Entwickeln von Persönlichkeitsanteilen

Hier geht es um das Bewusstmachen und Zulassen der so genannten weiblichen und der so genannten männlichen Wesensanteile im Menschen (nach Jung »Anima und Animus« genannt). Kein Anteil wird hierbei niedriger oder höher bewertet, denn beides ist im Menschen naturgegebenermaßen angelegt und soll sich innerhalb einer Person ergänzen, statt geschlechtsspezifisch aufgespalten zu werden.

In der Sprache der so genannten Transaktionsanalyse ist es das Zulassen des »Kind-Ichs, des Erwachsenen-Ichs und des Eltern-Ichs«, das ich in mir ausbilde. Je nach Situation oder nach Signal des Partners kommt bei mir eines dieser »Ichs« ins Spiel. Antworte ich genau mit dem Ich – also auf der Ich-Ebene, die mein Partner angesprochen, gemeint, als Reaktion gewünscht hat –, so ist unsere Kommunikation klar. Erspüre ich aber seinen Wunsch nicht richtig – indem ich etwa, da ich innerlich festgelegt bin, mit dem ermahnenden Eltern-Ich aufwarte, wo er doch gerade an mein fürsorgliches Eltern-Ich appelliert hat –, kommt Unstimmigkeit in unseren Dialog. Dazu sei angemerkt: Generell sollte beim partnerschaftlichen Lebenskonzept das fürsorgliche Eltern-Ich vor dem autoritären, ermahnenden, gar strafenden Eltern-Ich Vorrang haben. Damit ist jedoch nicht gemeint, dem Partner die Lösung seiner eigenen Probleme fürsorglich abzunehmen. Ihm wird vielmehr im Sinne seiner Autonomie-Entwicklung fürsorglich Verständnis entgegengebracht, ihm beigestanden, wenn er eigenständig in einer ihm eigenen Weise seine Erfahrungen macht und mitteilt.

Zweifellos kann ich dem Partner (Kind) allerdings meine Befürchtungen und meine eigenen Erfahrungen in dem anstehenden Zusammenhang mitteilen. Ich zwinge ihn aber nicht, meine Vorschläge – die ja meist überwiegend der Linderung meiner eigenen Ängste dienen – zu übernehmen. Vielmehr halte ich um seiner Eigenständigkeit willen meine Angst um ihn aus. Dabei ist oft zu beobachten, wie etwa ein Kind in einer Situation, die ich selbst gut kenne, weil ich sie bereits erlebt habe, sehr viel besser damit zurechtkommt als vermutet.

Das fürsorgliche Eltern-Ich bringt zum Ausdruck, dass ich Zutrauen in die Kraft, in die Veränderungsfähigkeit, die Anpassungsfähigkeit, Handlungsfähigkeit des anderen habe. Je mehr Zutrauen ich dabei in mich selbst habe, desto mehr traue ich natürlich auch meinem Gegenüber zu. Um der Partnerschaftlichkeit willen bin ich aber oft gezwungen, dieses Zutrauen dort, wo ich es selbst noch nicht erfahren habe, zu erlernen. Das bedeutet, dass ich mich neuen Erfahrungen aussetzen muss. Damit der andere lernt, sich frei zu entwickeln, auch lernt, seine Erfahrungen selber zu machen, muss ich unter Umständen meine Ängste diesbezüglich aushalten und beistehend beobachten, wie mein Partner etwas zustande bringt, dessen Realisierung ich vielleicht nicht für möglich gehalten habe. Je mehr ich mich diesen Erfahrungen aussetze und sie als positiv erlebe, desto mehr Gelassenheit kann ich in Bezug auf die Anforderungen des Lebens entwickeln, womit ich gleichzeitig meine eigene innere Kraft trainiere.

Je mehr ich vom Schulddenken Abstand nehme, umso stärker wird mein Bewusstsein dafür, dass zu einer autonomen Persönlichkeit Selbstverantwortung gehört. Damit verbunden ist die Abkehr von einer Vorstellung, die durch autoritäres Denken geprägt worden ist. Jenes Denken spiegelt sich beispielsweise in Aussagen wie der folgenden wider: »Der Junge weiß ja noch nicht, was gut für ihn ist, weiß nicht, was er später einmal tun oder sein will. Ich muss ihm heute genau den Weg weisen, damit er mir später einmal keine Vorwürfe macht.«

Partnerschaftliche Eltern helfen zwar ihren Kindern stets in einer Art, die sich die Kinder wünschen, sind auch immer am Entwicklungsprozess ihrer Kinder emotional beteiligt, lassen aber trotzdem sich und den Kindern einen gewissen Freiraum. Für die Kinder lässt dieser Freiraum genug Möglichkeiten, sich zu entfalten. So können sie etwa ihre Entwicklung mitgestalten, können auch lernen, mehr und mehr eigenverantwortlich zu handeln. Die Eltern hingegen sind durch den Verzicht auf äußerliche Autorität in der Lage, ihren Kindern Eigenverantwortlichkeit beizubringen. Sie sind ferner in der Lage, ihren Kindern für all deren Lebenswagnisse den emotional wärmenden und rückenstärkenden Background zu bieten. So sind sie auch frei von Schuldzuweisungen durch die Kinder, wenn einmal etwas misslingt. Die Kinder bekommen dann nämlich ein Bewusstsein für ihre Selbstverantwortlichkeit und haben es nicht nötig, ihr Schicksal in »höhere« väterliche oder mütterliche Hände zu legen; auf der anderen Seite lernen sie, die Konsequenzen ihrer eigenverantwortlichen Entscheidungen zu tragen.

Ein Erwachsener, der in gewissen widrigen Lebenslagen sagt: »Hättest du mich doch damals gezwungen – du hattest doch den Überblick!«, hat meines Erachtens Folgendes verinnerlicht: »Ich muss gehorchen. Es gibt immer jemand, der zu mir als Kind sagt, was ich wann, wie und in welchem Alter zu tun habe. Ich vollziehe die Erfahrungen der Älteren nach. Sagt ein Älterer mir einmal nicht deutlich genug, was gerade meine Aufgabe ist und bekomme ich daraufhin später Nachteile zu spüren, dann klage ich, weil ich die Konsequenzen nicht aushalte, sein autoritäres Verhalten mir gegenüber rückwirkend ein, weil ich mich insgesamt betrogen fühle. Nur wenn ein 'Erfahrener' für mich sorgt, mich führt, kann ich mein Glück finden. So lautete einmal das mehr oder weniger ausgesprochene Versprechen der Eltern, und ohne dessen Einlösung fühle ich mich allein und hilflos. Erlebe ich, wenn ich einmal nicht gesagt bekomme, wo es 'langgeht', daraufhin Schwierigkeiten, bin ich (weil gefühlsmäßig untrainiert) nicht in der Lage, mich selbst mit diesen Kümmernissen auszuhalten. Aus Abwehr dieses schmerzhaften, defizitären Gefühls laste ich es dann einfach in anderer Form wieder der 'Autorität' an, die ja immer mein eigentlicher Verantwortungsträger war (und die diese Rolle ja auch einmal beansprucht hat). Somit hat mir dieser Verantwortungsträger durch Unterlassung etwas 'angetan', hat 'Schuld'. Schließlich wäre er dazu da gewesen, alles Übel von mir abzuwenden, es mir zu ersparen. Der Erzieher ist für mich und mein Glück verantwortlich, denn er hat mir ja stets vermittelt, an was er selbst glaubte. Er hat gesagt: »Hör auf mich und meine Erfahrungen, und du ersparst dir ein kummervolles Leben. Ich pass auf dich auf, bis ich annehme, du bist eigenständig.«

Bei dieser Haltung verschmilzt in der Regel das ermahnende und das fürsorgliche Eltern-Ich, und das ist fatal, macht es doch Kinder sehr abhängig. Es ist auch deshalb so fatal, weil diese Haltung den Kindern oft die Loslösung vom autoritären Eltern-Ich erschwert. Hat jedoch ein Kind durch seinen Erzieher Partnerschaft erfahren, dann hat es auch gelernt, mit sich ständig verändernden eigenen Erfahrungen umzugehen, wird es »geschmeidiger« im Erleben von Erfolgen und Misserfolgen, kann sich damit immer besser aushalten, ohne Außenhilfe zu beanspruchen, ohne dadurch gleich die gesamte Persönlichkeit in Frage gestellt zu sehen; es ist sich also seiner Eigenverantwortlichkeit stets bewusst und trägt sie immer leichter.

Wenn sich jemand zu einer autonomen Persönlichkeit entwickeln durfte, so wird er wiederum zum Helfer für die Selbsthilfe anderer Menschen, die ihm anvertraut sind. Mit anderen Worten: Erziehung zu etwas hin oder von etwas weg wird ersetzt durch ehrliche, mutige Beziehung als Anleitung zur aktiven Lebensgestaltung. Selbst gestärkt durch jahrelanges Training in Eigenverantwortlichkeit und Selbsthilfe, kommt der Betreffende dann später in die Lage, dies auch dem zuzutrauen und zuzumuten, der ihm anempfohlen ist, ohne ihn dabei allein zu lassen.

Was ferner in unseren Gruppen erreicht worden ist, ist eine Bewusstmachung des eigenen humanistischen Gewissens (wie Fromm es ausdrückt), im Unterschied vom tradierten autoritären Gewissen, das aus unreflektiert übernommenen Regeln entstanden ist und das ich als einen Teil meiner Persönlichkeit erachte, obwohl es nicht Selbsterfahrenem, Selbstgedachtem, Selbstverantwortlichem entsprungen ist, all dem also, was ein »humanistisches Gewissen« formen würde.

Fragen, die gestellt werden

Trotz aller positiven Erfahrungen auf unserem partnerschaftlichen, promündigen Erziehungsweg blieben für uns ein paar Fragen offen. Teilweise konnten wir sie bereits klären, teilweise noch nicht.

Geht bei der partnerschaftlichen Sprache nicht die Spontaneität verloren?

Je beziehungstrainierter wir im Laufe unserer Gruppenprozesse waren, desto mehr verlor sich die Angst vor sprachlicher Verfremdung. Was uns zunächst beim »Einüben der Partnerschaftlichkeit« noch schwierig und neu erschien, verwandelte sich allmählich in ein wirkliches Bedürfnis. Wir selbst hatten ja den Wunsch verspürt, ehrlich, empathisch und wertschätzend behandelt und angesprochen zu werden, und so waren wir auch bereit, dies unserem Nächsten anzubieten. Hatten wir bei unserer Arbeit erst einen gewissen Sensibilisierungsprozess durchlaufen, waren wir innerlich offener und wachsamer geworden, so ergab sich von ganz allein, in welcher Situation ein näheres Hinterfragen oder ein Sich-transparent-Machen für die jeweilige Beziehung erforderlich war. Ging es den Beteiligten gerade recht gut und waren sie relativ (oder vermeintlich) ausgeglichen, dann vertrug, wie wir erfahren konnten, eine vertrauensvolle Beziehung durchaus einen freundlichen Befehl. Auch Flüche und Ausbrüche, die den anderen nicht zum Sündenbock machten, sondern nur Ausdruck der eigenen Gefühle waren, wurden vertragen. Allerdings: In Augenblicken, in denen einer der Partner nicht mehr »mitspielt«, die angestimmte Sprachebene nicht mehr einhalten kann oder will, nimmt der grundsätzlich wohlwollende und aufmerksame Erzieher ein solches Signal wahr und entscheidet, wie er nun damit umgeht. Dies hängt wiederum von seiner eigenen Verfassung ab. Ist er selbst innerlich momentan problemlos, wird es ihm leicht fallen, sich in den anderen hineinzuhören. Ist er dagegen in Eile, nervös oder befindet er sich überhaupt in einem Spannungszustand, wird er sich nicht dem Zwang unterwerfen, aktiv zuzuhören, sondern wird sich dem Partner rasch, aber ehrlich mitteilen, ohne sich dabei auf dessen Kosten zu entlasten.

Werden die Kinder mit dieser Sprache, besonders mit den Ich-Botschaften, überfordert?

Viele Eltern, denen ein Kommunizieren unter Einbeziehung von Emotionen bisher nicht vertraut ist, äußern diese Sorge. Sie fürchten, ihre Kinder würden vielleicht belastet, wenn nicht gar innerlich unfrei, trüge man in Form der Ich-Botschaften elterliche Gefühle an sie heran. Immerhin bekämen sie ja auch Emotionen wie Ängste und Befürchtungen zu hören, nicht nur rein positive Empfindungen.

Bei diesbezüglichen Überlegungen in der Gruppe wurde man sich meist in folgendem Sinne einig: Mit der partnerschaftlichen Sprache muten Eltern und Kinder einander tatsächlich allerhand zu. Ehrlichkeit, verbunden mit tiefer liegenden Emotionen, ist wirklich sehr anstrengend. Nicht umsonst wird ja gemeinhin so viel Anstrengung darauf verwendet, diese Ehrlichkeit im Umgang zu vermeiden. Nimmt man aber eine andere Anstrengung auf sich, nämlich das Erlernen von Empathie im partnerschaftlichen Austausch, bekommt man etwas zurück, was man beim autoritären Umgang nicht erreichen kann. Hat man alle Belastung, die eine anspruchsvolle, partnerschaftliche Auseinandersetzung mit sich bringt, durchlebt und überstanden, drückt sich der Lohn in einer inneren Freiheit zueinander aus, zeigt er sich in einer ungetrübten Beziehung, zumindest im jeweiligen Moment. Damit verbunden erfreut uns die Gewissheit: »Also schaffen wir es doch immer wieder neu, miteinander einen Konsens auszuhandeln – und das frei von Befehlen, Dominanzgebaren und Unterordnung. Darauf können wir stolz sein, weil wir etwas Herausforderndes miteinander erarbeitet haben.«

Der Zutritt zur elterlichen Innenwelt, der damit verbundene Anspruch, anderen gegenüber empathisch zu werden, nimmt den Kindern zweifellos den spontanen Schwung einer zunächst beglückend erscheinenden Egozentrik, nimmt ihnen die Möglichkeit eines urkommunistisch anmutenden Wildwuchses, nimmt ihnen vielleicht sogar das naive Augenblicksglück. Letzteres wird natürlich in anderer Weise genauso oft, nur brutaler, beim autoritären Vorgehen zerstört.

Neben diesem abverlangten Verzicht auf Egozentrik bekommt das Kind allerdings als »Ersatz« den Fortbestand einer würdigen, ungetrübten Gemeinsamkeit – was für sein Gedeihen enorm wichtig ist, so dass es aus Liebe diesen Verzicht durchaus leisten kann. Das partnerschaftliche Leben von Eltern und Kindern führt letztlich indirekt und zwangsläufig zu einer »Erziehung«, deren Hauptkomponente die soziale Empathie ist. Ohne dass man bewusst zu etwas »hinerziehen« wollte, hat man dem Kind damit Sozialfähigkeit beigebracht. Vielleicht kann ein kleines, einfaches Beispiel aus dem Leben mit Kindern dies verdeutlichen.

Ein lebensfrohes Mädchen pflückt spontan die herrlichen Blumen, die eine Nachbarin mühevoll in ihrem Vorgarten angepflanzt hat, läuft nach Hause, um sie freudestrahlend der Mutter zu schenken. Auf die Frage der verdutzten Mutter erzählt die Kleine unbefangen, woher die schönen Blumen sind.

Die »Lasser-faire-Mutter« sagt: »Oh, schön! Tu sie ins Wasser!« Sie nimmt ihrem Kind damit nicht seine spontane Freude. Es kann fröhlich weiterspielen, und beide haben ihre Ruhe. Solange es irgendwie gut geht und von außen keine Klagen kommen, lässt die Mutter das Kind agieren, wie es gerade will. Verhält sich die Mutter in vielen ähnlichen kleinen Situationen wie in der beschriebenen, bringt sie ihrem Kind damit eine bestimmte Lebenseinstellung bei. Es entwickelt sich beim Kind eine parasitäre Grundeinstellung, von der Mühe der Mitmenschen zu profitieren. Mit weiterhin naiver, oft ahnungslos-selbstverständlicher »Dreistigkeit« beansprucht das Kind dann auch als Erwachsener, von anderen alles Gute des Lebens geboten zu bekommen, es sich nehmen zu dürfen, ohne darum bitten zu müssen. Die Empfindungen der anderen mit in Betracht zu ziehen, ist nicht erlernt worden. Und auch in sich selbst ist einem solchen Menschen die Palette der Empfindungsmöglichkeiten nicht gegeben, weil gewisse Gefühle nicht mit den Eltern gelebt wurden. So konnte etwa nicht der innere Stolz erlebt werden, der unter anderem darauf beruht, etwas Eigenes auf die Beine zu stellen, für sich kämpfen und sorgen zu können. Der Außenwelt fällt dann ein Mensch auf, der ohne jeden Stolz ist, der versucht, andere auszunutzen, ohne selbst Adäquates zurückgeben zu können und zu wollen.

In derselben Situation verhält sich die autoritäre Mutter ganz anders. Sie erschrickt innerlich, sieht sofort das Unkorrekte an dem Blumengeschenk, spürt – wie in alten Kinderzeiten – so etwas wie Angst vor Strafe, vor dem Ärger mit den Nachbarn, will nun dem Kind beibringen, dass man anderen nichts fortnehmen darf. Also äußert sie auf der Sachebene etwa Folgendes: »Es ist verboten, aus anderer Leute Garten etwas zu nehmen. Das ist dann Diebstahl. Das darfst du nie wieder tun, sonst bist du ein Dieb und kommst ins Gefängnis! Versprich mir jetzt, so etwas nie wieder zu tun! Hörst du?!«

Es ist klar, dass dem Kind nun nicht nur jegliche Freude genommen ist, sondern es vielmehr vollgestopft worden ist mit unerwarteten Unmutsgefühlen. Darüber hinaus hat es eine Richtlinie erhalten, die es, letztlich unverstanden, in Zukunft stur zu befolgen hat, will es nicht noch einmal Unbill ernten.

Wie würde aber eine allen Mitmenschen gegenüber partnerschaftlich eingestellte Mutter in einem solchen Fall reagieren? Sie wäre in der Lage, bei ihrer Reaktion emotional alle drei Beteiligten dieser Situation zu berücksichtigen. Ihr käme die Mühe und Liebe der Nachbarin in den Sinn, mit der diese die Blumen gepflanzt hat, und deren Enttäuschung über den Verlust. Sie selbst würde Traurigkeit verspüren, weil sie ihr Kind nun enttäuschen müsste, indem sie es mit der Realität des Lebens zu konfrontieren und damit zu desillusionieren hätte. Die Botschaft, die sie ihrem Kind, um allen gerecht zu werden, senden müsste, wäre die, dass wir uns nicht so frei und fröhlich ausleben dürfen, wenn Interessen anderer dadurch berührt werden. Auch sie würde also ihrem Kind die Spontaneität nehmen, ihm eine Enttäuschung zufügen; aber sie würde es mit dieser Enttäuschung nicht allein lassen, sondern gemeinsam mit dem Kind nach Alternativen suchen, die das Aufleben der ursprünglichen Freude in »legalerer« Weise ermöglichen würden.

In diesem Sinne würde sie zu ihrem Kind beispielsweise sagen: »Ach, ist das schön, dass du mir diese herrlichen Blumen schenken möchtest! – Was, sie sind aus Frau X.' Garten? Das tut mir aber leid. Jetzt muss ich dich bestimmt enttäuschen und traurig machen. Denn, um ganz ehrlich zu sein, ich kann mich jetzt nicht mehr so richtig freuen, wenn ich an Frau X. denke. Sie hat doch ihre Blumen mit so viel Mühe gepflanzt und hat sich so über ihren Anblick gefreut. Jetzt komme ich mir lieblos vor, dass sie meinetwegen traurig ist … Ich bringe es nicht fertig, sie einfach in unsere Vase zu stellen …« Sieht die Mutter daraufhin die großen, erstaunten, enttäuschten, verwirrten Augen ihres Kindes, wird sie empathisch zum Kind sprechen: »Du hattest dich so über die herrlichen Blumen gefreut, nicht wahr? Und mir wolltest du auch eine Freude damit machen … Es tut mir wirklich leid, dass ich dich jetzt so enttäuschen muss. Sicherlich hast du in deiner Begeisterung nur an uns beide gedacht. Nun ist es aber leider wirklich so, dass die Blumen demjenigen gehören, der sie angepflanzt hat und in dessen Garten sie stehen … Wir beide müssten uns diese Freude irgendwie anders bereiten. Hättest du da eine Idee? Wollen wir sie abmalen? Oder sollen wir zwei einfach mal zum Gärtner fahren und uns welche holen? Was meinst du?«

An diesem kleinen Beispiel bewahrheitet sich, was eingangs über die partnerschaftliche Vorgehensweise gesagt worden ist: Beim »jeder verliert weniger« gibt es weder Ausgebeutete noch Besiegte.

In der beschriebenen Szene verlor das Kind seine unmittelbare Freude, verlor sie aber nicht ganz, weil ihm nicht nur Verständnis entgegengebracht, sondern auch ein Ersatz geboten wurde.

Die Nachbarin wurde ebenfalls mit einbezogen. Man bat sie um Entschuldigung und gab ihr die Blumen wenigstens für ihre Vase zurück. In ihr blieb das »bessere« Gefühl zurück, aus Versehen und aus Unreife um etwas betrogen worden zu sein, nicht mutwillig oder aus Gleichgültigkeit ihrer Person gegenüber. Sie fühlte sich wichtig genommen und verzieh deshalb gerne.

Später pflückte die Mutter mit ihrem Kind auf einem Spaziergang einen Wiesenstrauß.

Fazit: Wenn Ich-Botschaften auf solche Weise, wie im Beispiel dargestellt, geäußert und vollzogen werden, stellen sie für Kinder keine Belastung dar. Kleine »Zumutungen« wie Verhaltenskorrekturen und Enttäuschungen können und sollten wir ihnen jedenfalls nicht ersparen.

■ *Wird durch partnerschaftlichen Austausch das Leben leichter?*

Nun wurde den Gruppenteilnehmern klar, warum diese Frage mit einem relativierenden »Jein« beantwortet werden muss …

Das Leben wird sicherlich nicht durch partnerschaftlichen Umgang vereinfacht. Die Früchte eines partnerschaftlichen Lebens sind kein Geschenk des Lebens an uns, sondern sie müssen, wie vieles im Leben, erst verdient werden. Sie werden erarbeitet, indem wir uns der Herausforderung von Beziehungen stellen, ohne vor uns selbst auszuweichen. Wer Ehrlichkeit vor sich selbst erlernt hat und auf seinen Partner wachsam, bereitwillig, sensibel und mutig (weil bereit, Arbeit auf sich zu nehmen) reagiert, der kann einer direkten Beziehung mit allen Anstrengungen nicht mehr entfliehen.

Ein solcher Mensch kann nicht länger alle Register ziehen, um sich schwierig erscheinenden Herausforderungen zu entziehen. Ihm sind sozusagen äußerliche Mittel zur Schonung genommen, er kann zum Beispiel keine diversen Fachleute zur Fremdhilfe aufsuchen oder eine unbewusst selbst gezüchtete »Krankheit« zur eigenen Arbeitsvermeidung instrumentalisieren, er weiß, Ausweichen oder Ablenken wäre in Wahrheit eine Lüge – und er hat verinnerlicht, dass Hilfe psychologischer Art bei Beziehungen in einem selbst gesucht, dass eigene Kraft entwickelt werden muss, um Beziehungsarbeit leisten zu können.

Ich habe manches Mal Menschen »dieses Schlages« seufzen hören: »Ach, ich bin jetzt wieder gefordert. Würde ich mich nicht selbst so gut durchschauen, könnte ich diese Problembewältigung vermeiden. Dann würde ich einfach krank werden. Es ist schon ein gewisser Verzicht, all diese Vermeidungstricks nicht mehr nutzen zu können. Manchmal weiß ich nicht, was besser ist: Kraft für die eigene seelische Arbeitsleistung zu mobilisieren oder Kraft dafür einzusetzen, dies nicht tun zu müssen und andere zu finden, die sie einem abnehmen. Nur habe ich, wenn ich ganz ehrlich bin, noch nie jemanden gefunden, der mir meine Arbeit wirklich in meinem Sinn abgenommen hätte, der mir dabei gerecht werden konnte. Trotzdem – mitunter denke ich: »Immer unmittelbar und ehrlich auf das Leben und seine Anforderungen zu reagieren und sich immer persönlich einzusetzen, das ist vielleicht doch der Weg des Verlierers!«

So und ähnlich klagten manches Mal auch unsere Teilnehmerinnen, wenn sie gerade erfahren hatten, dass ihnen Schweres an Seelen- und Beziehungsarbeit bevorstand, oder wenn sie bereits »mitten drin« waren. Hatten sie aber einen solchen Weg schließlich erfolgreich hinter sich gebracht, dann hieß es nicht selten: »Es hat mich mal wieder mit Haut und Haaren gebeutelt, und ich musste meine ganze Kraft einsetzen. Aber wenn ich sehe, wie würdevoll und gleichwertig wir beide schließlich aus allem hervorgegangen sind, so muss ich wohl sagen, ich würde mich doch wieder für diesen Weg entscheiden!«

Nachdem ihnen der hohe Anspruch an sich selbst, den die partnerschaftliche Lebensart fordert, bewusst geworden war, wären einige Teilnehmer gerne wieder »umgekehrt«, gerade weil sie die in die Gruppe getragene Hoffnung auf Vereinfachung ihres Lebens schwinden sahen. Schon bald mussten sie nämlich erkennen, dass in der hier gelebten Umgangsweise das Leben selbst und seine Menschen mit ihren Fähigkeiten und Schwächen nicht einfacher wurden, sondern eher intensiver, hautnaher, allerdings mit dem Vorteil, dass in den Auseinandersetzungen und im Austausch den Menschen mehr Gerechtigkeit widerfuhr, dass keiner sich als Opfer des anderen und seines Willens fühlen musste. Es wuchs die Erkenntnis: Das Leben ist nun einmal schwer, so schön und heiter es auf der anderen Seite auch sein mag. Wir können uns im Umgang miteinander in Wahrheit nichts ersparen. Versuchen wir dies – und viele erzieherische Eingriffe zielen darauf ab –, kommt das Problem, kommt die Aufforderung an anderer Stelle wieder heraus und reklamiert das Recht, besprochen zu werden. Speise ich zum Beispiel ein Kind, das Angst vor etwas Bestimmten hat, mit der Bemerkung ab: »Du bist doch schon so groß! Das musst du schon können. Vor so etwas hat man doch keine Angst!«, nur weil ich seine Empfindungen nicht nachvollziehen kann, ihm unter Umständen sogar das Recht auf diese Gefühle abspreche, treten sie (ebenso wie der Appell an meine Hilfe) oft in anderer Gestalt an anderer Stelle wieder in Erscheinung; etwa in Form von Einschlafstörungen, Bauchweh, Träumen.

In solch einem Fall habe ich mir zwar kurzfristig ein näheres Eingehen auf das Kind und auf meine eigene, mich oft bedrückende Anteilnahme erspart (bis Möglichkeiten für die Auflösung der kindlichen Schwierigkeit »erarbeitet« werden konnten), allerdings habe ich mir dann ein weiteres »Herumdoktern« an dem in Wirklichkeit gleichen Problem eingehandelt – jedoch nur an anderer Stelle, in anderer Verkleidung … was mir bekanntlich nur die Illusion lässt, jemand anderer könne hier vielleicht helfen. Codiert das Kind zum Beispiel seine Angst mit dem Phänomen »Bauchweh«, soll der Apotheker, vielleicht auch der Arzt helfen. Hier kann ich dann auf einer äußerlichen Ebene agieren, die mich nicht bedroht.

Gedanklich auf die Spitze getrieben, könnte gar Folgendes entstehen: Eine Mutter (ein Vater) geht nicht auf echte Signale ihres (seines) Kindes ein, verbietet gewisse Empfindungen, unterdrückt sie, zwingt dem Kind ihren (seinen) Willen auf, weil sie (er) Tagesverlauf und Leben ausschließlich nach ihren (seinen) eigenen Bedürfnissen gestalten möchte. Das Kind muss verdrängen lernen, beginnt aber aus bleibendem Unwohlsein über Bauchweh und Kopfweh zu klagen. Aus Angst vor Krankheiten geht die Mutter (der Vater) auf »dieses Angebot« ein und kümmert sich mit äußerlichen Maßnahmen um ihren (seinen) Schützling. Das Kind wiederum ist froh, durch diese Aufmerksamkeit getröstet zu werden, auch für all das, was es sonst wegen des autoritären Verhaltens der Mutter (des Vaters) »wegstecken« musste. Es lernt nun: »Wenn ich über Schmerzen klage, ist Mama (Papa) lieb zu mir.« Aber es lernt auch: »Mama (Papa) nimmt es wichtig, wenn ich darüber klage. Bin ich womöglich richtig krank?« Man kann sich denken, dass dies fatale Lernerfahrungen sind, die ihre Auswirkungen oft noch im Erwachsenenleben haben werden.

Wie es auch gedreht und gewendet wird: Sowohl autoritär Erziehende als auch partnerschaftlich Erziehende haben es einerseits einfach und andererseits schwer, jede(r) in seiner Weise. Diese Dualität scheint wohl dem Leben immanent zu sein. In unseren Gruppen kamen wir überein, dass jeder für sich fühlen und entscheiden muss, welche der Varianten er für sich passender und erstrebenswerter findet. Menschen, die viel Nähe und beglückende Gegenseitigkeit wünschen, werden sich beim partnerschaftlichen Ansatz eher wohl fühlen. Menschen, die weniger emotional sind, nicht so beziehungsorientiert und individualistischer leben wollen, denen Nähe nicht viel geben kann, entscheiden sich sicherlich meist für den herkömmlichen Umgang, denn sie riskieren emotional ja nicht so viel wie die anderen, wenn sie ihre Kinder während deren Entwicklung dominieren.

In unseren Gruppen, in denen nun einmal das partnerschaftliche Modell vorgestellt wird, ergeben sich stets solche Momente der Entscheidung. Wenn auch einige Eltern zu dem Schluss kommen: »Hierfür bin ich nicht der Typ; diese Art Partnerschaftlichkeit ist eine Form der Anstrengung, die ich nicht will; ich für mich brauche sie auch gar nicht, und wenn sie keine Erleichterung bringt, dann kann ich genauso gut bei meiner üblichen Methode bleiben«, so hat die jeweilige Gruppe immerhin die Funktion der Entscheidungsbildung und bietet das Kennenlernen eines Gegenmodells. Positiver Nebeneffekt – selbst bei Ablehnung des Vermittelten – ist bei diesen Eltern dann doch häufig eine neu gewonnene Toleranz gegenüber anders Erziehenden. Sie verlassen zwar den Kurs mit dem Bewusstsein, nichts Besseres gelernt zu haben, verabschieden sich aber etwa mit den Worten: »Für mich ist das nicht das Richtige. Aber jetzt kann ich verstehen, dass es nicht unbedingt Schwäche ist, wenn andere anders erziehen. Nun habe ich gesehen, dass auch eine Meinung und ein gut gemeinter Sinn dahinterstecken können. Das kann ich akzeptieren.«

Mit solchen Teilnehmern zu einem Konsens zu kommen, macht mich dann recht zufrieden, weiß ich doch: Selbst für sie war der Kursbesuch nicht vergebens. Das Akzeptanzangebot, das sie den anderen aufgrund eines tieferen Einblicks in ihre erzieherischen Bemühungen geben, ist schon viel, wenn man bedenkt, wie urteilend und oft selbstgefällig autoritär Erziehende über andere Erwachsene sprechen, die nicht mit dem Strom schwimmen und andere Wege der Erziehung einschlagen. Ich meine, das Zulassen und Zugestehen von anderen Meinungen ist bereits ein großer Schritt in Richtung Toleranz.

■ *Ist eine solche Beziehung nicht doch zu zeitintensiv?*

Die von Aufmerksamkeit gekennzeichnete partnerschaftliche Beziehung kommt manchem von uns als zeitaufwändiger Luxus vor, den man sich als arbeitsmäßig stark beanspruchter Mensch eigentlich gar nicht leisten kann. »Bei uns muss alles gut durchorganisiert sein, so wie wir Erwachsenen es brauchen, sonst würde bei uns nichts funktionieren!« Oder: »Ich könnte mich auf andere nur dann einstellen, wenn ich sonst nichts zu tun hätte!«

Bei unseren Diskussionen um die Zeitfrage kommt als Fazit meist Folgendes heraus: Wir wissen, dass es sich bei unserem Menschenbild um eine grundsätzliche Einstellung zueinander handelt, die stets in uns vorherrschend ist. Selbst in Momenten oder Phasen des Zeitmangels, auch wenn diese wirklich zwingend sind und nicht nur ein Ersatz für irgendetwas oder eine Flucht vor einem selbst darstellen, kommt diese grundsätzliche Haltung dem Mitmenschen gegenüber zum Tragen, und zwar in Form einer ständigen Interaktion und in Form der ehrlichen Mitteilung der eigenen Befindlichkeit (auch wenn diese im Zeitmangel besteht). Meinen Kindern kann ich durchaus sagen, dass ich aus widrigen Gründen zu bestimmten Aktivitäten nicht in der Verfassung bin, dass ich eine Aussprache oder Ähnliches leider vertagen, mich dazu verabreden muss, anstatt es jetzt und spontan tun zu können.

Für die Qualität meiner Beziehung ist allein wichtig, dass ich die grundsätzliche Bereitschaft verspüre, den anderen wichtig und ernst zu nehmen, dass ich ihm dies stets signalisiere, auch wenn ich um Aufschub eines Austausches bitten muss. Eine solche Haltung dem anderen gegenüber ist wesentlich empathischer, als wenn ich – ausschließlich kongruent und ohne weitere Erklärungen – mein Kind etwa mit der Bemerkung abspeise: »Lass mich mal, dazu ist nun wirklich keine Zeit! Sieh zu, wie du selbst mit dir fertig wirst! Stelle nicht solche Ansprüche! Dieses Recht kann ich dir nicht zugestehen, weil ich etwas ganz anderes im Kopf habe.«

Auch mit meinen Zeitproblemen kann ich mich den Kindern darstellen, mich damit verständlich machen und ihnen das Verständnis für meine Situation zumuten, wenn ich sie nicht ständig und grundsätzlich abwimmle und zurückweise. Kinder haben ein feines Gespür und sind zu erstaunlicher Großzügigkeit und Kameradschaftlichkeit fähig, falls man es ihnen zutraut und entsprechend an sie appelliert. Voraussetzung dafür ist natürlich die eigene Bereitschaft zur Transparenz.

Ein Beispiel für eine gute, wahrhaftige Austauschbeziehung war eine ledige, allein erziehende Mutter in einer unserer Gruppen. Sie sah sich gezwungen, ganztags berufstätig zu sein und ihren siebenjährigen Sohn einer Tagesmutter zu überlassen. Bei der Auswahl einer geeigneten Person war sie sehr sorgfältig gewesen und hatte eine Frau finden können, die ihr Junge ins Herz schließen konnte. Dann kamen bei ihr Gefühle der Eifersucht auf. Sie war traurig, dass ihr Kind beglückende oder bedrückende Erlebnisse nicht *ihr* spontan mitteilen konnte. Trotzdem war sie froh, dass ihr Kind die direkte Mitteilung überhaupt mit jemandem erleben durfte und es direkter Anteilnahme sicher sein konnte. Abgeschwächt und bereits mit gewissem Abstand bekam sie all seine Erlebnisse abends dann aber doch noch erzählt. Da sie die Nähe zu ihm suchte und ihr eine tiefer gehende Beziehung zu ihrem Sohn wichtig war, setzte sie nach ihrer Arbeitszeit Präferenzen, die dies ermöglichten. All das, was einige ihrer Kolleginnen, die auch Kinder hatten, nach getaner Arbeit für sich taten, wie sportliche Aktivitäten, Einkäufe, der Besuch einer Kosmetikerin, des Friseurs, versuchte sie zu reduzieren. Wenn es sich gar nicht anders einrichten ließ, nahm sie ihren Sohn mit. So hatten beide abends genügend Zeit, um vieles miteinander zu besprechen und zu erleben.

Ihre Schilderung war durchaus glaubwürdig, denn auch in der Gruppe zeigte sie sich ehrlich, wahrhaftig, sensibel, einfühlsam und zu einem gewissen Grad – was ihrer Beziehung dienlich war – leidensbereit und »fleißbereit«.

Wir waren uns in der Gruppe schließlich einig: Viel gemeinsame Zeit stellt keine notwendige Bedingung für eine qualitativ gute, hilfreiche Beziehung dar. Es kommt allein auf die eigene Kongruenz und Selbstehrlichkeit an, auch wenn sie unter Umständen der Empathie, also dem Kind zuliebe, schmerzhafte Gefühle hervorruft (wie im vorliegenden Fall das Aushalten von Eifersucht).

Hat ein Kind das Vertrauen und die unbedingte Gewissheit, dass es grundsätzlich möglichst empathisch behandelt wird, dass ihm die Eltern, so gut es geht, keine Information und keine Erklärung vorenthalten, dass es stets »auf dem Laufenden« ist, wird es sich der Beziehung zuliebe, wenn Not am Mann ist, zurücknehmen können, abwarten lernen und auf Verabredungen vertrauen können.

Genauso stellt es sich im Fall einer größeren Kinderschar dar. Letztlich kommt es nicht darauf an, wie viel Zeit wir miteinander verbringen, sondern in welcher Qualität wir miteinander leben.

Allerdings gilt es manchmal zu bedenken, aus welchen Gründen ich als Erzieher so sehr in Zeitnot bin. Sind es wirklich dringende wirtschaftliche Notwendigkeiten, die mich auf ein intensiveres Leben mit meinen Kindern verzichten lassen, oder könnte ich, wäre ich ganz ehrlich, etwas mehr Zeit schaffen, wenn ich sie woanders einspare? Vielleicht habe ich mich ja noch gar nicht der Erfahrung ausgesetzt, mich näher auf Gemeinsamkeiten mit meinen Kindern einzulassen.

Unter Umständen weiß ich gar nicht, was in unserer Beziehung alles an befriedigenden Möglichkeiten steckt, auch für mich. Ich kann mir vielleicht auch nicht vorstellen, warum ein Austausch mit Kindern und gemeinsame Aktivitäten mit ihnen im Laufe der Zeit ein beglückender »Ersatz« für meine sonstigen zeitlichen Schwerpunkte werden könnten. Sicherlich wissen manche Eltern nicht, was für prima Kameraden ihre Kinder ihnen sein können.

■ *Verwirklicht dieses Menschenbild die christliche Forderung nach Nächstenliebe und die Einhaltung der Zehn Gebote aus der Bibel?*

Obwohl unsere Einstellung zum Menschen allgemeingültig ist und sich nicht auf Menschen einer spezifischen Religion beschränkt, sondern diese Einschränkungen überwinden hilft, wollten einige Teilnehmer doch eine Integration in ihren christlichen Glauben vollziehen.

Was den ersten Teil ihrer Frage betrifft, so ließ er sich recht leicht bejahend beantworten: Nehme ich mich selbst wichtig, nehme ich mich mit meinen Stärken und Schwächen an, halte ich Letztere aus, ohne sie einem anderen anzulasten oder aufzuhalsen, bin ich bereit, mich meinen Mitmenschen aufrichtig darzustellen, dann entwickle ich die Fähigkeit, mich selbst zu mögen, meinen Wert trotz aller Fehler zu respektieren. Dies ist meine Kongruenz. Gestehe ich das, was ich mir mit mir selbst leiste, dann genauso großzügig und vertrauensvoll meinen Mitmenschen zu, bin ich also bereit, selbst in Fällen einer Interessenskollision dem anderen auch das Recht auf seine Individualität zuzugestehen (wenn es sich auch von meinem unterscheidet), wende ich mich ihm trotzdem empathisch zu, um auszuhandeln, nicht um mich durchzusetzen, dann liebe ich ihn in diesem Augenblick so, wie ich mich selbst liebe. Ist mein Mitmensch auch noch so andersartig, mir noch so unverständlich, mit dieser Haltung, mit Mut, habe ich ihm die Gleichwertigkeit nicht abgesprochen. Damit ist dieser Begriff kein Pharisäertum, sondern gelebte Nächstenliebe. Zumindest beginnt hier die Fähigkeit zur gelebten Nächstenliebe.

Was nun die Zehn Gebote betrifft, so wurde unsere Debatte meist recht lebhaft und kompliziert. An dieser Stelle wurde offensichtlich, dass wir nicht nur mit Martin Bubers Philosophie, sondern auch mit einer ganz anderen Auffassung von Glauben konfrontiert sind. Ein Teilnehmer meinte einmal recht treffend, wenn auch sehr vereinfachend: »Viele Christen glauben ja, dass der Mensch erst zum Gutsein, zum Christsein hin erzogen werden muss, sie glauben, dass man ihm dafür feste, angeblich gottgegebene Richtlinien mitgeben müsste, so wie die Zehn Gebote, an die er sich halten und mit denen er ein gottgefälliges Leben führen kann. So wie ich jetzt Gordon und seine geistigen Brüder verstehe, vertreten sie die optimistische Meinung, dass der Mensch von vornherein von Gott so ausgestattet ist, dass er es auch ohne dieses Regelkorsett hinbekommt, ein gutes, friedliches Leben mit den Mitmenschen zu führen. Somit wird das, was bei den Zehn Geboten erreicht werden soll, sozusagen von der anderen Seite, also von innen her aufgezäumt.«

■ *Wie sieht die Belohnung für meine erzieherische Anstrengung aus?*

Viele Erzieher fragen sich, ob diese Art Erziehung nicht einen Aufruf zur Selbstlosigkeit darstelle, die man im Alltag nur sehr schwer realisieren könne. Welche Belohnung habe ich denn zu erwarten, wenn ich schon keine im üblichen Sinn – wie Dankbarkeit der Kinder, wie definitive Erfolge meiner Kinder – anvisieren soll? Nach längeren Gesprächen kamen wir immer wieder zu dem Schluss: Wir haben tatsächlich keine Belohnungen im herkömmlichen Sinne zu erwarten.

Was wir nach redlicher erzieherischer Anstrengung im partnerschaftlichen Sinne zu erwarten haben, ist »nur« eine tiefe Vertrauensbeziehung, die wir zu unseren Kindern aufgebaut haben. Da kann das Kind, sollte es sich so ergeben, später alle möglichen Entwicklungsphasen zeigen, auch traurig stimmende, auch problematische – es wird nicht als Fehlschlag von uns Eltern gewertet, und wir lasten es uns nicht als unser erzieherisches Versagen an. Es wird miteinander in dem Bewusstsein gelebt: Ich versuche wirklich, das Beste zu geben, aber ich weiß, dass die Garantie hierfür nicht allein in meiner Hand liegt. Zwar handle ich nach bestem Gewissen – dennoch bleibt mir eine gewisse Demut dem Leben, seiner Schicksalhaftigkeit und seiner Tragik gegenüber nicht erspart. Jeder, der sich auf Partnerschaftlichkeit einlässt, muss wissen, ob ihm das liegt, möglich ist oder »genügt«.

Das alles birgt allerdings eine gewisse Zweischneidigkeit: Es befreit zwar von jeglichen Schuldzuweisungen (wenn man wahrhaftig sein Bestes gegeben hat), lädt uns aber auch eine Lebenshingabe auf, die wir nicht gewöhnt sind, wir, die wir alles meistern und in den Griff bekommen wollen. Zu erkennen, dass wir dies eben nicht immer vermögen, ist für uns eine große Prüfung.

■ *Liegt in dieser Art des Miteinanders in der Familie nicht die Gefahr, dass es meine Kinder später schwer haben, in der Gesellschaft zu bestehen?*

Zweifellos ist der partnerschaftliche Umgang miteinander eine Erziehungsmethode, die in der gegenwärtigen Gesellschaft nur äußerst selten zu beobachten ist, herrscht doch meist eine Art der Kommunikation vor, die mit unserer wenig gemein hat. Insbesondere wird uns von denen, die an autoritären Strukturen festhalten, die empathische Sprache als Ausdruck von Schwäche oder gar Einfältigkeit ausgelegt. In der Gruppe stellten wir allerdings fest, dass Kinder, die zu Hause in der sensibleren, faireren Weise behandelt werden und gelernt haben, sich dementsprechend zu verhalten, ihre besonderen »Mechanismen« entwickeln, um mit den Menschen, die »härter angepackt« worden sind, umgehen zu können. Die Tatsache, dass sie zu Hause immer wieder einen Ruhepol finden, scheint wohl die Kraft dazu zu spenden. Im partnerschaftlichen Miteinander erzogene Kinder sind in starkem Maße hellhörig gegenüber Ungerechtigkeiten und Unehrlichkeit, wenig empfänglich für Korruption, auch für Angebote, die eine Vereinnahmung ihrer Person nach sich ziehen. Sie haben schon früh einen Blick für unfaire psychologische Täter-Opfer-Spiele jeglicher Art entwickelt, angefangen beim relativ harmlosen, aber doch ständig überall und mitunter raffiniert getarnten »Tüchtigkeitsspiel«. Hier entwickeln sie zwar nicht die gesellschaftsüblichen »Spielchen«, aber doch die Fähigkeit, diese schnell zu entlarven. Im Erwachsenenleben sind sie in der Lage, sorgfältig zu selektieren. So können sie beispielsweise sehr wohl zwischen wahren und funktionalen Freunden differenzieren.

Menschen, die solch eine partnerschaftliche Erziehung erfahren haben, vermögen in sich selbst zu ruhen, aus sich selbst heraus zu schöpfen, produktiv zu sein. Sie lassen sich nicht vom »Modus des Habens« blenden, in der Hoffnung, hierin das Ersehnte zu finden und eigene Defizite zu stopfen. Sie werden zu Menschen, die keiner äußerlichen Stützen bedürfen, sondern ihren Halt in sich selbst finden. Sicherlich gehört Mut dazu. Mut macht aber auch der Ausspruch einer Teilnehmerin, die sagte: »Es genügt bereits ein einziger Freund, der einen so versteht, wie man sich selbst versteht und annimmt – dann kann man in der ganzen Welt bestehen!«

■ *Bedeutet diese wertkonservative Beziehungserziehung, die ja doch Zeit und Engagement erfordert, womöglich einen Rückschritt für die Frau in unserer Gesellschaft?*

Die Frage warf – sinngemäß – eine besorgte Teilnehmerin auf. Hier kam folgende Befürchtung zum Ausdruck: Führt dieser Erziehungsansatz, sich ganz den Kindern zu widmen, dabei womöglich auf eine eigene Berufstätigkeit zu verzichten, nicht zu einer Benachteiligung? Wir waren uns schnell einig: Es sind nicht nur die Frauen, die angesprochen sind, Beziehungsarbeit zu leisten, sondern, ganz im partnerschaftlichen Sinne, ebenso die Männer. Wenn zwischen Mann und Frau wirkliche Partnerschaftlichkeit vorherrscht, dann ermöglicht die Beziehung unendlich viele Varianten des Zusammenlebens. Je nach wirklicher Neigung und Möglichkeit, je nach Talent und Wunsch – und das frei von äußerlicher Kritik –, entscheidet das Partnerpaar, in welcher Form es miteinander leben möchte. Da eine wertfreie Offenheit der Möglichkeiten herrscht, können selbst Traditionen und festgefahrene Muster überwunden werden. So wird man sich beispielsweise für eine Art Job-Sharing entscheiden, so wird möglicherweise nach einer lieben, partnerschaftlich eingestellten Kinderfrau gesucht, die wunschgemäß mit den Kindern umgehen kann, falls keiner der Partner seine Berufstätigkeit aufgeben oder einschränken will. Die Erwerbstätigkeit ist jedenfalls nicht länger der einzige Indikator für die Einschätzung der Emanzipation. Eine Frau, die sich bewusst dafür entscheiden sollte, Mutter und Hausfrau zu sein, würde danach die gleiche Wertschätzung genießen wie ihre »Kollegin«, die die gleiche Arbeit als Hauswirtschafterin gegen Entgelt macht. Und ebenso wenig sollte ein Mann, der beschließt, sich der Erziehungsarbeit zu widmen, länger als Exot betrachtet oder gar als »unmännlich« oder »Weichei« abgestempelt werden. Alle, die dort wirken, wo sie wirken wollen, erhalten ihre volle Akzeptanz und Daseinsberechtigung, ohne etikettiert zu werden.

Natürlich klingt das alles etwas idealistisch, da nicht jede Vorstellung realisiert werden kann. Es bleibt tatsächlich so lange eine Illusion, bis wir nicht so weit in uns selbst emanzipiert sind, dass wir unsere Kinder »schlicht und einfach« um ihrer selbst willen lieben. Sollten wir Mütter und Väter es schaffen, uns nicht länger für unsere Kinder zu schämen oder für unser Selbstbewusstsein stolz auf sie zu sein, dann haben wir den Nährboden für eine wechselseitige Emanzipation ohne Rückschritte bereitet.

Unzählige weitere Fragen wurden in unseren Diskussionsrunden behandelt, auf die hier nicht näher eingegangen werden soll. Wichtig erscheint jedoch noch folgender Fragenkomplex:

■ *Sind wir Teilnehmer, die wir ja zum Teil ganz anders erzogen sind, überhaupt noch offen für einen Wandel in uns selbst, um mit unseren Kindern eine erzieherische Tradition zu durchbrechen? Fallen wir nicht immer wieder in alte Verhaltens- und Sprechmuster zurück?*

Zu dieser letzten Frage fällt mir ein Beispiel aus meiner eigenen Erlebniswelt ein, das ent- und ermutigend zugleich erscheint und das ich aus diesem Grund auch den Teilnehmern erzählte. Obwohl ich mich im Umgang mit meinen Kindern, so hoffe ich, aufgrund innerer Überzeugung überwiegend der nicht autoritären Sprache bediene, sie also wie meine besten Freunde behandle, erlebe ich oft, wie ich in der Auseinandersetzung mit Erwachsenen in jene Sprechweise »hineinrutsche«, die gerade verwendet wird – bis ich es merke und unter Umständen revidiere.

In diesem Zusammenhang fällt mir ein kurzes Erlebnis ein. Ein Handwerksmeister, dessen Leute bei unserem Hausbau schlechte Arbeit geleistet hatten, suchte uns auf, um sich unsere Reklamationen anzuhören. Zu diesem Zeitpunkt war ich allein zu Hause. Statt sich ernsthaft mit den verpfuschten Arbeiten, die ich ihm zeigte, auseinander zu setzen, wehrte er ab, deckte seine Handwerker, bagatellisierte das, was ich vorbrachte, nahm mich nicht ernst, tat kurzum alles, was mich in Wut bringen musste. Meine tiefer liegenden Gefühle – ich war enttäuscht, fühlte mich von ihm als Frau nicht ernst genommen, letztlich also gedemütigt – nahm ich zunächst nicht wahr, sondern erlebte die Sekundärreaktion auf diese Gefühle, nämlich einen unglaublichen Zorn. So schleuderte ich ihm in meiner »alten« Sprache »Du-Botschaften« ins Gesicht wie: »Erst wagen Sie es, für unser teures Geld so eine schlechte Arbeit zu liefern, und dann geben Sie es noch nicht einmal zu, obwohl das alles doch offensichtlich ist! Sie meinen wohl, mit mir als Frau könnten Sie umspringen, wie Sie wollen?!« Das Phänomen, dass Frauen schreien, schien er zu kennen, jedenfalls stand er ungerührt da, ließ alles, was ich ihm an den Kopf warf, an sich abprallen.

Da waren sie also, die verhärteten Fronten. Nachdem ich mich verbal ein wenig entlastet hatte, wurde mir klar: Auf diese Weise war nichts zu bewegen, Kompromissmöglichkeiten schienen ausgeschlossen zu sein. Allmählich verrauchte meine Wut, und ich kam meinen ursprünglichen Empfindungen näher, war nun in der Lage, sie direkter als durch Wut und ohne Angriff auszudrücken. »Es tut mir leid, ich bin wütend geworden, weil ich eigentlich so furchtbar enttäuscht bin. Ich hatte mir das und das und das anders vorgestellt.«

Auch auf meine »Ich-Botschaft« regte sich bei ihm, wenigstens äußerlich, immer noch nichts. Er zuckte nur die Achseln und stierte mich wortlos an. Was war los mit ihm, warum reagierte er nicht, zumindest nicht in der Weise, die ich von ihm erwartete? Endlich war ich in der Lage, von mir selbst einmal abzusehen und über ihn nachzudenken. Als ich ihm prüfend in die Augen sah, nahm ich ein großes Gekränktsein bei ihm wahr. Mit der verinnerlichten Einstellung, dass er, selbst wenn er in meinen Augen noch so etwas Unmögliches hatte geschehen lassen, doch das gleiche Recht auf seine Gefühle, Taten und »Unzulänglichkeiten« hatte wie ich auch, fragte ich ihn: »Fühlen Sie sich denn jetzt von mir ungerecht behandelt und beurteilt?« Hierauf antwortete er spontan und heftig: »Allerdings!« und gab eine mir unverständliche Menge an fachlichen Erklärungen dafür ab (auch im Sinne von »höherer Gewalt«), warum das Ergebnis seiner Arbeit nicht so zufriedenstellend war wie sonst. Ich merkte, dass es ihn selbst quälte, wie ein »Pfuscher« zu erscheinen, und dass seine Tiraden der Abwehr dieses unangenehmen Gefühls dienten. So stieg ich also nicht länger auf der Sachebene in Gegenargumentationen ein, denn das Geschehene war ja so lange unabänderlich, bis er die Pfuschereien wieder ausgebessert hatte. »Sie sind wohl eigentlich ein sehr gewissenhafter Mensch, nicht wahr?«, fragte ich weiter, was er vehement bestätigte und mir etwas von seinem Handwerker-Ehrgefühl erzählte. Ich ließ ihn jetzt sprechen, fragte ab und zu einmal nach und kam schließlich zum Punkt: »Tja, was hätten Sie denn für einen Vorschlag, wie wir alle mit dem missglückten Ergebnis wieder zufriedener werden könnten?« Nun übernahm er bereitwillig die Verantwortung, versprach, seine Handwerker zur Ausbesserung zu schicken, was dann auch wirklich prompt geschah. Dabei wachte er streng und gewissenhaft über ihre Arbeit, bis wir einigermaßen zufrieden sein konnten.

Wir verabschiedeten uns schließlich statt im Zorn in dem Bewusstsein, uns entgegengekommen zu sein, so gut das in der schwierigen Situation möglich gewesen war. Und ich für mein Teil war froh, rechtzeitig den Weg zurück in die empathische Sprache gefunden zu haben, die mir im Umgang auch mit fremden Menschen besser gefällt.

Eine letzte Überlegung lässt sich – trotz ihrer immensen Wichtigkeit – mit knappen Worten abhandeln. Es ist die Frage nach den Grenzen der Freiheit eines partnerschaftlich erzogenen Menschen – und es ist die Frage: Wie geht man in einer Partnerschaft mit der Spannung zwischen Freiheit und einer notwendigen Struktur im Leben um?

Wer sich ausführlich mit den Kriterien von partnerschaftlicher Erziehung befasst hat und weiß, was sie implizieren, der wird nachvollziehen können, was die folgende Antwort bedeutet: Seine Lebensstruktur lernt das Kind sich selbst zu setzen, und zwar im Einklang mit den Bedürfnissen seiner Umwelt, wobei eine zu große Freiheit (der Beziehung zuliebe und aus Liebebedürftigkeit heraus) am ständigen ehrlichen Feedback der Partner beziehungsweise der Bezugspersonen endet, wodurch letztlich eine Struktur für die Beziehung entsteht.

KAPITEL III

Versuch eines Beweises der Vorteile von Beziehungsarbeit gegenüber autoritärer und Laisser-faire-Erziehung

»Nur die Oberflächlichen kennen sich selbst.« OSCAR WILDE

Nicht nur eigene Selbsterfahrung, sondern auch die Arbeit in den Elterngruppen schärften meinen Blick für immer wiederkehrende Phänomene des mitmenschlichen Lebens. Was ich in verschiedener Form an grundsätzlichen Beziehungs- und Verhaltensmustern auftreten sah, soll hier wiedergegeben werden.

So sah ich Wirkungen und Verhaltenskonsequenzen autoritärer Erziehung auf Kinder, die bis ins Erwachsenenalter prägend blieben, ebenso wie solche des Laisser-faire. Ich vermochte die von Richter und Stierlin beschriebenen diversen Rollen, die Kinder in ihren (nicht-partnerschaftlich gestalteten) Familien innehaben, an vielen Beispielen zu erkennen. Obwohl ich zu all jenen Zuweisungen durch Eltern – das Kind als Sündenbock, als Vermittler, das »gebundene«, »delegierte« (Stierlin) Kind – über reichliches Beobachtungsmaterial verfüge, kann und möchte ich in meinen weiteren Ausführungen nicht näher darauf eingehen, zumal diese Zusammenhänge ganz ausgezeichnet bei den eben genannten Verfassern nachzulesen sind.

Gerne gehe ich aber auf einige, nicht gerade glückbringende Interaktionsmuster zwischen den Menschen ein, die meines Erachtens von einer nicht-partnerschaftlichen Erziehung herrühren, die aber bei Bewusstwerdung sicherlich – wenn auch nur mit großer Anstrengung – überwunden werden können. Zunächst einmal bleibt mein Augenmerk auf die Kinder gerichtet, auf das, was erzieherisch mit ihnen geschieht.

Ihr Umgang mit der Freiheit

Es gibt Eltern, die das alltägliche Leben ihrer Kinder streng strukturieren und jede Organisation vor-organisieren, wobei die Kinder genau nach Plan der Eltern leben lernen. Letztere haben solch einen Plan entwickelt, weil sie keine andere Möglichkeit einer gut funktionierenden Beziehung sehen oder selbst nichts anderes erlebt haben. Sie meinen es gut mit den Kindern, die sich der Gesellschaft möglichst früh anpassen sollen, und meinen es gut mit sich selbst, da sie davon ausgehen, sich anstrengende Auseinandersetzungen, Unruhe und Ungewissheiten zu ersparen.

Was dabei verloren geht, ist allerdings nicht nur das Vertrauensverhältnis zwischen ihnen und den Kindern, sondern es sind auch jene Fähigkeiten, die die Kinder in einem freien Klima entwickeln könnten. Hierzu gehören konstruktive Konfliktfähigkeit und eine sich selbst und dem Mitmenschen gegenüber verantwortliche Selbstbestimmung im Umgang mit freien Entscheidungen, letztlich das Mündigwerden eines freien Bürgers, der nicht mehr nur Befehlsempfänger, sondern reif und entscheidungsfähig werden kann. Jemand, dem stets gesagt wurde, was gut für ihn zu sein hat, wird größte Schwierigkeiten haben und Überforderungsgefühle bei sich feststellen, wenn er einmal unverhofft frei entscheiden soll. Er wird dann insgeheim nach irgendeiner Form von Autorität suchen, die ihm einen »Halt« gibt, oder er wird in ungesunder Form über die Stränge schlagen, um die Situation einmal richtig auszunutzen.

Ich erlebte und hörte unzählige Beispiele für das Fehlen von Selbstregulierung bei »programmierten« Kindern, wenn sie einmal losgelassen wurden, etwa in einem Ferien-Sprachkurs. »Bis morgens um vier haben viele oft besoffen am Strand gelegen. Sie haben keine Rücksicht auf die Gasteltern genommen. Im Unterricht morgens hingen sie dann völlig verkatert und wenig leistungsbereit herum«, berichteten beispielsweise meine Tochter und ihre Freundin. »Obwohl es ihnen schlecht ging, waren sie stolz darauf, dass sie so wenig schliefen und so viel tranken. Sie fühlten sich durch so etwas erwachsen und haben ganz verständnislos geschaut, als wir uns freuten, ausgeschlafen, fit und aufnahmefähig zu sein.«

Unter diesen jungen Leuten waren tatsächlich einige, die zu Hause besonders zu gehorchen hatten und in der Schule strebsam sein mussten. Für sie stellte solch ein Sprachkurs eine Möglichkeit dar, einmal richtig destruktiv (sowohl sich selbst als auch der Gastfamilie gegenüber) ihre plötzliche Freiheit auszunutzen.

Für mich ist es kein Wunder, dass bei so vielen Menschen die Selbstregulierung nicht klappt, dass sie als Erwachsene Schwierigkeiten haben, sich in jedem Moment richtig mit ihren Empfindungen und Bedürfnissen wahrzunehmen. So schaltet sich bei einer Wahrnehmung oft ganz schnell die Frage ein: »Darf ich dies überhaupt fühlen? Was geschieht Schlimmes mit mir, wenn ich dies fühle?« Oder eine innere Stimme sagt: »Dies ist ja eigentlich nicht erlaubt, was ich jetzt empfinde – aber die Gelegenheit ist günstig. Keiner ist da, der mich zur Rechenschaft ziehen kann, also wird dies einmal so richtig ausgenutzt – und hinterher wieder vertuscht!« Fataler noch ist es, wenn solche vermeintlich schlimmen Empfindungen (schlimm, weil einmal verboten) zwar gefühlt werden, irgendwo tief im Inneren unterdrückt und bei anderen unterstellt und bestraft werden (Außenfeindphänomen): »Was ich mir selbst nicht gestatte, dürfen andere erst recht nicht!«

Wie oft ist also die Selbstwahrnehmung durch diese Art Verhaltensmuster blockiert – und wie unsagbar schwierig wird daraufhin eine echte, wahrhaftige Kongruenz und ihre faire Mitteilung an den Nächsten! Wer als Kind und Jugendlicher jahrelang immer nur gelernt hat zu »fühlen«, was gerade an der Tagesordnung oder was gefragt war, wird später als Erwachsener, etwa in Selbsterfahrungsgruppen (oder wenn es für das Gelingen oder Reparieren einer Partnerschaft nötig ist) große Mühe haben, sich selbst auf die Schliche zu kommen. Sind schließlich alle deformierenden oder verfremdenden Erziehungshüllen durch Selbsterfahrung beiseite geschafft, hat ein solcher Erwachsener die schwere Aufgabe, mutig und vertrauensvoll zu diesem »enthüllten«, wahren Menschen zu stehen, der er nun ist.

Ihr Umgang mit der Wahrheit

Ist einem Kind aufgrund des Festgelegtseins seiner Eltern die innere Wahrheit, also das Eingestehen von »Schwächen« vor sich selbst und vor den Eltern, nicht gestattet, so wird es auch nie direkt mit der äußeren Wahrheit umgehen können, schwingt hier doch die Angst vor zu erwartenden Nachteilen mit. Ein solches manipuliertes Umgehen mit der Wahrheit hat wenig mit Lügen zu tun, weil es nicht bewusst geschieht, um andere an der Nase herumzuführen, sondern weil es eine Art ist, für sich zu sorgen, Strafen zu vermeiden – einfach weil es zu schwer fällt, »Held« zu sein.

Hart ausgedrückt: Manches Mal »lügt« ein autoritär erzogenes Kind nicht nur, um sich die Liebe der Eltern zu erhalten, sondern indirekt auch, um die Eltern zu schonen, um ihnen ihre Selbstverleugnung zu lassen, die anscheinend ein geordnetes, ruhigeres Leben verspricht. Mit Wahrheit konfrontiert werden heißt sich auseinandersetzen müssen, bedeutet Anstrengung, besonders auch psychischer Natur. Somit hilft letztlich ein Kind, das den Eltern die Wahrheit erspart, diesen beim Zudecken von Problemen, die ihnen sonst über den Kopf zu wachsen drohen, hilft auch, den Status quo der vermeintlich geregelten Beziehung aufrechtzuerhalten. Nach außen hin scheint dann für die Familie zunächst einmal alles in Ordnung zu sein. Die Eltern können sich weiterhin etwas vormachen, fallen dann eines Tages vielleicht aus allen Wolken, wenn unvermutet die Wahrheit herausbricht – und sich die Familienfassade nicht mehr aufrechterhalten lässt.

Ein kleines, sensibles Mädchen aus unserer früheren Nachbarschaft, das nicht so gerne mit mehreren Kindern gleichzeitig, sondern lieber mit einem einzigen Kind spielte, wurde von ihrer Mutter immer wieder nach draußen geschickt, um auch mit den anderen zu spielen. Für die Mutter war die Scheu des Mädchens vor einer größeren Gruppe ein Problem. Sie meinte, es könne nur etwas aus ihm werden, wenn es früh genug lerne, mit vielen anderen zurechtzukommen. Ein Kind mit sieben Jahren müsse dazu in der Lage sein, meinte sie, und akzeptierte kein Anderssein dieses besonderen Kindes, fürchtete auch, dies sei nicht nur eine Phase des Mädchens, sondern womöglich eine immer fester werdende Eigenschaft, die so früh wie möglich durch eine Art Desensibilisierung wegtrainiert werden müsse, und zwar durch ein Sichaussetzen dieser für das Kind unangenehmen Gruppensituation. Hinzu kam, dass die Mutter sich durch die Geburt eines Brüderchens überlastet fühlte und dass sie einmal an einem Stück – nachmittags zwei bis drei Stunden – ihre absolute Ruhe haben wollte. So schickte sie die Kleine bei gutem Wetter nach dem Mittagessen hinaus, mit der strengen Order, nur im absoluten Notfall, zum Beispiel wenn sie zur Toilette müsse, während der nächsten zwei Stunden zu klingeln.

Unsere Kinder und wir anderen Mütter wurden oft Zeugen eines immer wiederkehrenden Spiels. Zunächst versuchte die Kleine, es mit den anderen Kindern auszuhalten, bis das eine oder andere Kind irgendetwas sagte, was dem Mädchen Angst machte. Es reichte schon aus, ein wenig ruppig zu rufen: »Mensch, sei nicht so langsam – mach schon!« Dann rannte die Kleine nach Hause, um dort Schutz zu suchen.

Da sie aber verinnerlicht hatte, dass es strengstens untersagt war, aus einem unwichtigen Grund zu klingeln, das heißt aus einem Grund, den die Mutter als unwichtig definierte, stand sie weinend vor der Tür. Wenn die Mutter schließlich öffnete, sagte die Kleine: »Der Jan (Peter, Horst ...) hat mich geschlagen!«

Mit dieser Ausrede gelang es dem Kind mehrmals, von der Mutter wieder ins Haus gelassen zu werden. Schließlich wurde es der Mutter zuviel, zumal ihre Forderung, ihre Tochter solle sich gefälligst durchsetzen, nicht fruchtete.

Die Mutter meinte nun, draußen »aufräumen« zu müssen, schimpfte mit den »brutalen« Kindern und beklagte sich bei deren Müttern. Die wiederum legten sich nun wegen dieses Ärgernisses einmal »auf die Lauer«, um den Ablauf solcher Begebenheiten zu beobachten und um zu sehen, ob die Aussage ihrer Kinder, unschuldig zu sein, stimmte. Es spielte sich alles wie gehabt ab, und wir anderen Mütter versuchten, der Mutter die Lage, auch die seelische Verfassung ihrer kleinen Tochter, zu erklären. Leider war die Mutter in ihren Vorstellungen so verfestigt, dass sie ihre Tochter nicht vertrauenserweckend hinterfragte und ihr damit das Zugeben ihrer verzweifelten kleinen Manipulationen ermöglichte. Stattdessen packte sie sie hart am Arm und verlangte: »Du musst mir immer die Wahrheit sagen, hörst du! Wie stehe ich vor den anderen da, wenn du lügst?! Also, schlagen sie dich immer oder nicht? Lüg mich jetzt nicht an!«

Mit dieser Strenge und der dahinter schwebenden Drohung hatte sie eigentlich für das Kind ausgedrückt: Lüg mich jetzt noch geschickter an, sonst passiert was! Und das tat die Kleine dann auch, indem sie ihre Klage differenzierte und noch raffiniertere »Lügengeschichten« erzählte. Sie machte ihrer Mutter klar, die anderen Kinder hätten sie geschickt und heimlich körperlich gequält, ja hinterrücks, weshalb die Mütter das gar nicht hätten sehen können.

Mit dieser Version war die Welt der Mutter wieder in Ordnung. Uns anderen Müttern gab sie den Ratschlag, unsere Kinder doch bitte positiver zu beeinflussen. Es war für uns nun sehr schwierig, tatsächlich dahingehend auf unsere Kinder einzuwirken, dass sie wegen dieser ungerechten Beschuldigungen nicht eine Mordswut auf die Kleine bekamen. Hätten wir uns nicht so sehr darum bemüht, wäre wahrscheinlich tatsächlich genau das eingetreten, was die Kleine behauptet hatte – und ihre Mutter wäre womöglich Zeugin geworden.

Dieses Beispiel ist nur eines von vielen dafür, dass Kinder von ihren strengen Eltern geradezu »gezwungen« wurden, sich aus Selbstschutz gewisser »Lügen« zu bedienen. Drohen diese »aufzufliegen«, decken Eltern und Kinder in einem gemeinsamen, unbewussten »Komplott« die für die Familienfassade gefährlichen Enthüllungen schnell wieder zu. Die Eltern hinterfragen nicht ihre Kinder, um aufzudecken und die Wahrheit dann auszuhalten, sondern senden sozusagen eine Doppelbotschaft, die zunächst aus folgendem Element besteht: »Warst du etwa so böse, dass du gelogen hast?« und aus einem äußerlich formalen: »Jetzt sag die Wahrheit!«, wobei jedoch durch das Drohgebaren inhaltlich gleichzeitig mitschwingt: »Du wirst mir doch so etwas nicht zumuten! Das wäre zuviel für mich – und deshalb müsste ich dir dann etwas tun!«

Das Kind nimmt auf: Ich darf in Wirklichkeit jetzt nicht die Wahrheit sagen. Das wäre für uns alle zu schlimm!

Streng genommen bringen auf solche Weise agierende Eltern ihren Kindern, unbewusst und sehr geschickt, zur Selbstschonung das »Lügen« erst bei. Jedenfalls sind Lügen die Früchte ihrer eigenen Vorgehensweise, die entweder aus unreflektiertem Modelllernen von den eigenen Eltern entstanden ist oder aufgrund von Mutlosigkeit und Hilflosigkeit den Emotionen und Schwierigkeiten des Lebens gegenüber. Als »kleineres Übel« wird von solchen Eltern der Verdacht des Selbstbetrugs – der aufkommt, wenn sie ihre Kinder zum immer »raffinierteren« Schwindeln gebracht haben – lieber verdrängt. Dass dieser Verdacht aber latent vorhanden bleibt, zeigt sich mitunter an Bemerkungen wie: »Na ja, der Kleine ist schon ab und zu ein Schlawiner …« oder: »Ich weiß wohl, dass er nicht so ohne ist …« oder: »Er nimmt's wohl wirklich manchmal mit der Wahrheit nicht so genau …«

Ihr Umgang mit Verbotenem

Eine bequeme Illusion von vielen Eltern besteht darin, dass ihre Kinder scheinbar tatsächlich gehorchen und ihren Anforderungen folgen. Vor dem Erfindungsreichtum ihrer Kinder, Befehle und Gebote dergestalt zu unterlaufen, dass sie doch noch zu ihrem Recht kommen und sich ihre Bedürfnisbefriedigung auf irgendeine clevere Weise besorgen, verschließen diese Eltern entweder lieber die Augen, oder sie beobachten ihre Kinder und kontrollieren sie.

Da meine Tochter regelmäßig die Zähne putzt und abwechslungsreich genug ernährt wird, ist es für uns beide völlig in Ordnung, dass sie häufig als Pausenvesper ein Nutella-Brötchen mitnimmt. Bei einem Gespräch mit der Mutter einer Klassenkameradin erfuhr ich, dass ihre Tochter auf gar keinen Fall süßen Brotaufstrich bekäme, höchstens einmal sonntags. Es käme prinzipiell nicht in Frage, dass sie so etwas in die Schule mitnähme. Als ich meine Tochter daraufhin fragte, was denn Mara immer als Pausenbrot dabei hätte, brach meine Kleine in Empörung aus: »Deren Mutter soll ihr gefälligst auch mal ein anständiges Nutella-Brot mitgeben! Die geht mir so mit ihrem ständigen Gegiere auf den Wecker! Immer will sie mir mein Brot abjagen!« Bei näherem Fragen stellte sich heraus, dass die Kleine bereits über allerhand Tricks verfügte, um sich in der Pause bei den Kindern, die Süßes dabei hatten, etwas zu ergaunern. Ihr eigenes Pausenbrot verschenkte sie, tauschte es oder steckte es in den Mülleimer.

In Gedanken musste ich den Kopf schütteln, als ich an die unschuldige Überzeugung von Maras Mutter dachte, mit der sie ihre Prinzipien nach außen hin vertrat und mit der sie ihre eigene Konsequenz lobte. Ich musste an den Werbespruch für dieses süße Produkt denken: »Man darf die Rechnung nicht ohne das Kind machen.« Tut man dies, streut man sich wohl oft selbst Sand in die Augen, lebt aber trotzdem gut mit der Einstellung: Was ich nicht weiß, das macht mich nicht heiß. Wehe aber, wenn ich plötzlich mit der Wahrheit konfrontiert werde, wenn mein Kartenhaus ins Wanken gerät. Dann hilft mir wieder nur eines – der indirekte Appell an das Kind: »Sag, dass die anderen lügen!« Oder noch strengere Maßnahmen, mit denen ich Auseinandersetzungen vermeiden kann, die mich ins Schleudern bringen würden.

Was den Umgang mit Verbotenem betrifft, so habe ich hierzu noch Beobachtungen anderer Art gemacht. Ein Beispiel:

Unsere Kinder spielten eine Zeitlang mit einem ausgesprochen streng gehaltenen Mädchen, dessen Eltern Schmutz als größtes Übel ansahen. Das damals sechsjährige Mädchen sollte zwar mit anderen Kindern draußen spielen, durfte sich aber absolut nicht schmutzig machen. So blieben ihr zwar Spiele wie Seilhüpfen, aber auf die Bäume zu klettern war ihr unmöglich. Dann musste sie am Wegrand sitzen und den anderen zuschauen.

Nun entwickelte sie eine Möglichkeit, sich das Vergnügen des »Matschens« doch noch zuzuführen – sie wollte es indirekt erleben, wollte es (wenn sie es sich schon nicht selbst gestatten konnte) wenigstens nach Herzenslust als Zuschauerin genießen. So versuchte sie immer wieder, meine damals nahezu gleichaltrige Tochter dazu anzustiften, sich schmutzig zu machen.

Wie ich später erfuhr, bediente sie sich hierzu allerhand Tricks. Sie sagte etwa: »Wenn du dich jetzt nicht hier in die Pfütze legst, bist du nicht mehr meine Freundin!« Oder: »Wenn du jetzt nicht hier Pipi machst, verrate ich, dass du neulich bei … geklingelt hast!« Anfänglich hatte sie sogar Erfolg und konnte sich an dem Anblick meiner absolut dreckigen Tochter so richtig erfreuen. Da diese sich daraufhin durch ihre Freude und ihre anfeuernden Zurufe zunächst in ihrem Selbstbewusstsein bestätigt fühlte, klappte das Spiel auch eine gewisse Zeit lang. Als die kleine Nachbars-tochter dann allerdings eines Tages plötzlich nach einem kurzen, beifälligen Applaudieren begann, meine Tochter gleichzeitig mit abfälligen Worten zu bestrafen, rief meine Kleine – nachdem sie mir den Vorgang geschildert hatte – zornig aus: »Dann soll sie gefälligst ihren Scheiß allein machen! Dann ist es mir auch egal, ob sie noch meine Freundin ist!« Hier war es mir dann möglich, nachzufragen, was denn eigentlich los war. Im gemeinsamen Gespräch konnten wir schließlich das im Grunde genommen neurotische (und unter Umständen den anderen neurotisierende!) Verhalten des kleinen Mädchens entschlüsseln. Daraufhin vermochte meine Tochter sich dem eindeutig zu entziehen.

Dieses Phänomen einer sozusagen widersprüchlichen Botschaft, das ich eben beschrieben habe, erkannte ich übrigens bei manchen Beziehungen unter Erwachsenen wieder. Da gab es, wie bereits erwähnt, Ehepartner, die bestimmte Verhaltensweisen, die sie selbst nie an den Tag gelegt hätten, bei dem Partner ihrer Wahl sehen wollten und zunächst anscheinend liebten. Später jedoch begannen sie, genau diese Eigenschaften und

Verhaltensweisen bei dem anderen mittels ihres anerzogenen Über-Ichs abzuwerten und zu bestrafen.

Ihr Umgang mit Angst und Schmerz

Als ich einmal vor dem eben beschriebenen kleinen Mädchen erwähnte, wie müde ich sei, weil unsere kleine Tochter Alpträume gehabt und ich mich die ganze Nacht um sie gekümmert hätte, gab es mir ganz treuherzig und ernsthaft den Tipp, die Sache doch wie seine Eltern zu handhaben. Diese würden jeden Abend ihren kleinen Bruder in seinem Zimmer einschließen, damit er nicht zu ihnen laufen könne, wenn er nachts Angst bekomme. So hätten sie immer ihre Ruhe und ihr Bett für sich und seien tagsüber nicht so müde. Er habe zwar morgens manchmal ganz dicke Augen, weil er wohl geweint habe, aber man sehe ja, es gehe auch so.

Doch auch Erwachsene liefern Beispiele, über die man nur den Kopf schütteln kann: Zu einer Einladung an einem frühen Sommerabend in Heidelberg hatten zwei junge Mütter ihre fast gleichaltrigen Säuglinge mitgebracht und in den Nebenräumen zum Schlafen hingelegt. Beide bekamen etwa zur gleichen Zeit Hunger und begannen zu schreien – ausgerechnet zu dem Zeitpunkt, als das kalte Büfett eröffnet worden war. Während die eine Mutter mit der Bemerkung »Ich weiß ja, dass ich gleich etwas zu essen bekomme, aber die Kleine nicht!« ihren Teller absetzte und aufstand, um ihrem Kind die Flasche zu geben, blieb die zweite Mutter ungerührt sitzen, um erst einmal in Ruhe zu essen. Das zog sich unerträglich lange hin, denn ihr kleiner Sohn schrie sich derweil die Kehle aus dem Leib. Sie meinte aber, es gehe nicht an, sich ganz zum Opfer des Kindes zu machen. Es müsse eine gewisse Frustrationstoleranz erlernen, und das würde es ja nicht, wenn man ihm immer sofort zu Diensten sei. Für die zweite Mutter, die übrigens eine freundliche, selbstbewusste junge Frau war, schien die Sprache der Kongruenz unter Ausschluss der Empathie völlig legitim zu sein, war es doch die Sprache, die sie kannte und wohl auch selbst erlebt hatte. Eine andere Frau und ich stießen bei ihr auf Erstaunen und völliges Unverständnis, als wir uns für den Säugling mit seiner existentiellen Angst, die er in diesem Augenblick verspürte, stark machten. Wir empfanden beide den Drang, dem Kleinen, der ja wirklich, wie die andere Mutter es ausgedrückt hatte, noch kein Wissen um seine Situation hatte, die Hungerleidenszeit zu verkürzen, brachten es aber nicht fertig, seine Mutter zu überzeugen. »Längere Hungerszeit ist für ihn in seinem zarten, noch unbewussten Alter wie Todesangst!«, bemerkte ich. Seine Mutter antwortete daraufhin freundlich lachend: »Ach, was ihn nicht umbringt, macht ihn stärker!«

Damals hatte ich noch die Illusion, man könne so kleinen Wesen durch Wachrütteln der Eltern helfen, und kämpfte weiter, indem ich ihr von Franz Renggli und seinem Buch »Angst und Geborgenheit« erzählte. Hierin beschreibt er, dass Eltern gerade im ersten Lebensjahr, also im Säuglingsalter, den Kindern zu ihrem für das spätere Leben so wichtigen Urvertrauen verhelfen können, indem sie empathisch mit ihren Ängsten umgehen, indem sie einmal von sich selbst absehen und auf die Bedürfnisse und Ängste der Kinder eingehen, sich selbst also unter Umständen in dieser Lebensphase kurzfristig zurücknehmen. Die große Gefahr liegt hier in den psychischen Verletzungen, die die Kleinen erleiden, da sie ja noch nicht so weit entwickelt sind, als dass sie auf eine möglichst schnelle Bedürfnisbefriedigung verzichten könnten (wie es später im Aushandeln mit den Eltern möglich wird).

Aber hier – wie auch im Beispiel mit dem eingeschlossenen Kind – wurde mir deutlich, wie sich die autoritäre Komponente im Umgang mit der Angst der Kinder darstellt: Selbst desensibilisiert, sicherlich durch traditionell in der Familie verankerte Umgangsweisen und Erfahrungen, können sich diese Eltern gar nicht mehr vorstellen oder einfühlend erfassen, was in den Kindern seelisch vor sich geht. Sie sind selbst so sehr auf ihre eintrainierten, erlaubten und zugewiesenen Empfindungen festgelegt, dass sich eine vermeintliche Empathie immer nur am eigenen Maßstab misst, aber der andere, der des Kindes, nicht hinterfragt wird. Die Beziehung zum Kind steht unter dem Motto: »Wo Empathie angebracht ist, bestimme ich – und wo sie zu Ende ist, bestimme ich auch. Ich bestimme genauso, welche Angst mein Kind wann haben darf und welche ich ihm als nicht angebracht und störend vorwerfe und abgewöhne.« Hinzu kommt dann noch eine Haltung wie die folgende: »Selbst wenn mir einer sagen würde, dass du jetzt das Recht auf deine Angst hast, selbst wenn ich dies rational verstehen würde, kann und will ich doch nicht über meinen Schatten springen. Ich habe von Haus aus nicht gelernt, tiefgehend und konstruktiv mit eigenen Ängsten und Gefühlen umzugehen. So bedeutet der Anspruch, mich damit auseinander zu setzen, eine Überforderung für mich. Außerdem ist dies für mich auch nicht so notwendig, denn ich bin doch in der Weise, in der härteren Art, in der man mit mir umgegangen ist, trotzdem etwas geworden, wahrscheinlich sogar lebenstüchtiger als manch anderer. Die Welt ist nun mal hart, also habe ich mich mit ihr arrangiert. Ich tue dem Kind bestimmt keinen Gefallen, wenn ich anders mit ihm umgehe.«

Die letzte Bemerkung ist für mich immer eine Entschuldigung für die eigene Hilflosigkeit, mit Gefühlen umzugehen. Meine Erfahrung hat außerdem gezeigt, dass diese Ansicht nur vordergründig stimmt. Nach außen hin sieht es tatsächlich immer so aus, als wären die hart und zur Gesellschaft hin erzogenen Menschen die Starken, die sich durchsetzen. Abgesehen davon, dass dies meist auf Kosten von wahrhaftigen, vertrauensvollen Beziehungen geht und mit dem Opfer anderer Menschen verbunden ist, sind erstaunlicherweise gerade diese »starken« Menschen nicht in der Lage, dann, wenn das Leben es ihnen tatsächlich abverlangt, allein mit schwerwiegenden Ängsten oder mit starken Beeinträchtigungen wie Alter und Krankheit fertig zu werden. Sie sind es, die sich bei irgendwelchen Institutionen »reparieren« lassen wollen, die Sehnsüchte nach wahrem Geliebtwerden äußern, die davon überzeugt sind, sie seien stets zu kurz gekommen. Paradoxerweise entpuppen sich in schwierigen Situationen oft die vermeintlich Schwächeren, weil Emotionaleren, als erstaunlich kraftvoll und werden ohne Fremdhilfe mit sich und ihrem Leid fertig. Ein Mensch, der (auch laut Renggli) in früher wie in späterer Kindheit die Erfahrung machen durfte, dass er seine Angst nicht unterdrücken, abwehren oder sich völlig verlassen erleben musste, der weiß, dass er beim Ausleben dieser Angst die empathische, begleitende Hilfe seiner Eltern hatte, der wird sich später – natürlich vorausgesetzt, die Eltern lassen seine Ablösung von ihnen zu – auch im Durchleben einer schweren Angst aufgehoben fühlen. Er hat durch Erfahrung das Urvertrauen erworben, dass Angst nicht völlige Einsamkeit und Unmöglichkeit des Aufgefangenwerdens bedeutet und somit durch Überkompensierungen vermieden oder negiert werden muss. Vielmehr haben erwachsene Menschen, die im Erleben ihrer Angst Geborgenheit bekamen, diese Erfahrung so verinnerlicht, dass sie ohne Fremdhilfe Phasen der Angst bewusst durchstehen können, indem sie mit sich selbst ehrlich umgehen. Sie sind zu beglückenderen Beziehungen fähig, weil sie nicht nur sich selbst, sondern auch dem Partner das Recht auf seine Ängste und Empfindungen zugestehen, ihm Verständnis und Beistand geben können, was ein Klima der Offenheit und des Vertrauens schafft und beim Partner das Gefühl der

Dankbarkeit und der Zuneigung verstärkt und ihn in der Partnerschaft nicht einsam werden lässt. Dasselbe gilt für die Empfindung des Schmerzes. Auch hier sieht man allzu oft, dass Eltern dieses für sie problematische Gefühl ihren Kindern nicht zugestehen können. Einmal, weil sie selbst nicht gelernt haben, mit Schmerzen adäquat umzugehen, zum anderen, weil sie sich die Anstrengung der echten Anteilnahme ersparen wollen, und auch, um die Kinder nicht zu »verweichlichen«. Sie bedenken hierbei nicht, dass gesellschaftsangepasste Härte zwar mitunter einen Schutz darstellt, aber im wesentlichen doch wieder auf Kosten der Qualität von Beziehungen geht. Ferner können sie sich vielleicht nicht vorstellen, dass es einen Menschen stark macht, wenn er in der Lage ist, mit der Tiefe seines Schmerzes umzugehen, der ihn meist nicht umbringt, sondern in anderer Qualität weiterleben lässt.

Jemand, der mehrfach die Erfahrung gemacht hat, dass er seinen Schmerz überwinden konnte, indem er sich ihm ausgesetzt hat, weiß schließlich, dass er es mit sich selbst und der Welt aufnehmen kann – ohne Vermeidungen und ohne ständige Suche nach »Ersatzvätern« und »Ersatzmüttern«, die fürsorglich die Steine aus dem Weg räumen sollen.

Szenen, die ich in diesem Zusammenhang beobachtet habe, gehen tagtäglich über die Bühne des Lebens. Da fällt ein Kind hin, schlägt sich ein Knie blutig – und die Mutter zieht es hoch und gibt dem vor Schmerz weinenden Kind noch einen kräftigen Schlag. Empathie ist hier natürlich nicht im Spiel, allenfalls kongruente Gedanken wie: »Ich bin überfordert. Muss dieses Kind ausgerechnet jetzt auch noch hinfallen, da ich doch im Moment zusätzlichen Stress wirklich nicht gebrauchen kann?!«

Zur Abwehr des Appells an die eigenen Emotionen, an Arbeit in Form von Trösten oder Anteilnahme verwandelt sich dieses Gefühlsgemisch bei der Mutter blitzschnell in Wut und entlädt sich an der Person, die diese Unbill über sie gebracht hat, nämlich an dem weinenden Kind.

Natürlich weiß jeder von solchen Situationen, in denen eine Mutter einfach ausgelaugt ist, sie nicht mehr viel Zärtlichkeit und Trost bereithalten kann, sondern eigentlich selbst etwas Zärtlichkeit und Trost bekommen müsste.

Wenn in solchen Momenten dann auch noch ein Kind Stress verursacht, scheint das Maß der Erschöpfung voll zu sein. Wie viel konstruktiver ist es dann aber für die Beziehung, wenn sich die Mutter mit genau diesen Empfindungen (vorausgesetzt, sie nimmt sie schnell genug wahr) trotzdem transparent machen kann, anstatt sich zur Abwehr einfach abzureagieren. Kinder verstehen es, wenn zum Beispiel ein Satz wie der folgende ausgesprochen wird: »Oh, nein, auch das noch! Ich kann doch gerade auch gar nicht mehr! Ich bin doch auch so erledigt! Fast bin ich zu erschöpft, um dich so richtig zu trösten. Komm, wir trösten uns gegenseitig!«

Ein weiteres Beispiel. Mit einer Freundin lebte ich mich völlig auseinander, weil wir erhebliche Differenzen über den Umgang mit ihrem kleinen Sohn bekamen. Immer wenn er sich weh tat, stürzte oder überhaupt so traurig war, dass es ihn entlastet hätte, einmal zu weinen oder sich streicheln zu lassen, reagierte seine Mutter streng und energisch ablehnend. Lag er schmerzverkrümmt auf dem Boden und streckte seine Arme nach jemandem aus, hielt sie mich zurück und rief ihm zu: »Stehst du wohl auf! Das tut gleich nicht mehr weh! Los, steh auf, komm her! Ich tue dir ein Pflaster drauf. Jetzt hör aber auf zu weinen. Es reicht jetzt!« Schaffte er es dann (in ihren Augen) schnell genug, seinen Schmerz zu unterdrücken, rappelte er sich tapfer und einsam geschwind hoch, dann lächelte sie ihn zur Belohnung an und bemerkte: »Da siehst du. Bist doch lieb. Man braucht doch nicht alle Leute nervös zu machen mit einem solchen Gejammer.«

Als er noch recht klein war, mich immer so hilfesuchend und flehend ansah und ich auf seinen Appell dann einging und ihn tröstete, bekam ich jedes Mal Streit mit der Freundin, weil ich ihrer Ansicht nach ihre Erziehung »versaute«. Bald vermied sie schließlich weitere Treffen mit mir, wahrscheinlich wegen unserer grundsätzlich verschiedenen Erziehungsstile. Später, als der Kleine bereits zehn Jahre alt war, sah ich die beiden einmal wieder. Er war ein freundlicher, angepasster, höflicher Junge geworden, stets bemüht, nicht zur Last zu fallen. Wenn er sich in den Finger stach oder mit dem Taschenmesser aus Versehen ritzte, verzog er keine Miene, unterdrückte er also seine Gefühle stillschweigend. Genauso verzog er aber auch keine Miene, wenn unsere Jüngste blutete oder schreiend mit dem Stuhl umkippte. Er hatte es nicht gelernt, hatte sich vielleicht auch abgewöhnt, einem Menschen in solch einer Lage empathisch zu Hilfe zu kommen. Das Element des Fürsorglichen schien er in seiner Persönlichkeit nicht entwickelt zu haben.

Dass autoritär erzogene Kinder die ihnen anerzogenen Verhaltensmuster dann auch im Umgang mit ihren Kameraden weitergeben, ist nicht verwunderlich. Und treffen sie auf Freunde, die ebenfalls in dieser Sprache erzogen werden, fühlen sie sich sofort »heimisch«, da zwischen ihnen sozusagen die gleichen Spielregeln gelten.

Komplizierter wird es, wenn sie auf Kinder eines anderen Erziehungsstils stoßen und mit ihnen umgehen wollen. Das führt oft zu Missverständnissen. Meine damals siebenjährige Tochter ging nach der Schule immer mit mehreren Kindern nach Hause, die bei uns in der Nähe wohnten. Darunter war ein Mädchen, Karin, das die anderen Kinder, die eher liberal erzogen waren, ständig mit ihrem verinnerlichten, ermahnenden Eltern-Ich aufregte. Wenn sie von den Klassenkameraden etwas Bestimmtes erreichen wollte, fasste sie dies nicht in eine Bitte, in eine Aussage oder in eine unverfängliche Aufforderung wie etwa: »He, wartet auf mich!« oder: »Kann ich auch mit euch gehen?« oder einfach: »Wartet, ich komm mit!«, sondern sie sprach sie streng und vorwurfsvoll an: »Könnt ihr mir vielleicht mal erklären, wieso ihr nicht auf die Idee kommt, auf mich zu warten?«

Hier ist bereits eine der von Thomas Gordon beschriebenen Kommunikationssperren aufgetreten, und zwar der Vorwurf. Im vorliegenden Fall ruft solch eine vorwurfsvolle Aufforderung bei den übrigen Kindern oft Trotz hervor. Sie, die nichts Böses beabsichtigt haben, fühlen sich dann zu Unrecht ermahnt und reagieren dementsprechend ärgerlich. Dann heißt es schon mal: »Mensch, nun komm doch endlich. Wenn du so lahm bist.« Sie wollen den Vorwurf nicht akzeptieren und wälzen die vermeintliche »Schuld«, die in der Luft liegt, wieder auf die Kleine ab – und schon ist die Kommunikation gestört, ja mitunter eskaliert sie sogar. Karin fühlt sich jetzt wegen der Unterstellung, zu lahm zu sein, (zu Recht) angegriffen: »Wenn ihr jetzt nicht sofort vernünftig werdet, dann bringen meine Eltern euch vor Gericht!«

Ihr vermeintliches Machtmittel des »Wenn … dann« macht die anderen nun um so wütender – die Kleine wird schließlich abgelehnt oder angegriffen. Wenn sie dann etwa noch sagt: »Was seid ihr nur für wüste Kinder! Einmal gehe ich noch mit euch – und dann will ich nichts mehr mit euch zu tun haben!«, ist es ziemlich wahrscheinlich, dass eines der Kinder sie schließlich an den Haaren zieht – und schon ist der schlimmste Streit entfacht. Dieser wäre nur zu vermeiden, wenn die anderen Kinder auf die von Karin vorgebrachten, maßregelnden »Du-Botschaften« mit einer Ich-Botschaft reagieren würden, also etwa folgendermaßen: »Ich fühle mich jetzt zu Unrecht ermahnt. Ich nehme dich nämlich gerne mit, habe mich nur in der Eile nicht nach dir umgeschaut. Also schließe dich uns an.« Doch ein solches Verhalten ist von Kindern dieses Alters natürlich nicht zu erwarten, da es einfach zuviel verlangt wäre.

»Laisser-faire« erzogene Kinder

»Wer hat hier ein Problem?«

»Ach, der ist so selbständig – das kann er irgendwie schon allein.« – »Nee, also, darum kann ich mich nicht auch noch kümmern; das ist ihr Problem. Und wenn sie das nicht allein hinkriegt, dann kann sie das eben nicht machen.«

Dies sind typische Sätze, die ich in den Kursen immer wieder von den Eltern gehört habe, die eine ausgesprochene Laisser-faire-Haltung an den Tag legen. Solche Aussagen sind besonders dann in die Runde geworfen worden, wenn andere Eltern gewisse Probleme mit ihren Kindern zur Diskussion stellten – Probleme, die sie mit ihren Kindern gemeinsam bestmöglich zu lösen suchten.

Ich erinnere mich noch gut an einen Dialog zwischen zwei Müttern. Die Grundeinstellung der einen wich erheblich von der der anderen ab. Mutter A wollte ihrem inzwischen fünfjährigen Sohn helfen, der immer noch nachts einnässte. Sie war nun schon zwei Jahre länger geduldig, als sie es bei ihren anderen Kindern gewesen war, und begann allmählich, sich Sorgen zu machen. Als sie ihr Problem vortrug, hagelte es zunächst – wie üblich – Tipps, Vorschläge und Anregungen (all diese guten Ratschläge hatte sie inzwischen bereits erfolglos umzusetzen versucht), ferner Fragen, welche die körperliche und seelische Verfassung des Kleinen betrafen. Doch gerade seine seelische Verfassung schien in Ordnung zu sein, denn die Mütter, die ihn kannten, schätzten ihn als fröhliches, aufgeschlossenes Kind.

Der Fünfjährige kam also in seiner Familie nicht zu kurz, und auch organisch war bei ihm – das hatte eine ärztliche Untersuchung ergeben – alles in Ordnung. Er schien lediglich einen besonders tiefen Schlaf zu haben.

Mutter A: »Ich möchte den Kleinen natürlich auf keinen Fall unter Druck setzen oder ihm das Gefühl vermitteln, er sei anormal. Nur, ich denke, ich müsste allmählich einen Weg finden, damit er aus den Windeln rauskommt, ohne dann ins Bett zu machen. Ich möchte es ihm abgewöhnen, weil ich an *ihn* denke, aber genauso gut denke ich auch an mich. Nachts immer komplett sein Bett neu zu beziehen und ihn umzuziehen ist mir auf die Dauer zu anstrengend, und außerdem stört ihn das alles auch.«

Mutter B schüttelte hierauf verständnislos den Kopf und meinte: »Ich verstehe nicht, dass man hieraus überhaupt ein Problem macht. Das ist doch einzig und allein sein Problem! Da brauchen Sie sich doch nicht drum zu kümmern. Wenn er nachts ins Bett macht, gibt es doch zwei Möglichkeiten: Entweder merkt er es gar nicht und schläft weiter, oder er wird, wenn es ihn stört, schon aufstehen und sich was Trockenes zum Anziehen holen. Und wenn Sie am nächsten Tag das Bett nicht frisch beziehen wollen, dann bleibt es eben so. Deswegen wird er trotzdem groß!«

Mutter A war irritiert und antwortete: »Das ist mir schon klar, dass es, streng genommen, ursächlich sein Problem ist. Aber deswegen lasse ich ihn doch mit diesem Problem nicht allein, lasse ihn nicht in der Nässe liegen, die ihm unangenehm ist! Ich empfinde es als meine erzieherische und auch gewollte Pflicht, meinen Kindern bei ihren Problemen beizustehen. Selbst ich als Erwachsene bin ja froh, wenn mir jemand bei einer Problemlösung Anteilnahme signalisiert.«

Bei diesen Worten richtete Frau A ihren Blick intensiv auf den Ehemann von Frau B, der allem Anschein nach der Fürsorgliche in der Familie war, derjenige, der ständig darum bemüht war, es seiner Frau so angenehm wie möglich zu machen. So holte er ihr zum Beispiel einen Stuhl, wenn gerade eine Sitzgelegenheit fehlte, öffnete ihr die Tür, nahm also Handlungen vor, die seiner Frau das Leben erleichterten, die sie aber selbst hätte vornehmen können, denn schließlich ging es ja stets um ein Problem, das sie betraf.

Offensichtlich nahm sie also viel Aufmerksamkeit und tätige Hilfe von ihrem Mann in Anspruch, ohne sich dessen bewusst zu sein, fühlte sich aber nicht in der Lage, dies weiterzugeben. Hierfür gibt es sicherlich vielerlei Gründe, über die ich an dieser Stelle jedoch nicht zu urteilen vermag.

Das Ganze erinnerte mich an eine Frau, die in einer unserer Selbsterfahrungsgruppen bei den anderen als eine Art Rabenmutter betrachtet und kritisiert wurde. Alles, was sie erzählte, hörte sich so an, als würde sie ihre Kinder völlig vernachlässigen. Als sie einmal wieder von den anderen deswegen angegriffen wurde, sagte unser Therapeut: »Merkt ihr denn gar nicht, dass Inge selber so bedürftig ist, dass sie nichts geben kann? Sie ist jetzt erst einmal dran. So fühlt sie jedenfalls. Und wer sagt denn, dass sie etwas anderes fühlen soll oder kann als das, was sie tatsächlich fühlt? So leid einem auch die Kinder tun können: Inge ist selbst dermaßen zu kurz gekommen, dass sie erst einmal nur an sich selbst denken kann.«

Die Reaktion war ein allgemeines schockiertes Schweigen, und ich glaube, jedem wurde spontan die Tragik bewusst, die hier bei diesem Schicksal mitschwang, natürlich auch die Tragik dieser Kinder, die nun einmal eine solche Mutter hatten, die nicht anders konnte, als ihre Kinder sich allein zu überlassen. Ich dachte damals bei mir: »Und so geht es dann weiter …«

Im Fall von Frau B war es interessant, dass sie in sich selbst keinerlei Anteil eines Eltern-Ichs entwickelt zu haben schien, weder das fürsorgliche noch das ermahnende. Mit ihren Kindern lebte sie allem Anschein und aller Selbstdarstellung nach in einer Art freundlich-gleichgültigen Geschwisterschaft, wobei der Vater als Anlaufstelle für alle Familienmitglieder fungierte.

Nebenbei bemerkt: Im Falle von Frau A fand das Problem des Bettnässens mit viel Geduld und Engagement ein glückliches Ende. Es gelang, ohne an dem Selbstwertgefühl des Jungen zu kratzen, ohne dass er sich in Unwürde völlig selbst überlassen blieb, ohne ihn zu strafen oder ihn mit Arztbesuchen zu drangsalieren.

Ihre Art, für sich selbst zu sorgen

In unserer damaligen Nachbarschaft wohnte ein kleines Mädchen, Regine, das in die erste Klasse ging. Ihre Eltern lebten auch gemäß ihrer eigenen Kongruenz, vertraten aber – sicherlich um dies zu rechtfertigen – nach außen hin die Ansicht, ihre Tochter nicht autoritär, sondern frei zu erziehen. Hierbei betonten sie, dies führe nicht nur zu einer freien Entfaltung, sondern auch zu früher Selbständigkeit, was in unserer harten Welt nur von Vorteil sein könne. So waren sie sich einig und konnten sich trotz Elternschaft beide ihre freie Entfaltung und ihre Berufstätigkeit leisten, ohne für eine Kinderfrau sorgen zu müssen.

Da sie ihr Kind noch für zu jung hielten, die Verantwortung für einen Hausschlüssel zu übernehmen, fand die Kleine zunächst, wenn die Schule zu Ende war, an der Haustür eine große Plastiktüte mit Essen vor. Sie stellte dann ihren Ranzen ab und musste etwa zwei Stunden warten, bis entweder die Mutter oder ihr Vater in der Arbeitspause angefahren kam, um ihr die Tür zu öffnen. Verließ sie dann am Nachmittag das Haus, so konnte sie erst wieder hinein, wenn die Eltern gegen achtzehn Uhr, manchmal auch später, nach Hause kamen.

Da Regine mit unseren und anderen Kindern aus der Nachbarschaft täglich draußen spielte, blieb es nicht aus, dass sie ihre eigenen »freien« Möglichkeiten fand, für ihr Wohlergehen zu sorgen. Wurden die Kinder zum Mittagessen hereingerufen, kam sie zu der einen oder anderen Mutter an die Tür und fragte, ob sie mit hineinkommen könne. Das wiederholte sich nachmittags und abends, wiederholte sich natürlich auch, wenn es draußen regnete. Wir Mütter hatten Mitleid mit ihr und wechselten uns schließlich in der emotionalen Versorgung von Regine ab. Im Laufe der Zeit wurde sie aber für die Nachbarschaft zunehmend zur Belastung. Es reichte ihr nicht aus, einfach neben den Kindern ihr Essen einzunehmen und mitzuspielen, nein, sie begann an der jeweiligen Mutter regelrecht zu »kleben«, wodurch diese wiederum erheblich in ihrem Tagesablauf gestört wurde.

Es entwickelte sich schließlich so, dass manche Nachbarin sie zwar noch zum Essen mit hineinließ, sie aber dann schnell wieder hinausschickte. Doch wenn wir zum Fenster hinausschauten und sahen, wie die Kleine im Regen umherstreunte, konnten wir diesen Anblick nicht ertragen und baten sie wieder herein. So verbrachte sie viele Regennachmittage bei uns, bis abends der Vater oder die Mutter draußen laut nach ihr pfiffen, um zu signalisieren, dass sie nun wieder zurück seien. Die Kleine sprang dann immer gleich auf, weil sie sich auf ihre Eltern freute, denn die waren immer sehr freundlich zu ihr, schimpften nicht mit ihr und schlugen sie auch nicht.

Für mich wurden diese Nachmittage auch jedes Mal furchtbar anstrengend, weil Regine allzu sehr daran interessiert war, sich an mich anzulehnen, um Zuwendung zu erhalten. Hatte ich zum Beispiel eine weiche Strickjacke an, wich sie nicht von meiner Seite, wollte dann immer den Kopf an meiner Schulter reiben, war also intensiv dabei, sich emotional Wärme zu verschaffen. Es war für mich jedes Mal sehr schwierig, das richtig zu dosieren, denn ich wollte sie ja nicht ganz abweisen, mich aber auch nicht zu sehr darauf einlassen, weil sie nicht nachließ in ihrem Bemühen, wärmende Nähe zu erhalten.

Als die anderen Nachbarinnen bereits darüber nachzudenken begannen, ob nicht das Jugendamt eingeschaltet werden müsste, beschloss ich, einmal mit Regines Eltern über unsere Nachbarschaftsprobleme zu sprechen. Ich suchte sie auf und erzählte ihnen, wie es mir (und den anderen Müttern) in Bezug auf sie und ihr Kind ging. Da ich keine Du-Botschaften angewandt hatte, waren sie auch nicht gekränkt, sondern machten mir ganz schlicht ihren eigenen Standpunkt klar.

Sie hätten nun einmal beschlossen, ihr Familienleben so zu gestalten, dass alle drei Beteiligten Zugeständnisse machen müssten. Möglichst alle sollten zu ihrer Entfaltung und Selbstverwirklichung kommen können. Regine sei bereits sehr selbstständig und in Wirklichkeit gar nicht darauf angewiesen, von uns anderen Müttern mitversorgt zu werden, weder emotional noch in anderer Weise. Wir sollten uns doch nicht etwas zum Problem machen, was tatsächlich keines sei. Ich wies darauf hin, dass sie als Eltern zwar dem Ideal einer antiautoritären Erziehung anhingen, ich aber dennoch in ihrem »Agreement« autoritäre Züge entdecken würde, da dem Kind bei ihrer Entscheidung wohl kaum ein Mitspracherecht eingeräumt worden sei. Außerdem sei es meiner Meinung nach ebenfalls autoritär, von oben herab zu bestimmen, was ein Kind empfinde und worauf es angewiesen sei. Und man könnte nicht (als Eltern) einfach sagen: Der Appell meines Kindes nach Aufgenommenwerden und Zuwendung durch euch ist nicht nötig. Das Kind braucht das nicht. Es tut nur so. Und ihr seid selber schuld, wenn ihr durch so etwas Unnötiges ein Problem bekommt. Weiterhin meinte ich, hier zeige sich das Primat der elterlichen Kongruenz auf Kosten der Empathie den anderen, besonders dem Kind, gegenüber. Als Antwort hörte ich, sie verstünden schon, was ich meinte, nur sei mein Idealismus unrealistisch, da das Kind sich eben früh mit den harten, realistischen Gegebenheiten abfinden müsse. Empathie sei nicht immer möglich.

Das Ergebnis unseres Gespräches sah dann so aus, dass Regine nicht mehr zu den anderen Müttern gehen sollte (es aber dennoch heimlich versuchte) und dass für Regentage ein kleines Zelt im Garten für sie bereitstand.

Es blieb soweit alles beim alten. So rief mich Regine beispielsweise abends, wenn ihre Eltern ausgingen und sie schlafen sollte, des Öfteren an, um sich trösten zu lassen, ermahnte mich dann aber jedes Mal eindringlich, es nicht ihren Eltern zu erzählen, denn sie habe ihnen versprochen, tapfer zu sein.

Da Regine jedoch – abgesehen von den erzieherischen Mängeln – insgesamt gut von ihren Eltern behandelt wurde, kamen wir Nachbarinnen schließlich überein, das Jugendamt nicht zu alarmieren, sondern, so gut es ging, der Kleinen zu helfen. »Wir kriegen sie auch irgendwie mit groß, wenn wir uns alle abwechseln«, lautete die allgemeine Auffassung. So kam es zu einer sonderbaren Art von geheimem Komplott zwischen uns Müttern und Regine, die, in etwas reduzierter Weise, von uns emotional mit »genährt« wurde, jetzt aber ohne Wissen ihrer Eltern, denn es wäre für Regine unerträglich gewesen, wenn Vater und Mutter erfahren hätten, dass sie ihr heiliges Versprechen ihnen gegenüber offensichtlich doch brach.

Jahre danach hörte ich Regines Mutter während einer Gesellschaft lässig und souverän erzählen, wie gut sich die Berufstätigkeit beider Eltern mit der Kindererziehung verbinden lasse. Es sei ein Ammenmärchen zu glauben, dies müsse auf Kosten auch nur eines Familienmitglieds gehen. Alles sei eben eine Frage der Organisation. Sie kenne allerdings viele »gluckenhafte« Frauen, die zugunsten der Kindererziehung zurücksteckten und sich so um ihre Selbstverwirklichung brächten. Als sie dann auch noch begann, gerade die Frauen abwertend zu beurteilen, die stets so bereitwillig die Anlaufstelle für ihre Tochter gewesen waren, hörte ich lieber nicht mehr zu.

Das werbende, unbefriedigte Kind

Ein anderes, damals fünfjähriges Mädchen, Maria, deren Mutter einmal an einem unserer Grundkurse teilgenommen hatte, wurde von ihren Eltern ebenfalls im Laisser-faire-Stil erzogen. Die Mutter war in unsere Gesprächsgruppe gekommen, weil sie meinte, hier eine Variante der Laisser-faire-Methode vorzufinden und Argumentationen für ihre Einstellung zu bekommen. So »ausgerüstet« hoffte sie, der herben Kritik aus ihrer Umwelt an ihrem Erziehungsstil entgegentreten zu können. Als sie aber feststellen musste, dass es in unserer Gruppe zwar nicht autoritär, aber anstrengend und engagiert zuging und dass unsere Haltung so gar nicht mit einer Laisser-faire-Einstellung vergleichbar war, blieb sie nach vier Abenden der Gruppe fern. Da sie nicht weit von uns entfernt wohnte, sahen wir sie und ihre Kleine schon mal beim Einkaufen und auf der Straße.

Wenn sich Maria mehr oder weniger von ihrer Mutter unbeobachtet fühlte, zeigte sie auch fremden Erwachsenen gegenüber ein besonders zutrauliches, ja geradezu werbendes Verhalten, was schnell in Intimität überging, wenn der »Umworbene« ihr »Spiel« mitmachte. »Sie ist so beliebt, weil sie so kontaktfreudig ist«, hatte ihre Mutter einmal erzählt. So drängte sich das Mädchen etwa an eine ältere Frau heran, schlang die Arme um ihr Bein und sagte: »Du hast aber einen schönen Rock an«, worauf sie dann ein nettes Wort zurückbekam. Bei einer Verkäuferin schmeichelte sie sich so lange ein, bis diese sie kurz auf den Arm nahm. Nun versuchte sie, den Mund der Frau zu öffnen, um nachzusehen, ob diese ein »Bonbon« darin habe. Immer wieder, wenn man ihr begegnete, versuchte sie, mit schmeichelnden und werbenden kleinen Tricks Aufmerksamkeit und Zuspruch zu erlangen. Sie holte sich charmant ihre Streicheleinheiten, wo immer sie konnte, aber nur von Erwachsenen. Ganz offensichtlich sorgte sie allein für die Befriedigung ihrer Wünsche. Und die Mutter? Sie lächelte auch, wenn sie sah, dass die Kleine weiter gehende Intimitätsversuche unternahm. Es schien ihr sogar recht zu sein, wenn die Kleine sich hier ein Bonbon und dort ein Küsschen »ergatterte«. Sie gönnte ihrer Tochter, dass sie beliebt war und viel geschenkt bekam. So konzentrierte sich das Kind nicht auf sie selbst.

Im Laufe der Zeit aber empfanden die Leute aus der näheren Umgebung Maria als Plagegeist, gingen nicht mehr so recht auf ihr werbendes Verhalten ein und kanzelten sie zum Teil ab, wie zum Beispiel die Verkäuferin, in deren Mund sie einmal hatte »herumsuchen« dürfen. Maria zeigte dann eine leichte Enttäuschung, wandte sich aber sofort anderen Menschen zu. So wechselte sie zwangsläufig ständig ihre Ansprechpartner, ersetzte den einen durch den anderen.

Ich fragte mich, wie wohl ihre späteren Beziehungen zu Freunden oder Partnern aussehen mochten, ob sie bindungsfähig werden könnte, wenn sie Bindung nicht an ihren Hauptbezugspersonen lernen durfte, da diese in den frühen Kinderjahren als erste Anlaufstelle für die Befriedigung ihrer Bedürfnisse nicht zur Verfügung standen, sie deshalb so oft auf andere ausweichen musste.

Außerdem war mir nicht wohl bei dem Gedanken daran, wie sie auch männliche Erwachsene becircte, um von ihnen etwas zu bekommen. Ich empfand sie als ein besonders gefährdetes Kind und wunderte mich, warum die Mutter ihr Kind nicht aufmerksam genug beobachtete, da es ihr nur so möglich gewesen wäre, diese Befürchtung ebenfalls zu entwickeln. Denn eines steht fest: Gerade Kinder, die so frei leben und ohne jeden Bezug einem Alltag ausgesetzt sind, in dem Moral und Sitte immer seltener als stabile Werte erscheinen, sind besonders gefährdet, Opfer einer wie immer gearteten Straftat zu werden. Außerdem werden sie in späteren Jahren so manche Schwierigkeit bekommen, den Menschen zu erkennen, auf den sie bauen und sich verlassen können.

Mischformen von Laisser-faire-Erziehung und autoritärer Erziehung

Hier handelt es sich um Eltern-Kind-Beziehungen, die ausschließlich auf die äußerliche Kongruenz der Eltern abgestellt sind. Die Eltern gaben ihrer Ehe meist den Vorrang und entscheiden sich – je nach Augenblickskongruenz – für die eine oder andere Haltung ihren Kindern gegenüber. Scheint es ihnen gerade am bequemsten, alles von selbst laufen zu lassen – auch wenn dies eine massive Störung für anwesende Mitmenschen darstellt –, verhalten sie sich entsprechend dem Laisser-faire. Hier ist dann von ihrer Seite weder Empathie für die Kinder noch für die anderen Menschen der Umgebung zu spüren. Fühlen sie sich jedoch in ihren eigenen Aktivitäten oder Belangen gestört, können sie genauso gut, und zwar ohne Erklärung, ohne »Vorwarnung«, »strenge Saiten aufziehen« und somit den Freiraum der Kinder völlig unterbinden.

Die Kinder erleben auf diese Weise Wechselduschen von überraschender Freiheit und Nichtbeachtung und plötzlicher Unterjochung. Statt Verlässlichkeit erleben sie in ihrer Erziehung Unberechenbarkeit und Willkür – und sie müssen immer wieder feststellen: Zuallererst ist das Wohl der Eltern wichtig, während ihrem Wohl nur sekundäre Bedeutung beigemessen wird.

Kinder von unsicheren (»schwachen«) Eltern

Charakteristisch an diesen Eltern (oder der Hauptbezugsperson) ist ein gewisser Kongruenz-Defekt. Aus eigener Schwäche und Unsicherheit heraus (und um nicht autoritär sein zu müssen) begegnen sie ihren Kindern mit einer Art Pseudoempathie und nehmen sich selbst und eigene Interessen fast gänzlich zurück. Um dennoch manchmal zu ihrem Recht zu kommen, bleibt ihnen oft nur das Mittel der Dekompensation, also die Flucht in eine Krankheit. Auf diesem Weg erhalten sie dann ab und zu Schonung und Rücksichtnahme.

Die Erziehungsbestrebungen solcher Eltern sind grundsätzlich verschieden von der Vorgehensweise jener Eltern, die aus Unsicherheit bei der Erziehung autoritären Verhaltensmustern den Vorrang geben, indem sie nach außen hin – zur Übertünchung ihrer eigenen Zweifel – der autoritären Erziehung das Wort reden. Dabei rechtfertigen sie sich immer wieder, indem sie das Positive am Autoritären hervorheben, weil sie keinerlei Alternative erfahren und gesehen haben.

Die oben angesprochenen Eltern dagegen wollen gerade nicht autoritär sein, finden aber keine adäquate Möglichkeit, ihren Kindern als gleichwertig-wichtige Personen entgegenzutreten und auch einmal nein zu sagen. Sie wollen sich nicht um jeden Preis durchsetzen, sondern haben sich eher der (vielleicht schon früh erlernten) Opferrolle verschrieben. Sie lassen das Kind dominieren, bis es über die Stränge schlägt und sie überrollt.

Als letztlich im mitmenschlichen Austausch »schwache« Eltern muss ich auch jene betrachten, die sich allein über den Intellekt zu einer in unserem Sinn falsch verstandenen antiautoritären Erziehung entschließen. Dabei handelt es sich um solche Eltern, die zum Teil selbst unter ihrer eigenen autoritären Erziehung gelitten, sie als wenig sinnvoll erfahren haben und die nun ihren Kindern etwas anderes bieten wollen. Dabei spüren sie aufgrund einer stets dominierenden Kongruenz gar nicht, was ihre Kinder brauchen – und auch wünschen.

Ein weiterer Elterntyp, der unter die Kategorie »schwach« fällt, ist derjenige, der aus narzisstischen Motiven seinen Kindern eine mehr oder weniger »ausbeuterische« Liebe angedeihen lässt. In Wahrheit geben sich diese Eltern damit selbst eine Liebe, die sie entbehrt haben – und die sie daher auch brauchen. In der »besseren« Kindheit ihrer Kinder erleben sie sich selbst noch einmal, wiederholen sozusagen in der Identifikaton mit ihren Kindern ihre eigene Kindheit. Indem sie ihren Kindern all das geben, was sie selbst gebraucht hätten, tun sie sich selbst Gutes und machen alles wieder gut. Hier fließt etwas unbewusst Unehrliches in die Beziehung zum Kind mit ein, ist es doch die Art Liebe, die sie bestimmen – und vielleicht nicht gerade diejenige, die die Kinder brauchen. Solche Eltern meinen (unbewusst), sie wüssten, was für ihre Kinder das Beste ist, ohne sie aber tatsächlich empathisch zu hinterfragen.

Auch solche Eltern sind für ihre Kinder kein eigenständiger, erwachsener Gegenpart, also kein Partner, der zum Austausch animiert. Die Kinder spüren sehr wohl, dass es hier bei aller bedrückenden Zuwendung nicht um sie selbst geht, und verweigern den Eltern oft die erhoffte Dankbarkeit und Zuneigung. Außerdem sind diese Kinder nicht selten ausgesprochen renitent, tyrannisch, unzufrieden mit sich und der Umwelt.

Kinder wollen – nach meiner Erfahrung – im Leben mit ihren Eltern die Freiheit der Unterscheidung spüren: Hier bin ich und da ist ein eigenständiges Du. Wir schaffen nicht eine diffuse, angleichende, symbiotische Atmosphäre, sondern wir sind voneinander getrennte Wesen, die Nähe durch Austausch herstellen. Kinder wollen wahrhaftige Stärke am Modell ihrer Eltern lernen. Selbst wenn sie sich in die Pseudostärke des tyrannischen Kindes begeben, sind sie dabei einsam und unzufrieden. Kinder wollen zuschauend lernen, um dann ihre dadurch gewonnene innere Stärke richtig für sich einzusetzen, ohne Liebesverlust zu riskieren. Dies ist eine Kunst, die wohl zunächst einmal die Eltern erlernen sollten, um sie weitergeben zu können. Wenn Kinder sehen, dass Eltern für sich eintreten und für sich sprechen können, gibt ihnen das ein Gefühl der Sicherheit.

Ich selbst habe mich mitunter dafür geschämt, wie vehement ich ab und zu meinen Kindern mit meinen Wünschen und Ansichten gegenübertrete. Mir »geschehen« oft geradezu heftige Ich-Botschaften, wenn ich für mich sorgen muss. Natürlich gebrauchen meine Kinder inzwischen ihrerseits passende Ich-Botschaften, sind sogar geübt im einhörenden Verstehen – so dass sie wiederum nicht klein beigeben müssen und ihre Rechte vertreten können –, doch trotzdem bereue ich es oft, wenn ich allzu heftig für mich gekämpft habe und dann befürchte, sie könnten mich dafür ein wenig verachten.

Sehr interessant war aber für mich in diesem Zusammenhang ein Feedback, das sich aus der folgenden Situation entwickelte: Vor einiger Zeit hatten wir einmal miterlebt, wie eine Freundin meiner Tochter ihre

Mutter in der Öffentlichkeit schlecht behandelte und diese sich das alles gefallen ließ. Auf meinen späteren Kommentar: »Die arme Mutter muss sich so etwas sagen lassen ...«, erwiderte eine meiner Töchter: »Na, so schwach braucht man doch nicht zu sein! Da hättest *du* dich doch gewehrt!«

Wer sich mit den familientherapeutischen Schriften von Helm Stierlin und Horst Eberhard Richter näher befasst hat, wird sicherlich aufmerksamer die familiären Situationen und facettenreichen Interaktionen in seiner Umwelt betrachten. So wie er gesehene und gehörte Ungerechtigkeiten an Kindern nicht um einer positiven »Möchtegern-Fassade« willen verbrämt und nicht nur innerlich, sondern möglichst auch äußerlich Stellung dazu nehmen wird – genauso wenig wird er in der eigenen Familie unreflektiert und unsensibel »drauflosleben«. Er wird sich der enormen Tragweite von Erziehung und ihrer Primärsozialisation für die Gesellschaft bewusst werden und sich daher um differenziertes Sehen, Hören und Handeln bemühen.

Beobachtungen zum Schicksal Erwachsener

Die Zu-kurz-Gekommenen

Nach acht Jahren Elternarbeit und nach noch längerem aufmerksamen Beobachten zwischenmenschlicher Beziehungen ist ein Eindruck bei mir vorherrschend: Die Welt scheint voll zu sein von Erwachsenen, die sich zu kurz gekommen wähnen und die daher in vielfältiger Weise versuchen, dies zu kompensieren.

Sicherlich begann bei vielen die Lebensenttäuschung bereits in ihrer Kindheit. Berichten sie von der damaligen Zeit, dann fallen Sätze wie: »Um uns hat man sich doch gar nicht so kümmern können!« – »Meine Mutter hat mich doch hauptsächlich zum Hüten der Geschwister gebraucht!« – »Für Liebe war doch überhaupt keine Zeit!« – »Meine Eltern haben immer meinen Bruder vorgezogen!« – »Mein Vater hat sich schon um mich gekümmert, aber er war so schwach, dass er sich meiner Mutter gegenüber nicht durchsetzen konnte, um mir zu helfen!« – »Darauf konnte meine Mutter gar nicht achten, dass wir Geschwister uns vertrugen!« – »Bei uns hatte man zu gehorchen und damit basta!« – »Um meine Gedanken- und Gefühlswelt hat sich keiner kümmern können.« – »Meine Eltern haben mich nicht als das geliebt, was ich eigentlich bin, sondern nur für das, was ich repräsentierte.« – »Keine Tat oder Note in der Schule war meinen Eltern gut genug!« – »Ich sollte für sie grandios sein!« – »Ich war ihnen zu mager, blass und zart!« – »Sie haben immer an mir herumgemäkelt.« Schließlich: »Ich war angeblich schuld an den Magenschmerzen meiner Mutter!«

Diese Aussagen – und viele andere mehr – zeugen nicht gerade von einer erlebten partnerschaftlichen Liebe zwischen den Eltern und ihren inzwischen erwachsenen Kindern, die jetzt selbst Kinder haben und ihnen das Bestmögliche mitgeben wollen. Bei vielen Erwachsenen scheint die Kindheit so verlaufen zu sein, wie sie einmal der Schriftsteller Gregor von Rezzori sinngemäß skizzierte: »Die Kindheit ist eine lange Krankheit, die erst in vielen Jahren überwunden wird!« Offensichtlich kranken wirklich unzählige Menschen an den erlebten Defiziten ihrer Kindheit und tragen sie in neue Beziehungen hinein, auch in die zu ihren Kindern.

Fast alle in der Kindheit gemachten (negativen) Erfahrungen leben in den Menschen weiter – und dennoch versuchen sie, jenes Erlebte umzuwandeln in etwas Schöneres, Besseres, um vielleicht doch noch Glück zu finden. Dabei ist jedoch immer die Angst latent vorhanden, sie könnten es nicht schaffen, nicht in diesem einen Leben. »Das kann doch nicht alles gewesen sein!«, ist dann oft zu hören.

Immer wieder wird das Gefühl, zu kurz gekommen zu sein, wird die beängstigende Vorstellung, auch weiterhin zu kurz zu kommen, verbalisiert, allerdings nicht selten in verschlüsselter Form. So sagt Frau S. zum Beispiel nicht: »Ich bin traurig, weil ich es immer so schwer habe! Überhaupt komme ich im Leben immer zu kurz. Ich kann mich gar nicht mit anderen freuen, wenn es ihnen mal gut geht, weil für mich das Leben nicht so beglückend ist ...« – sondern sie sagt, wenn etwa ihre Nachbarin nach einer schweren Geburt ein Baby entbunden hat: »Na ja, für die ist das ja auch alles kein Problem – bei der kommt gleich nach der Entbindung die Mutter angereist und nimmt ihr das meiste ab!«

Dieses Beispiel macht deutlich, wie sehr das eigene defizitäre Gefühl jemanden derart gefangen nehmen kann, dass damit letztlich eine innere Trennung vom Nächsten herbeigeführt wird. Da Frau S. innerlich und verbal-äußerlich keine wahre Verbindung und kein gegenseitiges Verständnis – beispielsweise zu ihrer Nachbarin – herstellen kann, kann sie umgekehrt auch nicht verstanden werden (weil sie sich nicht in entschlüsselter Form, nicht in der Ich-Botschaft, äußert) und kann (weil innerlich nicht frei von sich selbst) nicht verstehen, wie sich die Nachbarin wirklich fühlt. Vor die durchaus vorhandene Möglichkeit, Verständnis füreinander aufzubringen, schiebt sie die seufzende, abwinkende, ja neidisch wirkende Unterstellung »Sie haben es ja gut …« Jene Unterstellung lässt es wiederum überhaupt nicht zu, sich in den Nächsten einzufühlen, an seinem Glück teilzuhaben, an seinem Kummer in irgendeiner Weise Anteil zu nehmen. Da kommt nur reduziert zum Ausdruck: Wie es auch sei – die anderen haben es sowieso immer besser als ich. Mir geht es immer am schlechtesten, und ich habe es am schwersten! – Hier wird die Kongruenz nicht wahrhaftig mitgeteilt, und hier ist empathisches Empfinden mit dem anderen Menschen nicht möglich. Gegenseitige Nähe, gegenseitiges hilfreiches Verständnis, das schlichte Hinnehmen der Befindlichkeit des anderen – und daneben seiner selbst – wird nicht hergestellt. Der Zu-kurz-Gekommene definiert sich zwar in Bezug auf den anderen durch den Vergleich, aber er stellt keinen wahren Bezug her, einen Bezug, der gegenseitig sehr tröstlich wäre.

Mitunter war es für mich geradezu traurig mitanzusehen, mit welch innerer Verfangenheit Zu-kurz-Gekommene leben, und ich habe Menschen kennengelernt, die von anderen Zu-kurz-Gekommenen glühend beneidet wurden, ihre eigenen äußerlich guten Lebensbedingungen aber gar nicht wertschätzen konnten, weil auch sie in ihrer Kindheit nicht um ihrer selbst willen geliebt worden waren.

Von den Zu-kurz-Gekommenen wird nicht empathisch wahrgenommen, was sich gerade beim Mitmenschen abspielt, ob der Angst vor einer Operation hat, ob er sich etwa nach einer bestandenen Prüfung unglaublich freut – und diese Freude gern geteilt sähe – oder ob er gerade in diesem Moment gerne allein wäre, oder, oder … Fast immer schiebt sich ein »Trennfilter« zwischen die Zu-kurz-Gekommenen und die Mitmenschen und verrät ihr Grundlebensgefühl, ein Gefühl, das sich dann beispielsweise so äußert: »Egal, wie es euch jetzt gerade geht, ich bin schlechter dran, habe es schwerer, muss mehr arbeiten, komme nicht zu dem gleichen Recht wie ihr! Auch wenn ihr heute leidet, so hattet ihr es gestern dafür besser als ich …«

Leider können diese Menschen ihre Kongruenz, die sich so übermächtig in den Vordergrund schiebt, nur in Form einer wiederum trennenden Sprache zum Ausdruck bringen. Entweder heucheln sie nur Anteilnahme am Geschehen des anderen, oder sie tun die Ängste und Sorgen des anderen mit einer Handbewegung und einer Art Du-Botschaft ab: »Na ja, das schaffen Sie schon! Sie haben doch so viel Hilfe und so gute finanzielle Möglichkeiten! Wenn das andere geschafft haben, dann doch Sie erst recht!«

In dieser Sprache erreichen sie nie das, was sie sich so ersehnen, nämlich ein spätes Mitempfinden und ein wirkliches Verstehen durch den Nächsten, der sich mit seinen Empfindungen vielleicht sogar zurücknehmen würde, wenn er eine Antwort erhielte wie die folgende: »Ach, Ihre Mutter kommt, um Ihnen bei der Versorgung des Babys zu helfen? Da wird mir ganz traurig ums Herz, wenn ich das höre – nicht Ihretwegen, aber leider meinetwegen. Ich kann es immer noch nicht verwinden, dass ich es beim ersten Kind so schwer gehabt habe! Jetzt werde ich richtig ein wenig neidisch!« Wenn ein Mensch sich in dieser Form äußern würde, könnte er sich zum einen nicht beim anderen so verdächtig machen (»Die war ja richtig neidisch!«), und zum anderen wäre eine Chance auf eine nähere Beziehung gegeben, vorausgesetzt, man hat nicht jemanden zum Gesprächspartner, der nur auf Kongruenz gepolt oder womöglich selbst so fundamental zu kurz gekommen ist.

Vergleichbares war auch immer wieder in unseren Gruppen zu beobachten. Fast alle, die sich selbst so einschätzten, machten der Welt daraus einen Vorwurf und warteten auf den *Deus ex machina*, warteten auf so etwas wie einen unerwarteten Helfer von außen, auf irgendeine ausgleichende Gerechtigkeit, die ihnen das bessere Gefühl und das ersehnte Glück bescheren sollten. Mit solch einer Erwartungshaltung konfrontieren sie dann ihren Ehepartner, konfrontieren sie auch die Menschen ihrer näheren Umgebung.

In diesem Zusammenhang muss ich an ein Ehepaar aus einer unserer Gruppen denken. Der Mann war solch ein Zu-kurz-Gekommener, einer, der sich schon als Jugendlicher vorgenommen hatte, endlich »dran« zu sein, wenn er einmal erwachsen wäre.

Wie er erzählte, hatte es bei ihm als Kind weder Zuneigung noch Anerkennung seiner Person noch finanzielle Zuwendungen gegeben. Das alles habe sein Lebensgefühl geprägt, und er habe immer die feste Absicht gehabt, diesen Zustand sofort zu ändern, sobald die Zeit dafür reif sei.

Ihm war es gelungen, eine warmherzige Frau aus »gutem« (das heißt gutgestelltem) Haus zu heiraten. Seinem Sohn wollte er natürlich etwas Besseres bieten als das, was er erfahren musste, und so war er gemeinsam mit seiner Frau zum Kurs gekommen. Für Außenstehende war sofort zu erkennen, dass seine Frau ihn wegen seines ausgesprochen smarten Äußeren und wegen seines ausgeprägten Intellekts bewunderte. Dennoch schien sie bedrückt zu sein. Im Laufe des Kurses kam dann heraus, dass sie von seinen defizitären Gefühlen immer gewusst hatte und ihm bei allem immer den Vortritt ließ. Am Anfang ihrer Ehe hatte sie sich gesagt: »Er hatte es so schwer und ich als Kind so gut, also soll er bei mir nachholen können, was er alles vermissen musste.« Wie sie an einem der Abende dann gestand, hatte sie geglaubt, dass er schneller und früher »gesättigt« sein würde. Inzwischen belaste es bereits ihre Ehe, dass er immer noch nicht genug habe, dass seine Forderungen immer weiter gingen, auch seine materiellen (für deren Befriedigung sie sogar schon ihren Familienschmuck verkauft habe), und dass sie überhaupt viel opfern müsse. Doch Hoffnung war da. Ihr Mann hatte begonnen, sich selbst zu beobachten, zumal er im Kurs gelernt hatte, sich mit Ich-Botschaften deutlich zu äußern. Da er seine Frau sehr gern hatte, verstand er ihre Überforderungsgefühle und ihre Ängste bezüglich seiner »Geldgier«. Er versprach dann auch an einem Abend, an sich zu arbeiten, denn daran gehe wohl kein Weg vorbei, obwohl er im Augenblick nichts an dem *Gefühl* des Zukurz-gekommen-Seins ändern könne. (Dieses wollten wir ihm ja auch nicht nehmen, da es nun einmal existent war.) Er sollte sich jedenfalls mit diesem Gefühl angenommen fühlen, so wie es seine Frau bereits getan hatte. Nun wollte er versuchen, seine »Egozentrik«, seine ausschließliche Kongruenz zugunsten einer größeren Empathie bei den ehrlich mitgeteilten Gefühlen seiner Frau zu überwinden.

Was sich zwischen ihnen sonst noch abspielte, stellte er ganz plastisch an einem Beispiel dar: » So ist es leider mit meinem Grundempfinden: Sitzen meine Frau und ich jeder vor einem halbvollen Glas, so sagt sie erfreut, es sei ja noch die Hälfte drin. Ich hingegen lamentiere darüber, dass es nicht voll sei, dass ich nur wenig drin hätte, lamentiere dann so lange, bis sie mir ihren Teil auch noch gibt, damit mein Glas nur ja voll ist.«

Im Zusammenhang mit der Problematik des Gefühls, zu kurz gekommen zu sein, sprach eine weitere Teilnehmerin ihre Ehe- und Familienproblematik an. Sie erzählte, ihr Mann müsse hier wohl auch ein Defizit haben. Er sei sehr lieblos und hart erzogen worden, habe in ständiger Rivalität zu seinem angeblich tüchtigeren Bruder gelebt und sich von seinen

Eltern nur ab und zu ein wenig Zuneigung durch besondere Arbeitsleistungen erwerben können. Nun gehörte er nicht zu denen, die sich aufgrund einer solchen Kindheit sagten, *seine* Kinder sollten dies nicht erleiden, sondern er führte völlig unreflektiert das fort, was er bei sich zu Hause erlebt hatte.

Seine Frau erzählte weiter, nach ihrem Empfinden betrachte er sie als eine Art Rivalin, der er nichts Angenehmes gönne, bei der er stets aufpasse, dass sie mindestens so hart arbeite wie er. Er schien in der Angst zu leben, sie könne es womöglich besser haben als er. Immer befürchtete er, schon bei Kleinigkeiten, von ihr ausgenutzt zu werden, machte ihr keine Geschenke, um sie nicht unnötig zu verwöhnen, und tat ihr nie den kleinsten Gefallen. Er selbst aber sorgte für sich, wo er nur konnte, gestand sich Annehmlichkeiten zu, wenn es ihm möglich war, verlangte fürsorgliche Aufmerksamkeit und tätige Hilfe von ihr.

Seine Gedanken und Ambitionen schienen sich immer nur um ihn selbst zu zentrieren. Vorherrschend war daher seine äußerliche Kongruenz: Es war ihm nicht möglich, von sich abzusehen und empathisch mit seiner Frau und seinen Kindern umzugehen, für die er nach Aussagen seiner Frau nie einen Finger krümmte, die er mehr oder weniger duldete und ihrer Obhut überließ.

Offensichtlich war es ihm einfach nicht möglich, die Qualität der Beziehung zu Frau und Kindern im Auge zu haben. Wichtig war ihm hauptsächlich, darauf zu achten, dass er nicht wieder zu kurz käme.

Die Wechselwirkung zwischen Geben und Nehmen schien dieser Mann jedenfalls nicht zu kennen, sondern nur das eine Muster: entweder ich oder die anderen. Das gehörte eben zu seiner Lernerfahrung, und er hatte die Chance nicht genutzt, eine neue Erfahrung mit seiner Frau zu machen.

Wie wir im Gesprächskreis herausfanden, war es seiner Frau bisher auch nicht gelungen, ihn »aufzuweichen«, da sie ihm nie ihre wahren Empfindungen in Form von Ich-Botschaften mitteilen konnte. Sie hatte ihn, wie sie sagte, in den ersten Ehejahren immer auf alles, was sie störte, aufmerksam gemacht, hatte auf der Sachebene mit ihm gestritten, sich aber an seiner Rigidität und seiner mangelnden Bereitschaft, sich ihr zuliebe ein wenig zu verändern und ihr entgegenzukommen, die sprichwörtlichen Zähne ausgebissen. Sie habe, meinte sie, alle Register der üblichen Kommunikation gezogen, es im Guten und im Bösen versucht, habe die

Vernunft an die erste Stelle gesetzt, sich bei einem Psychologen informiert und ihm ihre gewonnenen Erkenntnisse über ihn und seine Kindheit zu erklären versucht. Nichts habe geholfen. Schließlich sei sie der Kinder wegen in der Ehe geblieben, habe ihr eigenes Leben neben ihm aufgebaut; was aber ihre Beziehung anbetraf, so habe sie resigniert und ihn einfach sein lassen, wie er nun einmal war.

Im Rahmen unserer Gruppengespräche erkannte sie dann, wie fremd ihr die »Gordonsche« Sprache war, wie unglaublich schwer es ihr fiel, sich auf der Gefühlsebene auszudrücken, sich wirklich echt mitzuteilen, ohne ins ermahnende Eltern-Ich oder ins trotzige Kind-Ich hineinzugeraten und ohne den Mann beurteilend zu interpretieren. Reagierte sie mit dem trotzigen Kind-Ich, reagierte er hart und verächtlich; kam sie mit äußerlicher Autorität, wurde er wütend und wehrte sie ab; interpretierte sie ihn, empfand er das als anmaßend und stauchte sie zusammen. Seine Reaktionen wurden ihr im Austausch mit den Gruppenteilnehmern klar.

Gegen Ende des Kurses meinte sie schließlich: »Vielleicht gibt es doch noch eine schwache Hoffnung. Ich muss versuchen, ihm innerlich das Recht auf seine Art zuzugestehen. Auch wenn mir dabei sehr viel fehlen wird, muss ich lernen, mich situativ immer wahrhaftig mitzuteilen. Wenn ich ihm in irgendeiner Weise doch wichtig bin, wird er mir vielleicht, wenn ich ohne Vorwurf und ohne bestimmte Erwartungen an ihn herangehe, entgegenkommen und im Laufe der Zeit umlernen. Schön wäre es auch, wenn ich ihn dazu gewinnen könnte, mit mir gemeinsam einen solchen Kurs zu besuchen.«

Mit den eben angeführten Beispielen will ich nicht den kausalen Schluss ziehen, dass alle diejenigen, die in ihren Ursprungsfamilien zu kurz gekommen sind, in ihren neuen Familien unweigerlich jene Verhaltensweisen entwickeln und schließlich in der Weise offenbaren, wie sie beschrieben wurden. Sicherlich: In vielen Fällen, die ich beobachtet habe, lag der Schluss nahe. Es spielen jedoch noch viele andere Komponenten für das Zustandekommen von Verhaltensweisen eine Rolle. Wie wir mit Erlebnissen umgehen, was wir schließlich daraus machen, das hängt bekanntermaßen auch von ererbten Faktoren, von Dispositionen für bestimmte Reaktionen, von der eigenen innewohnenden Kraft beziehungsweise Schwäche ab, ebenso sicher auch von dem, was allgemein als »Charakter« bezeichnet wird. Wäre dies nicht so, hätte ich nicht immer wieder erleben können, wie Menschen in der Lage waren, Erziehungstraditionen negativer Art zu durchbrechen. Hierbei spielen allerdings nicht selten auch glückliche äußere Umstände eine Rolle – mitunter allein das Glück, auf einen Menschen getroffen zu sein, der, indirekt, durch seine Persönlichkeitsstruktur, seine innere Kraft und seine Reife dazu beigetragen hat, die eigene Veränderung zu vollziehen – und der in fast therapeutischer Wirkungsweise den Betroffenen bei der Suche nach seinem Selbst begleitete und ihm stille Unterstützung gab.

Die Bedürftigen

Was sich für mich im Zusammenhang mit meiner Kurstätigkeit immer wieder als besonders belastend und diffizil erwiesen hatte, das war die Bedürftigkeit so mancher Teilnehmerinnen, waren sie doch ständig darum besorgt, ob man sie als Person annehmen und ob ihnen auch hinreichend Verständnis entgegengebracht würde. Während der Gesprächsabende sahen sie in den Gruppenleitern sozusagen die Personifizierung der zu erlernenden Umgangsweise. Wir verhielten uns ihnen gegenüber kongruent, wertschätzend und konnten sie empathisch annehmen, was sie als besonders wohltuend empfanden und als eine Art Freundschaftsangebot betrachteten. Diese Haltung ihnen gegenüber schien ihre Suche nach Mitmenschlichkeit und Vertrauen zu befriedigen. So war es durchaus verständlich, wenn sie versuchten, sich über die Gruppenabende hinaus diese Beziehung zu uns zu erhalten.

Das war in vielen Fällen der Gegenseitigkeit auch sehr schön und freundschaftlich. Aber leider sahen wir uns in manchen Fällen bis ins Privatleben hinein stark belastet und geradezu verfolgt durch einseitige, ausbeuterische, kindliche Forderungen solcher nach Empathie allzu bedürftigen Frauen. Wenn mir dann dabei nicht selbst ein wenig Empathie entgegenschlug, ausgedrückt etwa durch die Frage: »Haben Sie gerade etwas Zeit?«, wenn das Befriedigen der seelischen Bedürfnisse also radikal einseitig wurde, fühlte ich mich zu sehr in die (selbstlose) Therapeutenrolle gedrängt, die ich nie angestrebt hatte.

Das besondere Agieren der Bedürftigen um Aufmerksamkeit, Empathie und Fürsorge, und zwar ohne Gegenseitigkeit, entspringt nach meiner Beobachtung nicht nur einer gewissen unbewussten Autoritätsgläubigkeit und einer noch nicht überwundenen »Kindlichkeit«, sondern beruht auch auf einem Irrtum der Einschätzung hinsichtlich der Aufgaben und Pflichten der Umwelt, ebenso auf einem Irrtum bezüglich der Einschätzung eigener und fremder Kraft. Die Realität des Erwachsenenlebens wird nur verzerrt und im Hinblick auf die Selbstempathie gesehen.

Das Kind-Ich solcher Bedürftigen hat noch nicht gelernt, sich selbst viel zuzumuten, weiß noch nichts von seiner eigenen Stärke, von den psychischen und äußeren Belohnungen eigener Anstrengungen. Es erwartet von der erwachsenen Bezugsperson, und zwar in deren Funktion als Eltern-Ich (Zuweisung der autoritären Rolle!), »Kraft für zwei« zu haben, also die Kraft, sich selbst und der eigenen Familie zu helfen, für sie zu sorgen, und dazu noch die Kraft, das gleiche für die Kind-Ich-Person zu leisten. Somit mutet die fordernde Person in ihrem hohen kindlichen Anspruch an die Umwelt der Bezugsperson doppelt so viel zu wie sich selbst, fordert Leistungen, die sie nicht einmal für sich allein zu erbringen vermag. Damit signalisiert sie letztlich: »Ich will (das heißt, ich traue dir zu), dass du furchtbar stark bist und für mich mitsorgen kannst. Ich möchte Leistungen jeglicher Art geschenkt bekommen, da ich sie mir nicht selbst erarbeiten kann. Ich habe keine Lust (habe Angst), stark und fleißig sein zu müssen.«

Macht die Umwelt nun deutlich: »So viel stärker, als du es sein könntest, sind wir doch gar nicht! Unsere geschenkte Fürsorglichkeit ist nicht ohne die Gegenleistung deiner Empathie möglich«, so reagiert das Kind-Ich der Bedürftigen zunächst meist sehr trotzig und gekränkt, anstatt diese Art Abwehr als eigene Chance zu werten. Es will lieber erst einmal an seiner subjektiven, vermeintlich leichteren illusionären Realität festhalten, will nichts verändern müssen. Die Hemmschwelle zur Losgelöstheit und Eigenverantwortlichkeit will einfach nicht überwunden werden. Statt die eigene Kraft darauf zu verwenden, sich selbst zu mobilisieren, sich selbst zu helfen und Gutes für sich zu erarbeiten, wird diese Stärke eingesetzt, um hartnäckig-kongruent nach allen Seiten hin die Empathie und die »Geschenke« der Mitmenschen einzufordern. Verkannt wird hierbei leider ebenso, dass die Empathie gegenseitig sein muss und dass Empathie schon gar nicht einseitig erzwungen werden kann. Allerdings glauben die Kind-Ich-Personen, sehr empathisch zu sein, verwechseln dies aber wohl mit ihrer kindlichen Dankbarkeit, ihrem Liebesbedürfnis und ihrer Anhänglichkeit – alles »Belohnungen«, die sie nach entgegengebrachten Leistungen den anderen zurückgeben. Wirklich empathisch wäre es dagegen, um der Liebe willen auf Forderungen, die der andere Mensch nicht befriedigen kann (oder will), unter Umständen zu verzichten, statt sie weiterhin ärgerlich einzuklagen.

Beobachtungen zu psychologischen Interaktionen zwischen Erwachsenen mit Wirkungen auf Kinder und Mitmenschen

Unterdrücker und Unterdrückter

Unzählige Ehen, in die ich besonders durch meine Kurstätigkeit Einblick erhielt, offenbarten sich nicht gerade als eine Gemeinschaft, in der die Partnerschaft großgeschrieben wurde. Hier schien sich der Ausspruch von Tucholsky zu bewahrheiten, nach dem einer in der Ehe »immer der Dumme« ist.

Erfuhr man jedoch, in welcher Weise die Eheleute jeweils erzogen worden waren, wunderte es nicht, dass ihnen nur autoritäre Mechanismen als Verhaltensmuster vertraut waren, dass sie als Täter oder Opfer fungierten oder sich in diesen Rollen abwechselten. Selbst wenn einer der »Partner« zu durchschauen begann, was sich zwischen ihnen an unbewusster Machtausübung abspielte, sah er sich meist nicht in der Lage, dies in nichtautoritärer Sprache zum Ausdruck zu bringen. Meist wehrte er sich gegen den Unterdrücker, indem er selber alle Register der autoritären Sprache und Beziehungsart zog. Er kritisierte dann den autoritär auftretenden Partner, rebellierte wie ein trotziges Kind, strafte ihn, reagierte auch ähnlich wie sein Gegenüber, war also nicht in der Lage, den Bann in Form einer neuen, nichtautoritären Verhaltensweise zu brechen. Daher konnte er sich selbst nicht entsprechend wahrnehmen, konnte auch dem anderen nicht adäquat und vorwurfslos mitteilen, was ihn bewegte, um so eventuell seinem Partner die Freiheit der Reaktion und den Wunsch zu einer Veränderung um der Beziehung willen zu ermöglichen. Es war immer das gleiche »Strickmuster«: Der eine sprach in seiner Kritik bei seinem Partner etwas an, was den anderen nicht ruhen ließ und was ihn zum »Gegenschlag« und zur Verteidigung trieb.

Meist blieben die Eheleute miteinander neurotisch verstrickt, fühlten sich in ihrer Ehe gleichzeitig als Täter und Opfer, fühlten sich schuldig und nichtschuldig in einem, empfanden zwar so etwas wie Tragik, sahen auch das Unwürdige dieser Beziehung, fanden aber dennoch keinen Weg, ihrer Ehe eine neue Qualität zu geben. Und meist hatte dann auch noch das eine oder andere Kind unter einer dergestalt geführten Ehe zu leiden.

Das Ehepaar S., das zusammen an einem Grund- und Aufbaukurs teilgenommen hatte, war ein sympathisches, anpassungsfähiges Paar. Nach außen hin schienen sie eine gute Ehe zu führen. Vordergründig hatten ihre unterschiedlichen Erziehungsansichten bezüglich ihrer zwei halbwüchsigen Tochter sie veranlasst, an dem Kurs teilzunehmen. Im Laufe der Zeit kam jedoch immer mehr zum Vorschein, was sich zwischen ihnen beiden abspielte (und was natürlich nicht ohne Wirkung auf die Kinder blieb).

Der Mann hatte eine konservativ angepasste Lebenseinstellung und gestaltete sein Leben auch in diesem Sinne. Einmal äußerte er, der Mensch gehöre zurechtgestutzt, er brauche Form und Struktur; es genüge nicht, ihn einfach so sein zu lassen, wie er nun einmal sei, das werfe doch die Frage auf, wohin dies schließlich führe. Offensichtlich begegnete dieser Mann jedem Menschen mit Misstrauen, hielt ihn von vornherein für unfähig, ohne richtungsweisende äußere Instanzen und Autoritäten sein Leben zu meistern. Seiner Ansicht nach wohne dem Menschen nicht per se die Fähigkeit zur Würde inne, zur sinnvollen Daseinsgestaltung, zum gut funktionierenden Miteinander, sondern es bedürfe immer erst der Orientierung an »besseren Autoritäten« (seien es Ideale, seien es Erzieher), um den Menschen zum Guten zu führen.

Wie sich herausstellte, hatte Herr S. hier seine eigenen, an sich selbst erlebten Erziehungsmaßnahmen intellektuell und philosophisch umgewandelt, seine Eltern sozusagen rückblickend rehabilitiert. »Gewiss, auch ich habe mich damals gegen sie aufgelehnt, aber heute weiß ich, seit ich selber Kinder habe, dass sie recht hatten, dass sie gar nicht anders handeln konnten …« Sein eigener beruflicher Erfolg war ihm Entschädigung genug für seine strenge Erziehung, und er hatte begonnen, sich über diesen hart erarbeiteten Erfolg zu definieren. Er war jemand, weil er so erfolgreich war (nicht weil er als genau das, was er war, geliebt worden war). Aus ihm war jemand geworden, der anerkannt wurde – und deshalb hatten seine Eltern recht gehabt. Er konnte sich überhaupt nicht vorstellen, dass er auch ein ganz anderer hätte werden können – zum Beispiel jemand, der Austausch und Nähe zu seiner Frau vertragen konnte (was bei ihm nicht gegeben war und worunter seine Frau auch sichtlich litt). Liebe konnte er jedenfalls nur indirekt ertragen, und zwar in Form äußerlicher Anerkennung. So wäre es für ihn nicht auszudenken gewesen, wenn jemand ihm seine Arbeit genommen hätte, seine in verschiedenen Bereichen konstituierten kleinen Machtpositionen, seine »Pöschtle«, wie seine Frau seufzend sagte. Dann hätte er es nämlich nicht mehr vermocht, sich zu definieren. Zu Hause entspannte er nicht mit seiner Familie auf direkte Art, sondern behauptete, nur entspannen zu können, wenn diverse »Vorbedingungen«, etwa bestimmte Ordnungsprinzipien, erfüllt würden – natürlich in seinem Sinne und nach seinem Verständnis. So hatte er sich nach Meinung seiner Kinder regelrecht zum »Hauspolizisten« entwickelt, der alles genau vorgab, der bestimmte, was wie zu machen war, eben weil er das rationalisierte Denken gepachtet zu haben schien. Seine Frau hingegen hatte eine ganz andere Denkweise als er. Sie hätte gern mit ihren Kindern im partnerschaftlichen Sinn gelebt, was zu ihrem Kummer nun durch ihren Mann vereitelt wurde, denn sie fand keine Möglichkeit, sich ihm gegenüber zu behaupten und ihr Erziehungsmodell dem seinen gegenüberzustellen. Aus einer ihr eigenen Ängstlichkeit heraus hatte sie persönlich nur die Wahl, sich gemeinsam mit ihren Kindern unterzuordnen – was allerdings nur klappte, indem sie ihren Mann vor den Kindern als gefährlichen Despoten hinstellte, dem man besser zähneknirschend (und in ihrem Fall leidend) nachgab. Bis zur Pubertät der Kinder war dies einigermaßen gut gegangen, man war irgendwie miteinander zurecht gekommen, aber dann wollten die Kinder nicht mehr »mitspielen«, wollten den strengen, nahezu tyrannischen Vater und die unter seiner Knute leidende Mutter nicht länger ertragen. Da nun die Eltern unter den Konflikten mit ihren Kindern litten, und zwar jeder Elternteil in seiner spezifischen Weise, hatten sie sich also zu diesem Zeitpunkt dazu entschlossen, nach einem Weg zu suchen, eventuell doch noch eine Veränderung herbeizuführen, und sich unserer Gesprächsgruppe angeschlossen, wobei beide nicht mit bestimmten Vorstellungen gekommen waren, nur mit dem Bewusstsein, »so gehe es nicht weiter«.

Was nach unserer Erfahrung kommen musste, geschah dann auch: Die Frau machte in unserer Gruppe weiterhin mit, während der Mann mitten im Aufbaukurs – als sein Lebensarrangement mit sich selbst immer mehr in Frage gestellt wurde – seine Teilnahme abbrach. Aber auch ihr ging es schließlich »an den Kragen«, und zwar durch den Appell, ihre Ängstlichkeit zum eigenen Schutz und für ihre und ihrer Kinder Würde zu überwinden, um sich ihrem Mann in ihrer Andersartigkeit zu präsentieren, sich nicht weiterhin still leidend unterzuordnen und sich so in Bezug auf die Kinder letztlich doch zum Erfüllungsgehilfen ihres Mannes zu machen. Frau S. wollte nun in geduldiger, partnerschaftlicher Sprache auf ein Entweder-Oder hinwirken. Sie war entschlossen, auch und gerade zum Schutz der Kinder, auf eine Entscheidung hinzuarbeiten: Entweder würde ihr Einsatz zum Entgegenkommen ihres Mannes führen oder (wie hier leider fast zu befürchten war) wegen verhärteter, schließlich tatsächlich bewiesener Veränderungsunfähigkeit zur Trennung von ihm.

Kinder als Opfer autoritärer elterlicher Macht

Ein Ehepaar in einer unserer Gruppen war auf Betreiben des Ehemanns gekommen, der sich eine Veränderung seiner Frau bezüglich ihrer siebenjährigen Tochter wünschte. Während der Mann aus einer liberalen Familie stammte, kam seine Frau aus beengten, eher bedrückenden Verhältnissen. Beide Elternteile waren ausgesprochen sympathisch, hatten studiert und zeigten Offenheit für die Probleme der anderen Teilnehmer. Auch über ihr eigenes Problem, das sie um der Beziehung willen zu lösen versuchten, sprachen sie ganz offen.

Durch die Existenz ihres Kindes war es zu Eheproblemen gekommen, weil der Mann es nicht mitansehen wollte, wie ungeduldig und zum Teil aggressiv seine Frau mit der Tochter umging. Da die Kleine natürlicherweise nicht bereits so gereift, ruhig und verhandlungsfähig war wie ihr Vater, sondern eben typisch kindlich reagierte, gerieten Mutter und Tochter sehr oft aneinander, wobei die Mutter dann nicht selten so in Wut geriet, dass es für die Kleine »automatisch« eine Ohrfeige »setzte«.

»Das macht mich dann meiner Frau gegenüber aggressiv«, meinte der Mann, der an sich selbst und im Umgang mit seinem Kind erfahren hatte, dass es durchaus andere Möglichkeiten gibt, miteinander zurechtzukommen. Seinem Empfinden nach war eine Erziehung, zu deren Repertoire auch Ohrfeigen gehörten, ziemlich würdelos, und zwar für beide Teile. »So sehr ich es auch verstehen kann, dass dies bei meiner Frau spontan geschieht und sie aufgrund ihrer primären Sozialisation nichts dazu kann, so sehr habe ich aber in gleichem Maße das Bedürfnis, mein Kind zu schützen.« Sie fügte hinzu: »Intellektuell weiß ich schon, dass eine Erziehung ohne Schläge die bessere Erziehung ist. Trotzdem sitzt mir das, was man mit mir gemacht hat, so in den Knochen, dass ich ganz schnell nach altem, bekanntem Muster reagiere. Wie ich mit Erwachsenen umgehen sollte, habe ich inzwischen durch das Leben mit meinem Mann gelernt, aber ich habe noch nicht gelernt, wie ich mit Kindern besser umgehen kann, jedenfalls besser, als ich es in meiner Kindheit erfahren habe.«

Was mir an diesem Beispiel neu war und mich erfreute, war, dass hier einer gewissen Form von Gewaltausübung am Kind nicht stillschweigend Vorschub geleistet, sie nicht geduldet wurde, sondern dass vielmehr ein Elternteil es riskierte, dies auszusprechen und zum Wohl des Kindes mit seinem Partner nach anderen Erziehungsmöglichkeiten zu suchen. Es war mir insofern neu, als mir sonst stets das Gegenteil begegnet war: Aus eigener Unsicherheit in Erziehungsfragen, aus Bequemlichkeit, aus Trennungsangst oder Angst vor Liebesentzug durch den Partner, einfach aus Furcht, aufgrund einer so grundlegenden Auseinandersetzung das Eheverhältnis »unnötig« zu belasten, werden die noch schutzbedürftigen Kinder nur allzu oft mit dem Druck und der mehr oder weniger starken Gewalt, die auf sie ausgeübt wird, allein gelassen. Ich habe es oft bedauert, wie wenig Fürsprecher es für eine humane und kindgerechte Kindheit zu geben scheint. Mit dem Wissen, wie Kinder selbst hinter vermeintlich bürgerlichen Fassaden behandelt werden, musste ich zu diesem Eindruck gelangen.

Für ein Gedeihen der Kinder und für eine gewaltfreie familiäre Atmosphäre ist es aber dringend notwendig, durch ehrliche Selbstwahrnehmung und mutige gegenseitige Mitteilung Entlastungen für die Eltern zu finden, um Gewalt als Abreaktion von Überanstrengung zu verhindern.

In jeder Familie ist es deshalb wichtig, einer Opfersituation eines der Partner (und damit in Folge die der Kinder) gemeinsam entgegenzuarbeiten. Lernen es Paare, miteinander offen über ihre Schwächen und geheimen Wünsche zu sprechen, kommen sie oft zu überraschenden Kompromissen. In diesem Zusammenhang muss ich an einen Vater denken, der aufgrund der Zartheit seiner Frau neben seiner beruflichen Tätigkeit den größten Teil der Hausarbeit und Kinderbetreuung übernommen hatte. Seine Überanstrengung, die er tapfer mit sich allein ausmachte, hatten die Kinder durch »versehentliche« Backpfeifen und Tritte zu büßen. Nach einer ehrlichen Aussprache im Schutz der Gruppe entschied sich dieses Ehepaar, zugunsten der Kinder und zur Entlastung des Mannes auf den zusätzlichen »Luxus« einer zweiten Kurzreise im Jahr zu verzichten, um das Geld für eine Haushilfe und sporadisch für einen Babysitter einzusetzen. Mancher andere Teilnehmer war zwar ob jener Entscheidung verwundert, jedoch für dieses spezielle Ehepaar stellte der gefundene Kompromiss eine akzeptable Lösung dar.

Die erörterten Beispiele, die die eigentlich »unnötige« Gewalt an Kindern zum Thema hatten, sind, so direkt oder subtil die Gewalt auch aussehen mag, nur einige von vielen. Jedenfalls wurde für mich Wahrheit, was kürzlich eine vor einiger Zeit in München von Sozialpädagogen publizierte Mitteilung aussagt: »Auch in den so genannten Normalfamilien ist körperliche Gewalt an Kindern überhaupt keine Seltenheit.«

Für mich stellen unsere Kurse eine Möglichkeit dar, weder die Kinder noch die Eltern allein zu lassen.

Wie wir an den dargestellten Beispielen sehen konnten, sind es oftmals gerade die nach außen hin ausgesprochen angenehmen, umgänglichen, auf guten sozialen Kontakt bedachten Mitbürger, die ihre Kinder mehr oder weniger stark körperlich drangsalieren, sie auch seelisch »desensibilisieren«. Dies ist eine Beobachtung, die meine Mutter bereits vor Jahren machte und die sie fassungslos sagen ließ: »So etwas machen nun die freundlichen, netten Menschen mit ihren armen Kindern! Was mögen da erst die unfreundlichen und brutalen tun?«

Hoffnung auf Änderung gibt es sicherlich nur, wenn die Familien bereits prophylaktisch, in einem Klima der »Urteilsfreiheit«, die Chance erhalten, Dialogfähigkeit und Selbstverständnis zu erlernen – Bedingungen für das Entwickeln von Empathie.

Gewalttätigen Eltern allerdings mit alter, »gewalttätiger« Sprache deutlich machen zu wollen, sie müssten sich aus »moralischen Gründen« bessern, hilft nach meiner Erfahrung wenig. Ich meine, der Schutz der Kinder beginnt mit der Selbsterfahrung der Eltern, mit ihrem Erkennen, wie zerstörerisch sich das Ausleben von tradierten autoritären Verhaltensmustern auswirkt, er beginnt also mit der Veränderung ihres Selbst. Eine solche, oft nötige Veränderung ist sicherlich zunächst mit Verzichten, Ängsten und ausgesprochen viel Arbeit (auch Seelenarbeit) verbunden. Das Vertrauen darauf, dass die »Früchte« dieser Anstrengungen eines Tages zu ernten sein werden, müsste diesen Eltern durch Menschen, die glaubwürdig sind und jene Ernte bereits durch glückliche Fügung »einfahren« konnten, vorgelebt werden.

Das »Ich-mein-es-ja-nur-gut-mit-dir«-Spiel

»Mach doch dies …« und »Sieh zu, dass du das … erreichst …«, denn »Ich meine es ja nur gut mit dir, wenn ich dir all das vorschlage, rate, befehle, dich dazu vielleicht sogar erpresse.

Solch eine verbale Kausalkette soll nichts anderes aussagen als: Ich weiß, wer du bist, was in dir steckt, wer du zu sein hast, wer und was du werden sollst und kannst.

Zusätzlich zu dieser Selbst- und Fremdeinschätzung wird damit an den anderen das eigene Wertesystem herangetragen. Wer dies tut, macht sich zum Maß aller »objektiven« Dinge, nimmt von irgendwoher dazu die Legitimation. Doch die Frage sei erlaubt: Woher? Und: Tut er dies wirklich nur um des anderen willen?

Ab und zu einem Menschen gedanklich auf die Sprünge zu helfen, etwas bei ihm zu unterstützen, was ohnehin gerade in ihm zu keimen beginnt, das kann durchaus fruchtbar für den anderen sein, mag ihm helfen, Prozesse zu beschleunigen, die auch sonst in Gang gesetzt worden wären. Aber einen eigentlich nicht geneigten (womöglich gar nicht geeigneten) Menschen drängen, überreden, davon überzeugen zu wollen: »Nun mach schon … Du bist doch so intelligent, du kannst doch …« bedeutet nichts anderes als: »Nun tu mir doch den Gefallen und entspreche meiner Vorstellung von erstrebenswerten Normen wie etwa Bildung, Ruhm, Ansehen, Geld. Komm diesen Vorstellungen bitte für mich nach und verwirkliche sie für mich, weil sie mir viel bedeuten. Wenn du diesen Obulus für mich entrichtest, kann ich dich so richtig gern haben. Dann werden wir beide froh sein …«

Die Unterstellung dabei ist folgende: Was für mich befriedigend ist, ist es auch für dich. Also meine ich es ja wirklich nur gut mit dir, wenn ich das und das von dir verlange.

Diese Haltung zum Partner, aber auch zum Kind, habe ich in vielerlei Variationen beobachten können. Sie zeigte sich nicht nur in der direkten verbalen Kommunikation, sondern auch verschlüsselt, zum Teil raffiniert getarnt, etwa als geheime, aber dringlich aufbereitete »Delegation« (Stierlin).

Prämisse für die Einstellung zu diesem Spiel ist die Annahme des »Spielers«, nur seine Vorstellung vom Glück sei allgemeingültig, somit auch für denjenigen, den er beeinflusst, mit vollem Recht beeinflusst, wie er meint. Mit einer solchen Auffassung werfen wir uns alle in einen Topf, kochen einen gemeinsamen Eintopf, der dann allen dienlich sein soll. Wahre Individualität, Losgelöstheit von festgefahrenen, alle dominierenden Schemata und gegenseitige Stimulanz durch ausgeprägte, selbstgereifte Vielfältigkeit geht dabei unter, wird verwischt, aus »Sicherheitsgründen« gleichgemacht, »verkocht« bis zum Allgemeingeschmack. Jedoch wirklich dienlich ist dies demjenigen, der aus gewissen, tiefer liegenden Gründen eines »Eintopfes« bedarf.

In Selbsterfahrungsgruppen hörte ich immer wieder von einigen, die so einen »Eintopf« geschmeckt hatten: »Ich habe keine Chance auf Eigenentwicklung bekommen – ich bin da leider schon gegessen ...« – »Meine Eltern haben mich so richtig für ihre Eigeninteressen, die angeblich für mich und die gesamte Gesellschaft so gut waren, verbraten ...«

Diese Interessen mögen faktisch tatsächlich einer bestimmten Art von gesellschaftlicher Funktionsfähigkeit dienlich sein. Aber was nützen sie letztlich, und was stellt sich nicht alles als negativer Nebeneffekt ein, wenn viele dabei so unglücklich werden und dann von unten her eine Gesellschaft zersetzen, indem sie dabei krank werden, Zuflucht zu Drogen und Ähnlichem suchen?

Natürlich handeln die Eltern, die solche Aussagen machen, in dem guten Glauben, schon allein weil sie die äußerlichen Mechanismen einer vordergründig so gut funktionierenden Gesellschaft nie in Frage stellen mussten. Und derjenige, der sich einem solchen Auftrag nicht widersetzt, sondern bestrebt ist, ihn bewusst oder unbewusst zu erfüllen, hat dafür natürlich seine Gründe. Nach jeder Bewährungsprobe der Angleichung hofft er vielleicht, sich das Geliebtwerden verdient zu haben, oder er übernimmt – eben weil er noch nichts anderes kennt – den Glauben an eine allgemeingültige, repräsentative Autorität, die meint, sagen zu dürfen: »So ist es – und so soll es sein.«

Als Ironie des Schicksals zeigt sich aber, dass der »Auftraggeber« nicht selten zum »Betrogenen« wird, so sehr sich auch der Ausführende bemühen mag, seinen Vorstellungen nachzukommen. Beim Erfüllen der Mission bietet er seinem »Initiator und Manager« meist doch nicht genau den Stil der Vorgehensweise, den sich dieser erhoffte. Auch das Ziel, das der Beeinflusste schließlich erreicht, weicht manches Mal von dem ganz bestimmten Ausgang ab, den sich der Antreibende erträumte. Das Glücksgefühl, das sich beide Seiten nach Durchführung der formulierten

Aufgabe ersehnten, tritt dann nicht ein, sondern es macht einer beiderseitigen Ernüchterung Platz.

Somit hält dann schließlich das Leben so manche Ernüchterung bereit, wenn jemand es darauf anlegt, seine Vorstellungen durch andere umsetzen zu lassen. Denn: Jeder Mensch entwickelt Initiativen, die darauf abzielen, seine eigenen Vorstellungen zu verwirklichen.

Es gibt anlagemäßig genügend Menschen, die sich von klein an gerne messen, die wissbegierig sind, die Kampfgeist haben, die vital sind und vorwärtsstrebend, deren Kondition sie expansiv sein lässt … Diese Leute sollen doch ruhig, wenn es ihren Bedürfnissen entspricht, leistungsorientierte Menschen werden, die bereit sind, vieles auf ihre Schultern zu packen.

Andere hingegen, deren Anlagen ähnlich sind, die aber eher die Gemütlichkeit lieben, offenbaren vielleicht Dispositionen, die in eine ganz andere Richtung zielen, sind subjektiv glücklicher und erfüllter, wenn sie nicht gezwungen werden, ausgeprägt progressive Anteile in sich zu mobilisieren. Sie gelangen vielleicht zur Tiefe des Lebens, indem sie ganz andere Talente, etwa musische, künstlerische, intellektuelle und handwerkliche, weitgehend entwickeln.

Für sich selbst eintreten, wenn das Ansinnen auf Veränderung an ihn gestellt wird, das kann derjenige, der ein Entgegensetzen seiner eigenen Person bereits als Kind ohne Risiko auf Liebesverlust lernen durfte, immer dann, wenn er sich für seine eigenen Bedürfnisse stark macht.

Eine Teilnehmerin kannte von zu Hause her jenes »Ich-meine-es-ja-nur-gut-mit-dir«-Spiel. Als sie ihren späteren Mann kennenlernte, war sie von seiner andersartigen Haltung ihr gegenüber zunächst verwirrt gewesen. Bei allem, was entschieden werden sollte, hinterfragte er ihre Meinung. Sie, die gewöhnt war, »mitzulaufen«, zu gehorchen, Entscheidungen abgenommen zu bekommen, war fast überfordert, weil sie plötzlich ihren Standpunkt darlegen sollte. Hilflos, weil sie gar nicht so schnell definieren konnte, was sie eigentlich wollte, appellierte sie an ihn, »in ihrem Sinne« für sie beide zu entscheiden: »Warum fragst du mich denn immer? Warum sagst du denn nicht einfach, was wir machen könnten?«

Halb ernsthaft, halb scherzend habe er geantwortet: »Das ist keine Schwäche von mir, die dich verärgert. Das ist einfach, weil ich kein autoritäres Schwein bin! Ich will wirklich wissen, was du meinst, denkst und willst. Es interessiert mich einfach. Dann erst kann ich meine Meinung deiner entgegensetzen, und gemeinsam sehen wir dann zu, was dabei als Konsens herauskommt.«

Sie erzählte, er habe nie Buber, Gordon, Stierlin und andere gelesen, aber er empfand einfach partnerschaftlich. Weiterhin meinte sie, seine Haltung sei eine große Herausforderung für sie gewesen, sich selbst auf die Schliche zu kommen und ehrliche Mitteilung zu lernen. Es sei anfänglich schwierig für sie gewesen, ihr Leben nicht einfach in seine starken Hände legen zu können, sondern selber innerlich stark werden zu müssen.

Ebenso wie Kinder manches Mal Opfer eines fehlenden oder mangelhaften Austausches zwischen Ehepaaren sind, werden dies mitunter auch Erwachsene, die mit solchen Ehepaaren Kontakt haben und in deren psychologische Spielchen verwickelt werden. Solche »Spiele«, die Ehepaare in gemeinsamer geheimer Sache durchführen, dienen meist der Ablenkung von ihren eigenen grundlegenden Problemen, die sie eigentlich miteinander lösen müssten. Sie helfen auch, unausgesprochene Kompromisse diesbezüglich besser miteinander auszuhalten. Eine tiefer liegende Wahrheit über ihre Ehe kann somit zugedeckt bleiben, wobei manch ein Mitmensch, solange er mitmacht, stattdessen »aufs Korn genommen« und zur Ablenkung eigener Schwächen benutzt wird.

Gerne wird das »Ich-bin-tüchtiger-als-du«-Spiel gespielt, entweder von einem der Partner oder von beiden gemeinsam (siehe dazu auch Eric Bernes »Spiele der Erwachsenen«).

Um dem folgenden Beispiel eines solchen Spiels einen Namen zu geben, wandle ich der Einfachheit halber einen Ausdruck aus einer Transaktionsanalyse ab.

»Ich bin nur okay, wenn du nicht okay bist!«

Das Ehepaar M. führte von außen betrachtet eine gute Ehe. Sie hatten sich, wie sie sagten, für eine Arbeitsteilung entschieden, bei der die Frau die beiden Kinder erzog und dem Haushalt vorstand, während der Mann das Geld verdiente. Da sie gutsituiert waren, konnte, wenn es sein musste, Fremdhilfe engagiert werden, so dass beide stets unbelastet und wenig beansprucht wirkten. Mir gegenüber äußerten aber beide unabhängig voneinander, dass jeder sehr aufpassen musste, vom Partner nicht zu sehr dominiert zu werden. Jeder war darauf bedacht, ohne Streit und Aussprachen sein »Terrain« zu verteidigen.

In den ersten Ehejahren hatte sich der Mann ziemlich autoritär verhalten, auf Ordnung gepocht, und seine Frau hatte schließlich alles daran gesetzt, diesen Wünschen ihres Mannes nachzukommen (zumal sie durch ihre eigene Erziehung ebenfalls auf Ordnung achtete). So wurde sie, was die Führung ihres Haushalts betraf, immer perfekter, was sie aber nicht sonderlich körperlich überanstrengte, da sie Hilfe genug hatte. Sie wurde immer souveräner und selbstbewusster als »Herrin« ihres Hauses und erhielt hierfür auch Bewunderung in ihrem Bekanntenkreis. Diese indirekten »Streicheleinheiten« durch ihre Umwelt gaben ihr viel Kraft, so dass sie sich ihrem Mann gegenüber zu Hause immer mehr durchzusetzen begann. Als nunmehr perfekte Hausfrau und Gastgeberin gab es ihrer Überzeugung nach für ihren Mann inzwischen keinen Grund mehr, sich weiterhin in ihrem Terrain einzumischen. Schließlich war sie mittlerweile genau das geworden, was er stets von ihr gefordert hatte. Da er ihr aber, aus welchem Grund auch immer, sein Lob versagte und sie dafür nicht mit Zuneigung belohnte, begann sie ihn auch vor Bekannten in ihrem Terrain zu dominieren und sich immer wieder ins rechte Licht zu rücken. Als Reaktion darauf – und wohl auch aus Enttäuschung darüber, weil er nicht länger der Bestimmende, Kritisierende sein konnte – wandte er sich nun vor ihren Augen lobend und verehrend anderen Frauen zu und nahm es mit Genugtuung auf, wenn er von ihnen anerkannt wurde. So hatten beide Eheleute einen Weg gefunden, sich in verfremdeter Form das zu holen, was sie sich in ihrer Innenbeziehung nicht mehr (vielleicht auch noch nie) geben konnten. Sie hatten sich auf ein geheimes Spiel miteinander eingelassen und ebenso auch andere Menschen mit einbezogen. Die indirekte Zuwendung beziehungsweise der Gewinn, den sie von außen bezogen, schien weniger gefährlich, als sich völlig in der Innenbeziehung aufeinander einlassen zu müssen.

Frau M. begann im Laufe der Zeit, zunächst subtil, später immer deutlicher, ihren Bekannten gegenüber das »Ich-bin-tüchtiger«-Spiel zu spielen, um sich – neben dem bis dahin freiwillig erhaltenen Lob – weitere Anerkennung zu beschaffen. Sie gab Ratschläge, wo eigentlich keine nötig und auch nicht erwünscht waren, trat den anderen zu nahe, indem sie ihnen beispielsweise mütterlich-autoritär den Kragen zurechtzupfte, indem sie sie an den Schultern irgendwohin schob (»es ist windig – kommen Sie doch unter das Dach!«), indem sie freundlich-besserwisserisch jede Handbewegung eines anderen kommentierte (»Was, zwei Stück Zukker – nein, das müssen Sie nicht machen! Haben Sie denn nicht neulich den Bericht darüber gelesen, dass … Ja, ich bekomme so etwas alles mit …«).

Sie stellte Fragen, die keine echten Fragen waren, sondern nur dem Zweck dienten, den anderen als etwas dümmer, untüchtiger, ungeschickter, unmoderner zu entlarven. »Haben Sie noch nicht ausprobiert, ob Sie nicht ein leicht knieumspielender Rock etwas flotter machen würde?« – »Machen Sie Ihre Spätzle nicht immer selbst?« Oder, zu einer Gastgeberin: »Meinen Sie nicht, meine Liebe, das Fleisch hätte noch etwas gebraucht?«

Da sie selbst tatsächlich stets perfekt wirkte und dabei so ausgesprochen liebenswürdig, konnte sie anfänglich manche Bekannte mit diesem Spielchen verunsichern. Man ging schon aus dem Grund zunächst ganz gern darauf ein, weil diese Art von Angesprochenwerden meist durch die eigenen Mütter vertraut war und weil sie so etwas wie Nähe und Vertraulichkeit vorgaukelte.

Darüber hinaus schien das Ehepaar nach außen das »Wir-sind-besser«-Spiel zu spielen, jedenfalls konnte man manches Mal Zeuge dessen werden, wenn sie sich gemeinsam verbal besonders herausstrichen, indem sie sich etwa wie folgt äußerten: »Ach, die … haben ja noch nie Geschmack gehabt! Habt ihr mal in sein Arbeitszimmer hineingesehen?« – »Er ist ja schon ein richtiger Versagertyp, während sie ganz tüchtig ist, auch wenn sie es mit der Ordnung nicht so genau nimmt!«

Erst als sie immer mehr gemieden wurden, vielleicht weil die Leute aus ihrer Umgebung merkten, dass zwischen ihnen irgendetwas nicht stimmen konnte, und als schließlich ihre Tochter begann, ihnen große Schwierigkeiten zu bereiten, entschlossen sie sich, Hilfe in der Familientherapie zu suchen.

Dort, wo sich Menschen bei anfallenden Problemen nicht mit sich selbst auseinandersetzen und nicht mit dem direkt Beteiligten, dort werden oft Spiele gespielt, die die Umwelt mit einbeziehen, wird etwas auf Außenbeziehungen geschoben, um sich so abzureagieren, werden andere Menschen benutzt, um sich eine Form von Linderung zu verschaffen, auch, um sich selbst zur Schmerzvermeidung Sand in die Augen zu streuen. Dies geschieht natürlich stets unter der Prämisse, die Innenbeziehung, so gut es geht, zu schonen und Veränderungen zu vermeiden. Oft sehen Eheleute beziehungsweise einer der Partner in dieser Vorgehensweise die einzige Chance, ein Arrangement für sich zu treffen, wobei dieser »Trick« sicherlich halbbewusst geschieht und wohl nicht bewusst vorsätzlich. Völlig unbewusst ist diese Art rücksichtslose beziehungsweise unempathische Haltung den anderen Mitmenschen gegenüber aber bestimmt nicht. Erkennt man nämlich ein solches Spiel, das mit einem gerade getrieben wird, und spricht man die Betreiber daraufhin an, reagieren die Spieler oft so, als hätte man sie ertappt.

Von dem Spiel »Ich bin okay, wenn du nicht okay bist« gibt es diverse Varianten, die immer wieder zu beobachten sind.

Eine ehemalige Teilnehmerin, die später eine Gesprächstherapie begann, hatte bis dahin eine gravierende Enttäuschung, die ihr Mann verursacht hatte, weder mit sich noch mit ihm bearbeitet. Hinzu kamen andere Verzichte, die sie durch ihre Ehe und durch ihren ihrer Meinung nach recht »missratenen« Sohn aufgezwungen bekommen hatte und die ihr das Leben grundsätzlich zu vergällen schienen. War sie vorher, als ihre Welt subjektiv noch in Ordnung war, eine gutgelaunte, kontaktfreudige, gesprächsbereite Frau gewesen, so wurde sie von nun an sehr unstimmig in ihrer Ausstrahlung. Sie demonstrierte zwar einen falsch erscheinenden Frohsinn, legte ebenso Tüchtigkeit und Zufriedenheit an den Tag, bemühte sich, eine tadellose Familienfassade zu zeigen, manipulierte dabei aber gleichzeitig die Menschen, mit denen sie sprach, indem sie stets das Gespräch an sich riss, es streng unter Kontrolle hielt, es immer dahingehend strukturierte, dass nichts geäußert werden konnte, was sie nicht hören wollte. Angespannt wachte sie bis zur letzten Minute des »Gespräches« darüber, dass ihr Gegenüber nichts Heiteres, Geglücktes, Positives aus seinem Leben oder seiner Familie berichten konnte. Sie musste dies wohl unbedingt vermeiden, weil sie Schönes und Gutes bei den anderen als Kontrast zu ihrem Gram nicht hätte verkraften und die gespielte Fassade nicht hätte aufrechterhalten können. Natürlich besaß niemand eine Chance, auf diese Weise mit ihr in einen Dialog zu treten, und genauso selbstverständlich war es, dass sich ihre Bekannten allmählich als ihr »Spielball« benutzt fühlten, denn sie bestimmte geschickt und vehement, was man sagen durfte und was nicht. Man sah ihrem angestrengten Gesichtsausdruck an, dass sie einen enormen Kraftaufwand für die Aufrechterhaltung dieses Spiels aufbrachte. Erst viel später war sie in der Lage, dieses Kraftpotential in ihre Problemlösung zu stecken, statt es für deren Vermeidung zu verschleißen.

Helfen, um getröstet zu werden

Einige Menschen, die die Liebe zu sich und zu ihren Nächsten nicht wirklich ausleben können und die ihr Leben nicht im Sinne von Erich Fromm produktiv zu gestalten wissen, »spielen« in der Weise, dass sie beim Mitmenschen geradezu das Negative, Traurige, Belastende, Unzulängliche suchen. Es sind diese Schattenaspekte des Daseins, die sie bei ihrem Gegenüber besonders herausselektieren. Hierauf sprechen sie an und holen diese Anteile aus ihm heraus. Beide Beteiligten haben natürlich ihren Gewinn dabei: der Hinterfragte, weil er sich aussprechen kann, sich verstanden und angenommen fühlt, der Fragende, weil er sich in dieser Rolle wichtig, stark und sinnbringend eingesetzt fühlt. Auch fühlt er sich durch das entgegengebrachte Vertrauen in gewisser Weise »geliebt« und darüber hinaus getröstet, da es den anderen Zeitgenossen wohl auch nicht besonders gut zu gehen scheint. Allerdings zeigt sich später oft eine enttäuschende Kehrseite dieses gemeinsamen Austauschs, und zwar für beide in anderer Weise: Dem Problemlieferanten wird irgendwann klar, dass die vermeintliche Empathie des Zuhörers in Wahrheit dessen Kongruenz entspringt, er also nur dann »liefern« soll, wenn jener es möchte. Er merkt, dass er (schmerzhafterweise) eigentlich austauschbar ist, dass es nicht unbedingt um seine spezielle Person geht, dass das Verständnis des anderen kein wahres Freundschaftsangebot ist, dass auf seine tätige Hilfe gar nicht gehofft werden kann. So fühlt man sich schließlich betrogen, weil man seine intimsten Gedanken preisgegeben hat, die letztlich dem Zuhörer für einen egoistischen Zweck gedient haben, statt Beginn einer echten Beziehung gewesen zu sein.

Für den »Verständnisvollen« wiederum sieht die Kehrseite oft folgendermaßen aus: Er fühlt sich ausgenutzt, weil er bedrängt wird, Freundschaft und Beständigkeit zu geben, wo er doch selbst lieber indirekt vom anderen (nicht zuletzt durch Dankbarkeit) Anerkennung erhalten will. Schließlich muss er feststellen: Auch er ist enttäuscht worden, und es wird ihm unerträglich, wenn der andere eine immer gleichbleibende und einseitige Aufmerksamkeit einzuklagen versucht.

Anklänge dieses Spiels konnten wir einmal bei einer unserer Teilnehmerinnen sehen: Schwester Heike, eine katholische Krankenschwester, war, wie sie uns erzählte, recht lieblos von ihren Eltern großgezogen worden. Nach dem Abitur hatte sie beschlossen, in die Krankenpflege zu gehen.

»Wenn die Liebe zu Gott zu groß ist, will man helfen«, erklärte sie uns. In ihrem Fall hätte ich es passender gefunden, hätte sie gesagt: »Wenn die Sehnsucht nach Liebe so groß ist …« In der Gruppe unternahm sie es meist, die anderen Mitglieder dazu zu bringen, von ihrem menschlichen Leid zu sprechen, von belastenden Empfindungen und so weiter. War dann tatsächlich jemand sehr traurig, sprang sie sogleich auf, um ihn zu umarmen und zu trösten – um bei ihm zu sein, ihm körperlich und seelisch nahe zu kommen.

Nicht nur ich spürte in ihrem Fall eine Unstimmigkeit, eine Art Unehrlichkeit der Anteilnahme. Auch andere Teilnehmer nahmen anscheinend unlautere Zwischentöne bei ihr wahr. So entwickelten manche bei ihrem Beistand ungute Gefühle und drückten sie auch aus. Es zeigte sich bei ihr wohl nicht das ehrliche, gereifte Mitempfinden einer gestärkten Persönlichkeit, die das Leben kennt, sondern vielmehr schien sie (ohne es sich selbst einzugestehen, geschweige denn mitzuteilen) ihr eigenes Leid durch die anderen nach außen verlagern zu wollen, »ließ« es sozusagen durch die Darstellung der anderen ans Tageslicht kommen, wärmte sich dabei selbst, indem sie die anderen dann tröstete. Hierbei suchte sie etwas Symbiotisches, keine partnerschaftliche Hilfe. Grob gesagt, ging es ihr also um die eigene Bedürfnisbefriedigung, wenn sie sich aufs »Helfen« verlegte.

Nun erhielt sie in der Gruppe ein Feedback, das sie sehr irritierte, auch wenn es laut Abmachung zum Glück in Form von Ich-Botschaften kam, was ja weniger schmerzlich ist. Da hieß es dann beispielsweise: »Ich habe eigentlich gar nicht das Bedürfnis, von dir in den Arm genommen zu werden, lasse es aber zu, weil ich merke, dass es dir gut tut …« Oder: »Ein wenig traurig bin ich schon – aber bei weitem nicht so sehr, wie du mir jetzt einzureden versuchst. Auch glaube ich, gut allein damit fertig werden zu können …« Oder: »Denkst du vielleicht, ich sei darüber so ausgesprochen unglücklich, weil du selbst in diesem Punkt so sensibel bist?«

Als sie fast trotzig reagierte und sich daraufhin bei mir über die »undankbare« Gruppe beklagte, kamen wir nach längerem Gespräch zu folgender Übereinkunft: Sie sollte versuchen, einmal an einer Selbsterfahrungsgruppe unter fachlicher Aufsicht teilzunehmen, um dort ihre Anteile an dem, was sie im Umgang mit den Hilfsbedürftigen kompliziert fand, zu klären. Mir war sie ein zu »heißes Eisen« geworden, voll von eigener grundsätzlicher Problematik, und ich dachte voller Mitgefühl daran, was sie wohl in Zukunft alles mit sich auszustehen haben würde. Trotzdem war ich erleichtert, als sie vorzeitig unsere Gruppe verließ.

Das eben vorgestellte Beispiel unterscheidet sich wiederum sehr von einem anderen Spiel, das, oberflächlich betrachtet, ähnlich zu sein scheint. »Ich helfe dir, damit ich mehr Selbstbewusstsein und einen Lebensinhalt habe.« Oder, noch besser: »Wenn du zugibst, dass du klein, schwach und armselig bist, und wenn du deshalb meine Hilfe suchst, sind wir beide okay. Gibst du es aber nicht zu – und brauchst du mich nicht –, dann bin nur ich okay, dann bist du für mich unerträglich und überhaupt nicht okay.«

Im wesentlichen geht es hierbei wieder um die eigene Bedürfnisbefriedigung. Diese Haltung zum Mitmenschen habe ich besonders bei Frauen erlebt, die zwar sehr intelligent und ausgesprochen sensibel waren, die aber neben ihrem ausgeprägten Liebesbedürfnis im Umgang mit anderen entweder nur das fürsorgliche Eltern-Ich oder das eigene Kind-Ich ins Beziehungsspiel bringen konnten. Trafen sie auf Menschen, die sich seelisch fragil zeigten, anhänglich waren und mit all ihren Unzulänglichkeiten an ihre Stärke appellierten, so vermochten sie ihre Fürsorge ins Spiel zu bringen, kümmerten sich rührend um sie und verziehen großmütig all deren Mängel. Wehe aber, wenn jene armen Geister so »ignorant« oder »borniert« waren, dass sie sich »erdreisteten«, mit ihren Reifedefiziten einfach so unreflektiert drauflos zu leben!

In einer unserer Gruppen war einmal eine junge, angehende Erzieherin, Renate, die im Umgang mit den »Schwächeren« unseres Kurses viel Geduld zeigte. Sie genoss dadurch ihre eigene, ausgeprägtere »Stärke«, ihre Überlegenheit, rekrutierte hieraus Selbstbewusstsein und, nicht zuletzt durch die Dankbarkeit und Bewunderung der anderen, so etwas wie emotionale Wärme. Zeigten aber wieder andere aus der Gruppe ebensolche »Mängel«, irgendwelche intellektuellen oder moralischen Unzulänglichkeiten, fehlende Ausreifung so guter Eigenschaften wie Empathie, merkten sie dies vielleicht an sich selbst gar nicht, wandten sie sich nicht damit an uns Gruppenleiter oder an die schon menschlich »fortgeschrittene« Renate, um »besser« zu werden, kurzum, lebten sie all ihre Negativeigenschaften aus, ohne sich reumütig, klein und schwach zu zeigen, so reagierte Renate auf sie ausgesprochen ungnädig, abwertend, fast verächtlich. Sie war anscheinend enttäuscht, dass diese Menschen ihr nichts zu bieten hatten. Manchmal zeigte sie sich dann richtig kindlich beleidigt. Dass tatsächlich ein enttäuschtes Kind-Ich ihre derartigen Reaktionen prägte, zeigte sich daran, dass es ihr nicht möglich war, neutral »barmherzig« und bedauernd zu signalisieren: Na, schade, die passen leider nicht zu mir. Als wahre Freunde muss ich mir eben andere Menschen suchen oder mich mit denen begnügen, die ich bereits habe … Stattdessen warf sie also den »weniger gereiften« Teilnehmern aus unserer Gruppe ihr Anderssein vor. Sie verzieh es ihnen nicht, dass sie ihr nichts zu bieten hatten, dass sie sie um das schöne, befriedigende Gefühl des Wichtigseins brachten. Anscheinend erlebte sie die Mitmenschen stets (ein wenig narzisstisch?) in Bezug auf sich selbst, nicht als losgelöste Wesen, die, unabhängig von ihr, ein eigenes Leben lebten.

Insgesamt repräsentierte Renate die Haltung: Ich habe schon den Stein des Weisen in der Tasche, bin differenziert, sensibel, tolerant, weiß vom Leben, bin wahrhaftig … Diejenigen, die meine höhere Entwicklungsstufe nicht erreicht haben und darunter leiden, sich dabei vertrauensvoll zu meiner Genugtuung an mich wenden, nehme ich unter meine elterlichen Fittiche. Diejenigen aber, die nicht einsichtig sind und mir die Freude, helfen zu können, nicht gewähren, muss ich aus starker Enttäuschung darüber mit Verachtung strafen … In letzterem Fall verwandelte sich das enttäuschte Kind-Ich von Renate dann schnell in das strafende Eltern-Ich (»Gehst du nicht auf mich ein, dann muss ich mich stark machen und dich bestrafen!«).

Einmal, während eines sich ergebenden tiefer gehenden Gesprächs über ihre Problematik mit den anderen Gruppenmitgliedern, sagte sie plötzlich: »Wenn ich in Wahrheit nicht in dem von mir gewählten und gewohnten Bezug auf die anderen leben würde – dann wäre ich ja ganz allein!« Das, was manche unserer Teilnehmer als Eigenständigsein definierten, war für Renate Alleinsein, Einsamkeit und Verlassenheit. Um diese erschreckenden Gefühle zu vermeiden, ging sie (wenn sie es für richtig erachtete) lieber den Kompromiss einer zeitweilig »nötigen« Menschenverachtung ein.

Wird, wie man bei all dem sieht, in direkten Beziehungen nicht wahre, ehrliche seelische Arbeit geleistet, fehlt es in diesen »Partnerschaften« auf beiden Seiten der »Beziehungsmedaille«. Auf der Seite der Dissonanz, der Verschiedenheit, des Kummers, geht man diese unliebsamen Erscheinungen nicht mutig und konstruktiv miteinander an. Statt sich dieser Schattenseite zu stellen und schlimmstenfalls fair und mit Anstand auch einmal zu leiden und Veränderungen mitzugestalten oder abzuwarten, wird diese Seite abgewehrt.

Hierfür haben wir Menschen ein großes Repertoire an mehr oder weniger bewussten Tricks und Selbstverleugnungen. Wer sich aber einmal bewusst werden konnte, dass solch eine Vorgehensweise andere, hierbei eigentlich unschuldige Personen involviert, sie benutzt, mitunter sogar ihre Freundschaft riskiert, um sich und seinen Partner zu schonen – und wer erkannt hat, dass die ursprüngliche Problematik trotzdem ihr Recht auf Lösung verlangt und das Leid nur verfremdet wieder »zur Hintertür hereinkommt«, der kann sich eines Tages oben erwähnter Tricks nicht mehr bedienen. Er durchschaut sich dabei zu sehr und würde vor sich selbst nicht damit bestehen.

Auf der guten, sorglosen, vergnügten Seite der Beziehungsmedaille wiederum fehlt es bei denjenigen, die nicht so nah und wahrhaftig bei sich und beim Partner sind, trotz aller vermeintlichen Einfachheit ihrer Beziehung an echter, ausführlicher Mitteilung. Dialoge sind zu früh zu Ende, so dass wirkliche Empathie und Wärme nicht recht aufkommen mag. Da man dieses unausgeschöpfte Gefühlspotential aber erahnt und begehrt, sucht man es sich von anderer Seite indirekt zu holen. Das, was der Mensch in Wahrheit braucht, will er sich auf jeden Fall besorgen, wie »link«, trickreich, verzerrt, verfremdet, ja morbid er dies auch manches Mal anstellt.

Zur Sozialisationsfunktion der Familie

Die Polarisierungsentwicklung von Macho und Softie beginnt bereits in der Familie

Die oben angedeutete Polarisierung, die gemeinhin schlagwortartig und meist den Männern im Erwachsenenalter zugeordnet wird, geschieht bereits im Kindes- und Jugendalter und ist keineswegs nur den männlichen Wesen zuzusprechen. »Macho-Verhaltensweisen« legen nämlich schon kleine Jungen und Mädchen an den Tag – sie sind das Resultat von patriarchalisch autoritärer »Macho-Sprache« ihrer Väter und Mütter.

Selbst wenn manche Mütter die patriarchalischen Bedingungen und Gepflogenheiten durchschaut haben und sie verändern möchten zu ihren und besonders zu ihrer Töchter Gunsten, so drücken sie ihre Kritik leider meist ebenfalls in der von ihnen noch nicht überwundenen »Macho-Sprache« aus, bringen ihren Töchtern nur diese Art von »Kampf« bei. Die sich entwickelnden »Macho-Mechanismen« beruhen jedenfalls auf dem Erziehungseinfluss beider Elternteile, kombiniert mit dem Lernen am Modell (genauso am Modell der Sprechweise!).

Durch diese Einflüsse entstehen Verhaltensweisen, die – sowohl bei Jungen als auch bei Mädchen – das kritisierte patriarchalische System repräsentieren, denn nach meiner Erfahrung haben bei allem guten und legitimen Willen auf intellektueller Ebene selbst Frauen und Mütter bisher weder die psychologische noch die faktisch verbale Sprache des Patriarchats überwinden gelernt. Von daher ist für mich die Zuweisung dieser nicht gerade glückbringenden Sprache mit allen praktischen Konsequenzen nicht nur unrealistisch und unfair, sondern diese Zuweisung auf die Männer sehe ich auch als ein Zeichen der Abwehr, ein Ablenken von der Hilflosigkeit, sich von der autoritären Sprache zu lösen und Alternativen psychologischer und partnerschaftlicher Art zu finden. Es ist nun einmal ein hilfloser Versuch, den »Teufel mit dem Beelzebub« auszutreiben.

Mein Wunsch wäre: Der Hintergrund dieser patriarchalisch autoritär strukturierten Sprache (wobei hier die Sprache als etwas Ganzheitliches verstanden werden muss) ist zu entlarven und gemeinsam, von Vätern und Müttern, von Männern und Frauen, zu überwinden.

Nun komme ich wieder auf den Anfang der Erziehung zurück: Dies könnte geschehen durch die Integration aller Wesensanteile im kindlichen Individuum. Es geschieht nur, wenn Väter und Mütter ihren Kindern »erlauben« (besser: es naturgegebenermaßen geschehen lassen), dass ihre Kinder all das, was ihnen an Anteilen mitgegeben ist, auch verwirklichen können. Damit verbunden ist aber auch, nichts zu fordern, was in Wahrheit nicht möglich ist oder überhaupt nicht dem eigenen Antrieb entspricht.

Dürften Kinder bereits im zartesten Alter progressive wie auch »konservative« (im positiven Sinn von »bewahrend«, »erhaltend«, »ruhig«) Tendenzen in sich ausleben und somit weiterentwickeln, gäbe es diese geführte Debatte um das »Macho-Verhalten«, um das Patriarchat gar nicht in der gegenwärtig geführten Form. Erfahrungsgemäß sind selbst Mütter, sobald sie richtungsgebend ideologisch wirken, an dieser Tendenz immer noch indirekt bestärkend beteiligt, auch wenn sie genau das Gegenteil beabsichtigen. An unseren Kursen nahmen oft Mütter teil, die selbst unter der »patriarchalisch strukturierten« Gesellschaft litten und sich ein Überwinden dieser Strukturen wünschten. Nur war es ihnen meist nicht bewusst, dass sie zunächst bei sich selbst anzusetzen hätten. So versuchten sie dann in der herkömmlichen autoritären Sprache, die sie nun einmal gelernt hatten, ihre Männer des autoritären Verhaltens zu überführen – wehrten sich, indem sie angriffen, kämpften für die Gleichwertigkeit ihrer Töchter, indem sie ihnen eine Erziehung angedeihen ließen, die auf Durchsetzungsvermögen in der Männerwelt ausgerichtet war, ohne ihnen jedoch die Augen für Empathie und Wertschätzung gegenüber den Männern zu öffnen.

Es ist wirklich traurig, wie die autoritäre Sprache, wenn sie nicht auf ausgesprochene »Duldertypen« stößt, Beziehungen verkompliziert.

»Wie die Alten sungen, so zwitschern auch die Jungen!« ist ein bekanntes Sprichwort. Eingedenk dieser Weisheit beginnt daher schon im zarten Kindesalter die Sprachentwicklung zur »Mackersprache«, wie es an der folgenden Auseinandersetzung, die ich mithörte, leicht nachzuvollziehen ist: »Schluss jetzt mit deinen blöden Puppen! Jetzt wird Ball gespielt!« – »Es wird Ball gespielt, weil ich das will!« – »Und wenn du jetzt nicht mit mir Ball spielst, kannst du in Zukunft allein spielen!« – »Du! Gleich setzt es was!« – »So, dir werd' ich's zeigen!«

In der Art, wie sich Kinder beschränkt-kongruent auszudrücken vermögen, wenn sie mit anderen kommunizieren wollen, ist schon oft alles enthalten, was zu den Sprachmustern und -inhalten ihrer Eltern gehört. Da äußert sich einseitiger Durchsetzungswille, Befehlsverhalten, Wenn-dann-Drohungen, Aufforderung zur Korruption, Angst machen bis hin zur Gewaltausübung.

Der Versuch einer Unterhaltung, die auf den genannten Attributen beruht, ist auch zwischen Kindern meist rasch zu Ende – es sei denn, der »Gesprächspartner« unterwirft sich anstandslos und reagiert lediglich, anstatt zu agieren. (Dies vielleicht, weil er in seiner eigenen Familie gelernt hat, der schwache Gehorchende zu sein, um so den Verlust der Freundschaft zu vermeiden.)

Nun hat die autoritäre Sprache und Grundhaltung der Eltern aber nicht zwangsläufig nur eine Entwicklung zum »Macho-Verhalten« der Kinder zur Folge. Eine allmähliche Ausprägung der Persönlichkeit in Richtung des Gegenteils, des »Softies«, im Sinne der ausschließlich »rezeptiven

Orientierung« (nach Erich Fromm) konnte ich bei autoritär erzogenen Kindern, insbesondere bei Jungen beobachten, die von ihrer Disposition her besonders gutmütig, sensibel und harmoniebedürftig waren. Für sie stellte Nachgiebigkeit, Hinnahmebereitschaft, Anpassungsfähigkeit, eine gewisse Art von Introvertiertheit, ein Sichzurückziehen ohne Gegenwehr, ohne Kampf und ohne Dampfablassen nach außen sowie ohne Nachahmen der harten Sprache die für sie subjektiv beste Möglichkeit dar, in ihrem familiären Klima zu »überleben«. So wurden sie nicht gestraft, konnten Unruhe und Repressalien vermeiden. Zudem wurde mit dieser Haltung so etwas wie der Liebesverlust der Eltern und auch ein Streit der Eltern um die Erziehung vermieden. Der Situation, die eine Konfrontation mit den Eltern hervorgerufen hätte, entzogen sich diese Kinder geschickt.

Dieses Lavieren behalten solche Kinder bis ins Erwachsenenalter bei. Im Umgang mit ihren Freunden und Partnern wirkt gerade diese Lebensweise sehr irritierend und oft enttäuschend, weil sie nichts Handfestes und Verlässliches geboten bekommen. Fordern sie dies und wollen den anderen einmal festlegen, so müssen sie mit einem unerklärten, vollständigen Rückzug rechnen. Manches Mal sind Kinder, die in dieser Art groß wurden, recht empathisch ihrer Umwelt gegenüber. Was sie allerdings meiner Meinung nach mitbringen, ist nur allzu oft ein »Kongruenz-Defekt«. In der Kindheit war es für sie immer besser gewesen, ihre wahrhaftige Kongruenz nicht zu zeigen, nicht weiterzuentwickeln, geschweige denn auszudrücken und damit zu konfrontieren. Was man Hänschen nicht lernen ließ, hat Hans dann natürlich auch nicht zu seiner kommunikativen Verfügung. Das Sympathische dabei für die Mitmenschen: »Hans« besaß immer schon so viel Sensibilität, dass er nicht, wie sein »Macker-Gegenpart«, auf die pseudo-kongruente Sprache des Autoritären ausweicht. So ist er eben »soft«, auf Empfang (statt auf radikales Senden) ausgerichtet, weshalb er als guter Zuhörer und als angenehmer Zeitgenosse geschätzt wird.

Zum Teil sah ich diese Softie-Entwicklung auch bei den so genannten Laisser-faire-Kindern, dann allerdings eher in Richtung der »ausbeuterisch-rezeptiven Orientierung« (Fromm).

Dort, wo sich die eben skizzierte Polarisierung in der Persönlichkeitsentwicklung nicht bereits in der Kindheit auszubilden begann, wo Kinder mit partnerschaftlich eingestellten Eltern groß wurden, bemerkte man schon recht früh ein Heranreifen der Kinder zur integrativen Persönlichkeit. Neben dem Muthaben-Dürfen zur eigenen Wahrhaftigkeit, dem Ausleben-Dürfen ihrer Anima-Animus-Anteile, werden die progressiven wie auch, mit gleicher Berechtigung, die bewahrenden, sanfteren Tendenzen bei solch einem jungen Menschen in die eigene Person integriert. Hierbei gehen die progressiven Tendenzen nicht in Richtung Ausbeutung und die bewahrenden nicht in Richtung symbiotischer Anklammerung oder ängstlichen Festhaltens am vermeintlich Stärkeren. Die Gesamtheit all dieser möglichen Anteile zielt vielmehr auf das von Erich Fromm beschriebene »produktive« Leben. In seinem Buch »Psychoanalyse und Ethik« konnte ich in philosophischer Sprache ganz genau vom Gehalt her das wiederfinden, was ich, aus der Praxis kommend, erlebt und wohl auch in psychologische Sprache umgesetzt habe. Für mich war hierbei hochinteressant, wie ein Philosoph und eine Mutter, von verschiedenen Seiten kommend, zu gleicher Lebenseinstellung gelangten.

Das im letzten Kapitel Beschriebene diente, unter anderem, als Erklärung dafür, warum ich mich für die Einstellung »Beziehung statt Erziehung« entschieden habe. Damit traf ich letztlich eine Wahl zwischen dem herkömmlich autoritär erzogenen Menschentypus als Ergebnis dieser Erziehung und dem partnerschaftlichen Typus.

Wie ich erfahren und beobachten konnte, kennzeichnet den rein autoritär erzogenen Menschen Folgendes: Im schlimmsten Fall herrscht bei ihm die so genannte »Untertan-Haltung«, auch bekannt als »Radfahrerhaltung«, vor. Weiterhin typisch ist die Verinnerlichung des anerzogenen, ermahnenden Eltern-Ichs, die Akzeptanz dieser bestimmten anerzogenen Anteile bei der eigenen Person und das Unterdrücken oder Verleugnen der nicht erlaubten Anteile. Als Folge geht dieser Menschentyp in gleicher Weise mit seinen Mitmenschen um: Er hat einen hohen Anspruch an das Über-Ich (bei sich und bei den anderen), und er bestimmt nach seiner Meinung und seiner erlebten Erfahrung, was diesem Über-Ich entspricht, was der andere entwickeln darf und was nicht. Gegen die nicht akzeptierten Anteile kämpft er ebenso bei sich selbst wie bei anderen an – und er geht nicht vertrauensvoll und konstruktiv mit allen möglichen Anteilen bei sich und seinen Mitmenschen um. Ferner misstraut er den Selbstregulierungskräften des Lebens. Die Liebe zu Sitte und Ordnung, zu Regeln, Normen und Leistungszielen steht über der Liebe zu dem wirklichen Menschen, wie er ihn jeweils vorfindet. Was das Problem von Nähe und

Distanz betrifft, mit dem wir Menschen nun mal konfrontiert sind, so schafft dieser Menschentypus keine Ausgewogenheit zwischen diesen beiden Faktoren, sondern bewegt sich durch seine Haltung eher in Richtung innere Distanz, selbst in Bezug auf seinen »Nächsten«.

Was nun dagegen den partnerschaftlichen Typus angeht, so habe ich selbst viele Kinder erleben dürfen, die diesem bereits angehörten. Zum Glück durfte ich auch einige dieses Typs unter den Erwachsenen treffen. Die Charakteristika des partnerschaftlichen Typs habe ich in beeindruckender Weise miterleben können. Seine Individuation ist einfach vollkommener und wahrhaftiger verlaufen. Er ist fähig zur Selbstehrlichkeit, verfügt über eine mutige Akzeptanz seiner selbst und des Selbst seiner Mitmenschen. Ihnen gegenüber zeigt er sich daher toleranter, wertschätzender, weniger ängstlich vor den so genannten »bösen« Anteilen in ihnen. Er begegnet seinen Mitmenschen nicht pseudo-rationalisierend, sondern ist befähigt, wirkliche hilfreiche Beziehungen aufzubauen. Er hat seine persönlichen Animus- und Anima-Anteile in sein Wesen integriert, zeigt Ausgewogenheit in Kongruenz, Empathie und Wertschätzung. Eine ebensolche Ausgewogenheit ist ihm möglich zwischen sprachlichem und tätigem »Senden und Empfangen« – und zwischen Nähe und Distanz.

Die Liebe, die der partnerschaftliche Typus zu seinem Nächsten empfindet, erschöpft sich nicht in einem zärtlichen Gefühl, einem bloßen An- oder Zuschauen oder einem besitzergreifenden Vereinnahmen des anderen. Sie ist vielmehr geprägt von großem Interesse an seiner wahren Wesenheit, und sie ist die Bereitschaft, für den anderen zu arbeiten, für ihn fürsorglich und verantwortungsvoll tätig zu werden.

Der partnerschaftliche Typus bringt seinen Mitmenschen, Kinder eingeschlossen, diese Art Respekt und Verstehen entgegen. Da er aber aufgrund seiner Ehrlichkeit und wahren Kongruenz fähig ist, sich verständlich zu machen, verschafft er auch sich Respekt. Dabei bekundet sich dieser Respekt nicht in unterwürfiger Hochachtung, sondern er schließt den Ausdruck der Wertschätzung einer ehrlichen, andersartigen Individualität ein.

Zum Schluss

Viele Eltern, mit denen ich zusammengearbeitet habe, forderten mich immer wieder auf, unsere gemeinsame erzieherische Anstrengung und auch meine zu diesem Thema verfassten Aufsätze größeren Elternkreisen zugänglich zu machen, insbesondere deswegen, weil sie hoffnungsvolle Ansätze enthielten. Dies gab mir den Mut, über unsere Stadtgrenze hinaus auf die gesellschaftliche Notwendigkeit von Beziehungsarbeit hinzuweisen, die in unseren Familien beginnen muss und die nach unserer Erfahrung tatsächlich auch eigenständig funktionieren kann.

Unzählige Eltern, denen ich in der Gruppenarbeit begegnet war, zeigten sich zunächst in den gegenwärtigen Beziehungen zu ihren Kindern und Partnern entweder direkt verunsichert oder überkompensatorisch »sicher«. Im Laufe der Zeit erkannten sie, mit welchen Problemen die aktuellen Familien- und Gesellschaftssituationen behaftet sind: Hinter funktionalen Lebensabläufen, hinter Sachfragen und Problemen stecken Beziehungsqualitäten repressiver, negativer, ebenso aber auch hoffnungsvoller Art. Diese gilt es hinter der Kulisse des Sachlichen aufzuspüren, zu analysieren und zu verbessern. Wir meinen, dies alles zum großen Teil in gemeinsamer Anstrengung geleistet zu haben.

Nach meiner Erfahrung war bisher alles, was ich zum Thema Beziehung und Erziehung gelesen hatte, unter verschiedenen Aspekten wenig weitreichend. Viele Abhandlungen über die konventionelle Erziehung zu etwas hin und von etwas weg sowie über die – zu sehr auf dem Prinzip des Laisser-faire basierende – antiautoritäre Erziehung treffen meines Erachtens nicht die mitmenschlichen Probleme unserer gegenwärtigen Gesellschaft.

In der mir zu diesem Themenkreis bekannten Literatur wird zwar (trotz punktueller Schuldzuweisung) sinnvoll auf Missstände und Fehler in unserer Erziehung und in unserem Umgang miteinander hingewiesen, trotzdem war sie für mich und die Eltern, mit denen ich gearbeitet habe, keine große Hilfe. Wirklich Konstruktives zur integrativen Persönlichkeitsentwicklung und zur Erziehung hierzu fanden wir »nur« bei den Vertretern der humanistischen Psychologie.

Die vorliegende Arbeit – als Ergebnis unserer Gruppenarbeit – ist also ein Plädoyer für die Überwindung besonders der herkömmlichen autoritären Erziehung zugunsten der partnerschaftlichen Beziehung. Durch Reflexion und durch Beispiele wurde versucht darzustellen, dass der eigentliche Wert unseres mitmenschlichen Lebens nicht in den üblichen Erziehungsansätzen liegt, sondern in der Beziehungsfähigkeit seiner Mitglieder. Es wird gezeigt, dass der Weg zu dieser Beziehungsfähigkeit bei einer wahrhaftigen Individuation jeder Einzelperson beginnt. Dieser Weg setzt sich dann fort innerhalb der Familie, geht über auf Gruppen und größere Gemeinschaften.

In einer Phase des »schleichenden Beziehungstodes« unserer Gesellschaft (so die Aussage eines besorgten Pfarrers) vermag diese Arbeit hoffentlich einen konstruktiven Beitrag zu dessen Überwindung zu leisten. Durch die Sprache der Partnerschaftlichkeit wird Zusammenleben und Konfliktbewältigung jedenfalls gewaltfreier und friedvoller, weil von jeder Seite emanzipierter angegangen.

Vielleicht schaffen wir Eltern es mit unserer Arbeit auch, auf die besondere Qualität der Selbsthilfearbeit hinzuweisen.

Ebenso wie ich als Nichtfachfrau diese Arbeit zu schreiben vermochte, als interessierte, engagierte Mutter, können sich Eltern eigenständig zusammentun und für ein besseres Miteinander zusammenarbeiten, denn Emanzipation und Harmonie beginnen meines Erachtens zu Hause. Mutige Erzieher sind hierbei diejenigen, die den »Seins-Auftrag« (Buber) der Menschheit erfüllen helfen, indem sie den Seins-Auftrag ihres jeweiligen Kindes zur Entwicklung kommen lassen.

Eltern, die sich trauen, das Leben mit all seinen Paradoxien, seinen Unsicherheiten, seinem Leid – das sie sich und den Kindern bei allen verzweifelten Versuchen nicht ersparen können –, aber auch seinem Frohsinn, seinen Glücksmomenten anzunehmen, die wahrhaftig und ehrlich mit all dem umgehen, werden ihre Kinder nicht zu einer Pseudostärke, nicht zu äußerlicher Autorität hin erziehen. Vielmehr führen sie sie zu einer Lebensfähigkeit, die in ihnen ruht, weil sie dies früh genug trainieren durften, weil sie Anpassungsfähigkeit an stets wandelnde Gegebenheiten im ständigen Austausch bereits mit ihren Eltern erlernen konnten, weil sie sich dabei nicht an Stützpfeiler wie übernommene Prinzipien und Gebote festhalten mussten.

Menschen, die immer gefordert sind, herausgefordert vom Leben und von den Mitmenschen, entwickeln eine tragfähige Form von Stärke, wenn sie diese Herausforderungen konstruktiv und produktiv annehmen. Selbst dort, wo sie es am schwersten haben, wo man sie zu unterdrücken, zu korrumpieren, auszunutzen oder auszutricksen versucht, werden sie in der Lage sein, standzuhalten und sich notfalls das Gefühl für ihre Würde aus eigener Kraft zurückzuerobern. Auch wenn sie einmal mit Leid, Anderssein und Einsamkeit konfrontiert werden – das Wissen um ihr So-sein-Dürfen verschafft ihnen ein Bewusstsein um ihre innere Würde, das im Grunde unerschütterlich ist. Würde wiederum bedeutet innere Freiheit – und *sie* ist eine alles übergreifende Kraft.

Literaturhinweise

- Berne, Eric: Spiele der Erwachsenen, Rowohlt, 2002
- Bettelheim, Bruno: Ein Leben für Kinder, Beltz, 2003
- Buber, Martin: Ich und Du, Gütersloher Verlagshaus, 2005
- Erikson, Erik H.: Jugend und Krise, Klett-Cotta, 2003
- Fromm, Erich: Haben oder Sein, dtv, 2005
  Psychoanalyse und Ethik, dtv, 2004
  Psychoanalyse und Religion, dtv, 2004
- Goldgruber, Josef: Individuation, München 1964 / inzwischen vergriffen
- Gordon, Thomas: Die neue Familienkonferenz, Hoffmann und Campe, 2001
- Hirschberger, Johannes: Kleine Philosophiegeschichte, Freiburg i. Br., 2002
- Neuenschwander, Ulrich: Denker des Glaubens I, Gütersloh 1984 / inzwischen vergriffen
  Denker des Glaubens II, Gütersloh 1984 / inzwischen vergriffen
- Renggli, Franz: Angst und Geborgenheit, Rowohlt, 1982
- Richter, Horst Eberhard: Der Gotteskomplex, Psychosozial-Verlag, 2005
  Eltern, Kind und Neurose, Rowohlt, 1978 (noch lieferbar)
  Flüchten oder Standhalten, Psychosozial-Verlag, 2001
  Patient Familie, Rowohlt, 2001
- Rogers, Carl R.: Entwicklung der Persönlichkeit, Klett-Cotta, 2006
- Stierlin, Helm: Delegation und Familie, Suhrkamp, 1982
  Eltern und Kinder, Suhrkamp, 2002
  Individuation und Familie, Suhrkamp, 1989
- Willi, Jürg: Die Zweierbeziehung, Rowohlt, 1990
  Therapie der Zweierbeziehung, Rowohlt, 1988 / inzwischen vergriffen

Weitere Bücher von Viola Berendes

Neue Nachbarn in der Vorstadt-Sackgasse, einer gutbürgerlichen Nische, in der die Welt noch in Ordnung zu sein scheint: Die Alteingesessenen lassen sich von dem hochinteressanten Ehepaar *van der Brink* schwer beeindrucken. Nur Kim, eine intelligente junge Mutter, merkt recht bald, dass hinter der blendenden Fassade etwas Grauenhaftes, Anormales vor sich geht.
Wie es Kim gelingt, die »importierte« Bedrohung erfolgreich zu bekämpfen, erzählt dieser spannende, satirisch-groteske Roman, in dem die zwischenmenschlichen Beziehungsverstrickungen und die Auswüchse unserer Fassadengesellschaft aufs Korn genommen werden.

ISBN 3-934969-42-9 ▪ Pb., 13.50 €

Daisy, Managerin einer fünfköpfigen Familie, sträubt sich ganz entschieden gegen die Anschaffung eines neuen Hundes. Der letzte war ein totaler Reinfall, und was die Westie-Züchterin Lisbeth jetzt über den neuen Kandidaten Joker mitzuteilen hat, lässt ebenfalls so einiges zu wünschen übrig. Wie es Joker doch noch schafft, Daisys hartes Herz zu erweichen, erzählt er in dieser turbulenten Geschichte. Frisch und lebendig schildert er die Zeit nach der Eroberungsphase und gewährt einen Einblick in sein gegenwärtiges Hundeleben, das er mit Bravour – und meist mit einem Lächeln auf der Schnauze – zu meistern versteht.

ISBN 3-934969-63-1 ▪ Pb., 11.- €
